Ein Band der Reihe
›Informationen zur Zeit‹
Originalausgabe

Über dieses Buch

Die Revolte der Jugend ist kein Phänomen, das nur die Gegenwart kennzeichnet. In diesem Buch wird nachgewiesen, daß sich die Jugend in der deutschen und internationalen Arbeiterbewegung seit der Jahrhundertwende immer gegen alle Formen von Erstarrung gewandt hat. Das gilt sowohl für die Sozialdemokratie — nicht nur vor dem Ersten Weltkrieg — als auch für die Anfangsjahre der 1919 geschaffenen Kommunistischen Jugendinternationale. Deren unbestritten revolutionäre Gründer wurden größtenteils Opfer der Verfolgungen während der Stalin-Ära.

Heute steht die Demokratisierung der zentralistisch gelenkten kommunistischen Staaten und Parteien im Sinne der unverfälschten Marxschen Theorie erneut auf der Tagesordnung.

Wie das Buch anhand der Entwicklung der Weltjugendfestspiele und insbesondere des Sofia-Festivals beweist, wird die Festivalbewegung von gerade dieser Diskussion um Weg und Ziel des Sozialismus nicht ausgenommen: »Die Geschichte der Weltjugendfestspiele und der Kommunistischen Jugendinternationale zeigt, daß es schon immer Auseinandersetzungen um eine demokratische Struktur der Jugendinternationale gegeben hat. Sie zeigt aber auch, daß es vielfach gerade die sozialistischen Jugendorganisationen waren, die sich der ›Gleichschaltung‹ in irgendeiner Form am heftigsten widersetzten« (J. Strasser im Vorwort).

Der Autor

Erwin Breßlein, geboren 1939, entstammt einer Bergarbeiterfamilie und war zunächst selbst im Bergbau tätig. Während dieser Zeit Besuch des Abendgymnasiums. Von 1963 bis 1969 Studium der Germanistik, Philosophie und Theaterwissenschaft in Berlin und Köln. Anschließend Tätigkeit in der Erwachsenenbildung mit den Arbeitsschwerpunkten Rechtsradikalismus und Theorien der Linken. Er arbeitet zur Zeit an einer Dissertation über das NS-Drama.

Erwin Breßlein

Drushba! Freundschaft?

Von der Kommunistischen
Jugendinternationale zu den
Weltjugendfestspielen

Mit einem Vorwort
von Johano Strasser
(Jungsozialisten)

Fischer
Taschenbuch
Verlag

Originalausgabe

Fischer Taschenbuch Verlag
April 1973
Umschlagentwurf: Jan Buchholz / Reni Hinsch
unter Verwendung eines Fotos vom Einmarsch der Teilnehmer
an den VI. Weltjugendfestspielen in Moskau 1957 (Privatbesitz)
Umschlagrückseite: Ullstein

Fischer Taschenbuch Verlag GmbH, Frankfurt am Main
© Fischer Taschenbuch Verlag GmbH, Frankfurt am Main 1973
Gesamtherstellung: Hanseatische Druckanstalt GmbH, Hamburg
Printed in Germany
ISBN 3 436 01689 6

Vorwort

von Johano Strasser (Stellv. Bundesvorsitzender der Jungsozialisten)

Im Sommer dieses Jahres finden in Ostberlin die X. Weltjugendfestspiele statt. Schon jetzt kann man sagen, daß die Zahl der teilnehmenden Jugendorganisationen größer sein wird als je zuvor. Insbesondere gilt dies für die Bundesrepublik: Zum erstenmal werden die Gewerkschaftsjugend, die Sozialistische Jugend Deutschlands–Die Falken und die Jungsozialisten als vollgültige Teilnehmer bei den Weltjugendfestspielen vertreten sein.

Um so größer dürfte das Interesse sein, etwas mehr über die Geschichte und Vorgeschichte der Weltjugendfestspiele zu erfahren. Die Jungsozialisten begrüßen es, daß in dem vorliegenden Buch der Versuch gemacht worden ist, in knapper Form die wesentlichen Stadien der Entwicklung von der Kommunistischen Jugendinternationale bis zu den Weltjugendfestspielen aufzuzeichnen (wenn sie auch mit der einen oder anderen Wertung des Verfassers nicht einig gehen können).

Internationale Solidarität war seit je ein Kernstück echter sozialistischer Politik, und angesichts des weltumspannenden Einflusses der großen internationalen Konzerne und der damit zusammenhängenden Internationalisierung der Arbeitskämpfe, angesichts des Kampfes gegen die imperialistische Aggression in Vietnam, in Angola und Moçambique und in Lateinamerika und der Rückwirkungen dieser Kämpfe auf Europa und Nordamerika ist sie heute notwendiger denn je.

Daß dennoch die internationale Zusammenarbeit der Jugend, auch auf der Basis gemeinsamer antiimperialistischer und sozialistischer Überzeugungen, nicht immer problemlos ist, zeigt sich u. a. in der Vorbereitung der X. Weltjugendfestspiele. Internationale Solidarität der sozialistischen und antiimperialistischen Jugend muß immer auch bedeuten, daß kein Verband und keine Gruppe den Versuch macht, die Eigenständigkeit anderer Organisationen anzutasten und das Prinzip gleichberechtigter Zusammenarbeit auf der Grundlage demokratischer Willensbildung zu unterlaufen. Die Jungsozialisten sehen die internationale Zusammenarbeit sozialistischer und antiimperialistischer Jugendorganisationen nur dann als fruchtbar an, wenn jede Organisation die Möglichkeit hat, in Vorbereitung und Durchführung internationaler Aktionen und Kongresse ihre eigenen Vorstellungen einzubringen. Entsprechend bereiten die Jungsozialisten auch für die Weltjugendfestspiele in Berlin in enger Zusammenarbeit mit der Gewerkschaftsjugend und den Falken eigenständige Beiträge vor.

Die Geschichte der Weltjugendfestspiele und der Kommunistischen Jugendinternationale zeigt, daß es schon immer Auseinandersetzungen um eine demokratische Struktur der Jugendinternationale gegeben hat. Sie zeigt aber auch, daß es vielfach gerade die sozialistischen Jugendorganisationen waren, die sich der ›Gleichschaltung‹ in irgend einer Form am heftigsten widersetzten.

Zu einem Zeitpunkt, da die Initiatoren der Weltjugendfestspiele in Ansätzen die Bereitschaft erkennen lassen, ein breiteres Spektrum politischer Meinungen auf dem Festival zuzulassen, ist es wichtig, sich die negativen Erfahrungen in diesem Zusammenhang ins Gedächtnis zu rufen; denn eine nüchterne und realistische Einschätzung der Möglichkeiten der Zusammenarbeit mit den Jugendorganisationen der sozialistischen Länder nützt der internationalen Solidarität der sozialistischen und antiimperialistischen Jugend mehr als eine noch so ehrlich empfundene Begeisterung, die die Unterschiede und Schwierigkeiten übersieht.

Ich hoffe, daß das vorliegende Buch in diesem Sinne wirken kann und daß es, trotz der manchmal sehr scharfen und an einigen Stellen vielleicht auch überzogenen Kritik, als ein Plädoyer für eine verstärkte internationale Zusammenarbeit der Jugend in allen Teilen der Welt aufgefaßt wird.

Berlin, im Januar 1973

1. Die revolutionäre Jugend von 1907 bis 1919

Berlin, 20. November 1919. Nach »geheimen Grenzüberschreitungen, wochenlangem illegalen Leben mehrerer Delegierter«[1] versammeln sich zwanzig Vertreter revolutionärer Jugendverbände aus ganz Europa in einer Neuköllner Kneipe. Dort beginnt bei strenger Illegalität »in einem dunklen Hinterzimmer«[2], einem »schmutzigen, engen«[3] Raum, der I. Internationale Kongreß der Kommunistischen Jugendinternationale (KJI), der zu diesem Zeitpunkt nicht weniger als 200 000 Mitglieder angehören. Eröffnet wird dieser Kongreß von Willi Münzenberg, dem langjährigen Sekretär des Internationalen Jugendbüros, das bis dahin und während des Krieges unter schwierigsten Umständen die regen internationalen Aktivitäten der linkssozialistischen Jugendorganisationen koordiniert hatte. Münzenberg war auch bei der Vorbereitung des Gründungskongresses der KJI, im ›Provisorischen Komitee‹, führend tätig gewesen. Dieser um die revolutionäre Jugendbewegung Hochverdiente war eine Persönlichkeit aus Ideen und Energie; er besaß die Gabe, Einfälle auch Realität werden zu lassen. Seine politischen Aktivitäten haben ihm oftmals Haft oder Gefängnis eingebracht, und auch zur Zeit der KJI-Gründung wurde er durch Haftbefehl wegen Hochverrats gesucht.

Für das Selbstverständnis der KJI-Gründer war die Initiative zur stärkeren internationalen Zusammenarbeit keineswegs ein Neubeginn, wie der Delegierte des Kommunistischen Jugendverbandes Österreichs, Richard Schüller, erkennen läßt. Später erklärte er in seinem geschichtlichen Rückblick, dem Buch ›Von den Anfängen der proletarischen Jugendbewegung bis zur Gründung der KJI‹[4] sogar den Berliner Gründungskongreß der Kommunistischen Jugendinternationale zum ›IV. Kongreß der ›Internationalen Verbindung sozialistischer Jugendorganisationen‹‹[5], eben jener Organisation, der Münzenberg von 1915 bis 1919 vorgestanden hatte. Mit dem gleichen Recht hätten sich allerdings auch die sozialdemokratischen Jugend-

---

[1] Babette Gross, Willi Münzenberg. Eine politische Biographie (Schriftenreihe der Vierteljahreshefte für Zeitgeschichte), Stuttgart 1967, S. 103.

[2] Alfred Kurella, Gründung und Aufbau der KJI (zuerst erschienen im Verlag der Jugendinternationale Berlin 1929/31), Neuerscheinung München 1970, S. 21.

[3] Gross, Münzenberg, a.a.O., S. 104.

[4] Richard Schüller, Von den Anfängen der proletarischen Jugendbewegung bis zur Gründung der KJI (zuerst erschienen im Verlag der Jugendinternationale Berlin 1929/31), Neuerscheinung München 1970.

[5] Ebd., S. 201.

organisationen auf diese Tradition berufen können. Denn einige ihrer Verbände hatten der alten ›Jugendinternationale‹, wie die ›Internationale Verbindung sozialistischer Jugendorganisationen‹ allgemein genannt wurde, gemeinsam mit den Kommunisten angehört.

Die Bezeichnung ›Jugendinternationale‹ für diese bis 1919 bestehende Organisation ist sicher übertrieben. Sie war nur eine lose Verbindung der sozialistisch orientierten nationalen Jugendorganisationen. Diese waren aus Initiativen der Linken in den Parteien der II. Internationale entstanden. So hatte z. B. Rosa Luxemburg schon 1900 vergeblich eine deutsche sozialistische Jugendorganisation gefordert[6], und an ihrer späteren Entstehung hatte Karl Liebknecht maßgeblichen Anteil. Der ideelle Kristallisationspunkt dieser Gruppen war primär ein erst schwach reflektierter Antimilitarismus; sozialistische und pazifistische Tendenzen gingen noch einträchtig zusammen.

In diesem Sinne hatte auch der erste Zusammenschluß auf der I. Internationalen Sozialistischen Jugendkonferenz vom 24. bis 26. August 1907 in Stuttgart (im Anschluß an den VII. Internationalen Sozialistenkongreß 18. bis 24. August 1907) ebenso wie der Kongreß der »Erwachsenen«[7], primär im Zeichen des Antimilitarismus gestanden[7a]. Unter dem Titel ›Militarismus und Antimilitarismus‹ erschien mit erweitertem Text Karl Liebknechts Referat als Broschüre; sie trug ihm 1907 einen Hochverratsprozeß und anderthalb Jahre Haft auf der Festung Glatz ein[8]. Liebknecht analysierte den Krieg als imperialistischen Auswuchs des Kapitalismus, als systemstabilisierende Aktion gegen das um seiner Rechte und Würde willen aufbegehrende Proletariat. Für den Fall eines Kriegsausbruchs vertrat er die ebenfalls und besonders von Lenin und Rosa Luxemburg explizite aufgestellte Forderung nach Umwandlung des imperialistischen Krieges in einen Bürgerkrieg zur »Beseitigung der kapitalistischen Klassenherrschaft«[9] und damit zur Beseitigung der Ursache für die Kriege überhaupt.

Auf der Stuttgarter Jugendkonferenz wurden ferner Beschlüsse gefaßt zur Erziehungs- und Bildungsarbeit als einer spezifischen Aufgabe der Jugendverbände. Gefordert wurden Verbesserungen des Schutzes und der wirtschaftlichen Lage der Lehrlinge und jugendlichen Arbeiter.

Schon zu diesem Zeitpunkt wurde indessen die Existenz zu-

[6] Ebd., S. 13–16.
[7] Hier einen Unterschied zwischen einem Kongreß der Erwachsenen und der Jugendlichen zu machen, ist nur bedingt richtig. Viele Teilnehmer am Jugendkongreß waren erwachsene Teilnehmer des voraufgegangenen VII. Internationalen Sozialistenkongresses.
[7a] Resolution des VII. Internationalen Sozialistenkongresses zu der Frage: Der Militarismus und die internationalen Konflikte, s. Anhang, Dokument 1; Resolution der Jugendkonferenz s. Anhang, Dokument 2.
[8] Fritz Globig, Aber verbunden sind wir mächtig, Berlin (Ost) 1959, S. 48–55.
[9] Aus der Resolution des VII. Internationalen Sozialistenkongresses.

mindest zweier Strömungen in den Jugendverbänden sichtbar. Für die revolutionäre Jugend waren die angeführten Reformvorschläge Fragen sekundärer Bedeutung. Erziehung erfolgte für sie ganz entschieden durch die Vorbereitung und Durchführung klassenkämpferischer Aktionen; den Erwerb bürgerlicher allgemeiner ›Bildung‹ empfanden sie als antirevolutionär. Ebenso lehnten sie reformerische Initiativen als Elemente einer revisionistischen Politik ab. Die von ihnen angestrebte sozialistische Revolution sollte dem Proletariat nicht nur soziale Verbesserungen einbringen und im übrigen die alte Abhängigkeit von den weiter unumschränkt Herrschenden belassen, sondern mit der sozialen Gerechtigkeit auch die Freiheit im Sinne der Abschaffung von Herrschaft des Menschen über den Menschen bescheren.

In den entsprechenden Resolutionen jedoch schlug sich nicht nur dieser Standpunkt nieder, vielmehr floß auch ein gutes Stück Reformismus mit ein. Man muß Schüller zustimmen, wenn er in den Stuttgarter Beschlüssen »deutlich das Ringen der revolutionären und reformistischen Gedanken über die Aufgabe und Rolle der proletarischen Jugendbewegung [...] und [...] in manchen Punkten den Versuch der Vereinheitlichung der beiden Standpunkte«[10] erkennt. Doch mochten die Gegensätze damals noch verschleiert sein und erst später zur sprengenden Wirkung gelangen: auf der I. Internationalen Sozialistischen Jugendkonferenz entstand die ›Internationale Verbindung sozialistischer Jugendorganisationen‹ mit Sitz in Wien. Ihr erster Sekretär war der Belgier de Man, der bereits 1908 von dem Österreicher Robert Danneberg abgelöst wurde.

Schon unmittelbar nach ihrer Gründung erwuchsen den nationalen Verbänden der ›Jugendinternationale‹ einflußreiche Gegner in den revisionistischen und zentristischen Gruppen der eigenen Parteien. In Deutschland erwirkte die Reaktion das eindeutig gegen die Organisierung der sozialistischen Jugend gerichtete Reichsvereinsgesetz vom April 1908; es verbot in § 17 allen Jugendlichen unter 18 Jahren jede politische Betätigung[10a]. Der 6. Gewerkschaftskongreß in Hamburg im Juni 1908 und der Nürnberger SPD-Parteitag im September desselben Jahres zogen mit Mehrheit nur zu gern die Konsequenzen daraus und lösten ihre selbständigen Jugendorganisationen auf. So erging es allen übrigen Verbänden in Europa, ausgenommen Italien, Schweden, Norwegen und die Schweiz. Während dieses Prozesses blieb das Internationale Büro der sozialistischen Jugend Robert Dannebergs bemerkenswerterweise untätig.

[10] Schüller, Anfänge, a.a.O., S. 40.
[10a] S. Anhang, Dokument 3.

Angesichts dieser Entwicklung ist es nur logisch, daß auf der II. Internationalen Konferenz der sozialistischen Jugendorganisationen im September 1910 in Kopenhagen das Verhältnis zwischen Jugendorganisation und Partei trotz Liebknechts Referat über den Kampf gegen den Militarismus im Mittelpunkt der Diskussionen stand. Danneberg, als Sekretär der Österreichischen Sozialistischen Jugend nach Einschätzung der revolutionären Linken ein Reformist, versuchte die Arbeiterjugend in die Partei zu integrieren; sie solle – so hieß es in der von ihm eingebrachten Resolution – »in jedem Lande in stetem Einvernehmen mit der sozialistischen Partei und den Gewerkschaften arbeiten«. Entsprechend sollte das Internationale Büro der II. Internationale in Brüssel unterstellt werden. Der schließlich gefaßte Beschluß lag nicht weit davon: »Die Konferenz stimmt der vom Internationalen sozialistischen Büro gegebenen Anregung, die internationale Verbindung der sozialistischen Jugendorganisationen ihm anzugliedern, zu und ermächtigt den Sekretär, [...] das Verhältnis der Jugendbewegung zur Partei und Gewerkschaft über die zu vollziehende Angliederung zu verhandeln.«

Endgültiges war damit also noch nicht geschehen. Doch wurde hier und in der Folgezeit von seiten der Rechten innerhalb der Arbeiterbewegung hartnäckig der Versuch unternommen, die die Ruhe des Partei- und Gewerkschaftsestablishments unbequem störenden, sich auf den historischen Auftrag der Arbeiterbewegung berufenden jungen Revolutionäre an die Kandare zu nehmen.

In Ausführung des Kopenhagener Beschlusses, aber auf der Linie seines Sekretärs Danneberg, verhandelte das Wiener Büro mit den sozialistischen Parteien. Das Resultat war die Bildung eines Sekretariats für die Jugendbewegung beim Büro der II. Internationale, ein Versuch, der praktisch auf die Paralysierung der ›Jugendinternationale‹ zielte. Lediglich 1912 organisierte das Internationale Jugendbüro in Basel im Anschluß an die Konferenz der II. Internationale einen Kongreß, der überdies weit mehr von Münzenberg als durch Wien gegen den massiven Widerstand der Parteien vorbereitet und durchgeführt wurde. Einziger Tagesordnungspunkt war dort auch nicht das strittige Verhältnis zwischen Partei und Jugendorganisation, sondern das in früheren Resolutionen geklärte Problem des Antimilitarismus. Angesichts des heraufziehenden Weltkriegs sollte es jedoch bald ein zentraler Streitpunkt zwischen Reformisten und Linken werden.

Es verdient bemerkt zu werden, daß sich die sozialistische Jugend Europas damals vor dem Zugriff der Parteien aus eigener Kraft bewahren konnte. Ferner muß festgestellt werden, daß es ihr nur in dieser Unabhängigkeit möglich war, dem Schicksal der II. Internationale zu entgehen. Diese zerbrach trotz der schwungvollen Baseler Deklamationen von 1912 sang- und klanglos bei Ausbruch des Krieges, womit sich die sozial- demokratischen Schwüre, »ihre Völker niemals in einen Krieg zerren zu lassen«[11], als Illusion entlarvten. Dagegen entwik- kelte die sozialistische Jugend zahlreiche Initiativen und lei- stete aufopferungsvolle Arbeit im Kampf für den Frieden, nicht selten auf internationaler Ebene und in Kooperation zwischen den Verbänden ›verfeindeter‹ Nationen.

Dieser Ruhm gebührt allerdings nicht dem Internationalen Ju- gendbüro in Wien, sondern dem sozialistischen Jugendver- band Italiens und Willi Münzenberg, dem Sekretär der schweizerischen sozialistischen Jugend. Die Italiener unterlie- fen den Versuch, die eigenständigen sozialistischen Jugendver- bände aufzulösen, indem sie Dannebergs Plan, die Jugendor- ganisationen dem Büro der II. Internationale in Brüssel unter- zuordnen, einen schroffen Gegenentwurf gegenüberstellten, der dem Internationalen Jugendbüro statt seiner Auflösung konkrete Führungsmöglichkeiten für die internationalen Ar- beiterjugendverbände eröffnete. Dieser Vorschlag fand die Unterstützung der Schweizer, Skandinavier und Holländer. In der nachfolgenden lebhaften Diskussion um den Status der künftigen Jugendinternationale war zunächst an eine Auflö- sung nicht mehr zu denken; vielmehr sollte die Entscheidung auf einem für den Sommer 1914 in Wien geplanten interna- tionalen Kongreß fallen. Mitten in den organisatorischen Vor- bereitungen durch Danneberg brach jedoch der Krieg aus.

Rettete die Initiative des Sozialistischen Jugendverbandes Italiens die Selbständigkeit der ›Jugendinternationale‹, so gingen von Münzenberg und dem schweizerischen Verband die entscheidenden Impulse zur Reorganisation der ›Interna- tionalen Verbindung sozialistischer Jugendorganisationen‹ aus, und zwar, als dem unabhängig gebliebenen Verband be- sondere Aufgaben zufielen: im Kriege. Während Danneberg gemäß der sozialdemokratischen Haltung zum Kriege den In- ternationalismus aufgab und auch die Arbeit des Internatio- nalen Büros bei Kriegsausbruch einstellte, entstand unter den parteiunabhängigen Jugendverbänden Italiens, Schwedens und oppositioneller Gruppen der deutschen Arbeiterjugend, besonders aber in der Schweiz, eine lebhafte Aktivität zur Rettung der ›Jugendinternationale‹. Unter Münzenberg rich- tete – nach Kontaktnahme mit deutschen Gruppen – der Zen- tralvorstand der schweizerischen sozialistischen Jugendorgani- sation einen Aufruf an die italienischen Genossen, der u. a. die bemerkenswerten Sätze enthielt: »Auch das Zusammen- brechen großer Teile der alten Internationale der Arbeiter darf

[11] Zit. nach Gross, Münzenberg, a.a.O., S. 48.

11

für uns kein Grund des Versagens sein. Im Gegenteil, unsere erste historische Aufgabe ist es, mit den den alten Ideen treugebliebenen ergrauten Kämpfern eine neue, geschlossenere und festere Verbindung der Arbeiter aller Länder zu schaffen.«[12] Verbunden mit diesem Aufruf enthielt der Brief den konkreten Vorschlag für einen Kongreß zu Pfingsten 1915 in der Schweiz: »Die brüderliche Zusammenkunft 1915 muß und soll der Grundstein für eine neue, junge Internationale werden.«[13]

Nicht nur die Italiener und die deutschen Gruppen, sondern auch die skandinavischen Jugendorganisationen, die bereits unabhängig von den mitteleuropäischen Verbänden ähnliche Initiativen entwickelt hatten, stimmten dem Gedanken eines internationalen Jugendkongresses spontan zu. Münzenberg und seine Schweizer Freunde entschlossen sich, die Tagung bereits für den 4. bis 6. April, zu Ostern 1915, nach Bern einzuberufen – übrigens gegen den entschiedenen Widerstand Dannebergs.

An dieser seit Kriegsausbruch ersten öffentlichen Kundgebung von Sozialisten gegen den Krieg nahmen 16 gewählte Jugenddelegierte[13a] aus Italien, Holland, Polen, Rußland sowie oppositionelle Jungsozialisten aus Deutschland teil[14]. Die Konferenz wurde von Willi Münzenberg geleitet, der zahlreiche Gedanken zur Aktivität der sozialistischen Jugend für den Frieden vortrug. Aus Beschlüssen der Berner Konferenz resultierte u. a. die Einrichtung des Internationalen Jugendtages, der in der Folgezeit Zehntausende Jugendliche in Demonstrationen für den Frieden auf den Straßen sah; ferner die Herausgabe der Zeitschrift *Jugend-Internationale*, die u. a. Lenin und Liebknecht zu ihren Autoren zählte. Voraussetzung für das Funktionieren der Jugend-Internationale jedoch war ihre geographische Verlegung; folgerichtig wurden die Auflösung des Wiener Büros und die Erneuerung der Jugendinternationale durch ein in der Schweiz zu schaffendes internationales Sekretariat beschlossen, dem Münzenberg, einstimmig gewählt, als Sekretär vorstehen sollte.

Die Berner Konferenz ließ aber auch erste Differenzen zwischen den nach den Direktiven Lenins operierenden Bolschewisten und der Mehrheit erkennen, und zwar besonders in der Frage des Antimilitarismus. Lenin nahm an der Konferenz nicht teil, gab aber vom Café des nahe gelegenen Volkshauses aus Anweisungen an seine Delegierten. Von ihm auf einen kompromißlosen Kurs gezwungen, wiesen die beiden bolsche-

[12] Schüller, Anfänge, a.a.O., S. 84.
[13] Ebd., S. 85.
[13a] Diese Angabe bei Babette Gross, a.a.O., S. 98 f. (Schüller spricht von 13 Delegierten).
[14] Gross, Münzenberg, a.a.O., S. 61.

wistischen Delegierten Inessa Armand und G. S. Jegorow eine vom Vertreter der schweizerischen sozialistischen Partei, Robert Grimm, vorgeschlagene Resolution wegen angeblicher pazifistischer Tendenzen zurück. Statt dessen verlangten sie die Annahme eines von Lenin entworfenen Textes, der sich für die Umwandlung des imperialistischen Krieges in einen Bürgerkrieg, für die Entwaffnung der Bourgeoisie und die Bewaffnung des Proletariats aussprach. Zunächst einstimmig ohne die unversöhnlichen Russen, die angesichts der ablehnenden Haltung der übrigen Delegierten mehrfach die Konferenz verließen, dann mit ihrer Teilnahme wurde die Grimm-Resolution, hinter der auch Münzenberg stand, mit 13:3 Stimmen angenommen.

Diese Kontroverse kennzeichnet erstmals den Versuch Lenins, die Jugendbewegung in den Griff zu bekommen. Seine starre Haltung erschien den Delegierten unverständlich. Es bestand, wie Münzenberg noch auf einer Bürositzung am 1. Februar 1916 und auch in einem Artikel der *Jugend-Internationale* erklärte, damals keine reale Chance zur Umfunktionierung der Armee für den politischen Kampf des Proletariats. Der sicherlich über jeden Verdacht des Revisionismus erhabene Münzenberg sah realistischer als Lenin die bessere Praktikabilität eines mehr auf den Pazifismus, auf unbedingten Frieden gerichteten Beschlusses.

Lenin maß dieser Frage weniger eine praktische Bedeutung als vielmehr eine ideologisch reinigende Funktion für die gesamte internationale sozialistische Jugendbewegung zu. Am Antimilitarismus sollten sich die Geister scheiden: entweder gingen sie mit ihm, das bedeutete unter ihm auf bolschewistischem Kurs, oder gegen ihn; das bedeutete, Lenin in Zukunft zum Feind zu haben. Zu diesem Zeitpunkt, als Lenin nur eine Minderheit hinter sich hatte, tadelte er die Andersdenkenden noch mild. Zugleich aber ging er daran, mit seiner Auffassung von der Umwandlung des imperialistischen Krieges in den Bürgerkrieg eine breitere Basis für den Bolschewismus zu schaffen, wobei er – sicher zum Schaden der Arbeiterbewegung – Parteien und Jugendorganisationen zur Spaltung trieb.

Als nächste Plattform diente Lenin die von den oppositionellen Gruppen in der II. Internationale einberufene Konferenz in Zimmerwald nahe Bern. Hier tagten vom 5. bis 8. September 1915 38 Sozialisten, Revolutionäre und Zentristen, die sich von den kriegsbejahenden ›Sozialpatrioten‹ und ›Sozialchauvinisten‹ in ihren Parteien absetzen wollten. Sie kamen aus Rußland, Deutschland, Frankreich, Italien, der Schweiz, Holland, Schweden, Rumänien und Bulgarien. Auch in Zimmerwald spielten die Strategie und Taktik antimilitaristischer Aktionen die entscheidende Rolle. Und wieder unterlag Lenin, diesmal einem von Trotzki verfaßten Manifest, das dem bolschewistischen Standpunkt keinen Raum ließ, allerdings selbst farblos war und keinen Ansatz für die politische Praxis enthielt. Indessen erlangte die Zimmerwalder Konferenz geschichtliche Bedeutung, denn auf ihr bildete sich innerhalb der Oppositionellen um Lenin und die Bolschewiki eine internationale Fraktion. Sie wird unter dem Namen ›Zimmerwalder Linke‹ von der kommunistischen Geschichtsschreibung als die Urzelle der Komintern charakterisiert.

Ein größerer Einbruch gelang Lenin dagegen auf der zweiten Zimmerwalder Konferenz, auch Kienthaler Konferenz genannt. Sie fand vom 24. bis 30. April 1916 in Kienthal, unweit Zimmerwald statt, nicht zuletzt auf Drängen Lenins und der Bolschewiki, die ihre Niederlage von Zimmerwald ausgleichen wollten. Sie erzielten einen Teilerfolg. Zwar wurde an verschiedenen Stellen der Resolution der Pazifismus in seiner bürgerlichen und sozialistischen Variante verurteilt und das Proletariat »zu tatkräftigen Aktionen mit dem Ziel der Niederwerfung der kapitalistischen Klassenherrschaft« aufgerufen, abgelehnt wurde aber auch der entschieden schärfer formulierte Resolutionsentwurf der Bolschewiki. Bezeichnend für den Bodengewinn Lenins ist der Beitritt Münzenbergs, der zur ersten Konferenz nicht eingeladen worden war, zur Zimmerwalder Linken: in Kienthal gehörte er zu Lenins Fraktion. Das mußte den politischen Kurs der ›Jugendinternationale‹ beeinflussen, aber auch den der schweizerischen Sozialdemokratie, in deren Vorstand Münzenberg im November 1916 gewählt wurde, und vor allem die Haltung der sozialistischen Jugend in der Schweiz. Münzenbergs Meinungswandel in der Frage des Antimilitarismus begründet seine Lebensgefährtin Babette Gross überzeugend mit dem »Zauber«, den Lenin ausstrahlen konnte, wenn er sich, um jemanden zu gewinnen, von seiner besten Seite zeigte. Lenin diskutierte häufig und ernst mit den Jugendvertretern in der Schweiz und billigte ihnen einen unabhängigen Status zu.[15] So ist zu verstehen, daß der 27jährige Münzenberg Lenins außergewöhnlicher Suggestionskraft erlag.

Der Vollständigkeit halber sei noch die 3. Konferenz der Zimmerwalder vom 9. bis 10. Mai 1917 in Stockholm erwähnt. Lenin ignorierte sie, wie er überhaupt seit 1916 entschlossen war, die Verbindung auch zu den Zentristen abzubrechen und mit den auf seiner Seite stehenden Gruppen in den sozialistischen Parteien neue revolutionäre Organisationen mit dem Ziel einer neuen Internationale zu gründen. Bei dieser Arbeit leistete die Jugendinternationale wertvolle Hilfe. »Die Bolsche-

---

[15] Ebd., S. 66.

wiki zählten die Jugendinternationale zu ihren stärksten Bundesgenossen.«[16]

Am Beispiel Deutschlands lassen sich die Aktivität der Jugendinternationale und der Spaltungsprozeß in den Jugendverbänden deutlich nachweisen. Das Organ *Jugend-Internationale* lieferte die theoretisch-ideologischen Grundlagen für die Formierung revolutionärer Kräfte. Die aktivste Opposition bestand in Württemberg, wo junge Sozialisten eine intensive, nie abgerissene Verbindung zur Schweizer Zentrale unterhielten. Von dort kam anläßlich der ersten Internationalen Bürositzung des Sekretariates am 1. und 2. Februar 1916 auch der Aufruf an die deutschen Genossen, die verschiedenen oppositionellen Aktivitäten in den sozialistischen Jugendverbänden auf Reichsebene in einer Zentrale zu koordinieren.

Diese Vorschläge führten zur Konferenz von Jena zu Ostern 1916. Unter Führung der Jugendinternationale und Karl Liebknechts wurde der Bruch mit der »sozialchauvinistischen Berliner Zentralstelle«[17] der deutschen sozialistischen Arbeiterjugend beschlossen und ein eigener »Reichsverband der oppositionellen Gruppen, eine neue revolutionär-sozialistische Jugendorganisation«[18], zunächst provisorisch gegründet. Die Spaltung wurde begleitet von einer entschiedenen Kampfansage an »die Parteiinstanzen, die die heiligsten Grundsätze seit Jahr und Tag mit Füßen treten und die Organisation und Partei durch Staatsstreiche in Scherben schlagen«; es gelte, sie nun »unerbittlich als Verräter und Usurpatoren durch Manifeste öffentlich zu entlarven, so den Parteikonflikt zuzuspitzen und zur raschen und grundsätzlichen Entscheidung zu treiben«[19].

Der Anschluß an das Schweizer Sekretariat, dem die Berliner Zentrale der sozialdemokratischen Arbeiterjugend nicht angehört hatte, war selbstverständlich.

Auf der Jenaer Konferenz fielen in einer von Liebknecht ausgearbeiteten Grundsatzerklärung die berühmten Worte von der Priorität der ›Klarheit‹ vor der ›Mehrheit‹: »Keine Sammlung ohne Einheit der Anschauung!« Allerdings war Liebknecht des festen Glaubens an eine einheitliche Ausrichtung des proletarischen Willens bei Mobilisierung der Massen durch ihre Avantgarde, die bewußten Arbeiter. Dieser Glaube schlägt sich nieder in dem Satz: »Die Konferenz betrachtet es als dringendes Erfordernis der proletarischen Bewegung, alle ernsten und prinzipiellen und taktischen Differenzen zwischen den verschiedenen Richtungen der Opposition unter die pro-

[16] Schüller, Anfänge, a.a.O., S. 151.
[17] Ebd., S. 158.
[18] Ebd.
[19] Ebd., S. 160 (So die konzipierten ›Grundsätze‹).

letarischen Massen zu tragen, um in Verwirklichung des demokratischen Wesens der Organisation und zur Förderung der Aktionsfähigkeit und Initiative der Masse in die Hände der Masse zu legen.«[20]

Neue Nahrung erhielt die oppositionelle Bewegung, als sich in den spontanen Streiks der Jugendlichen von Braunschweig und Magdeburg im April und Mai 1916 und bei den Maikundgebungen, insbesondere in Berlin, eine Massenbasis für revolutionäre Aktivitäten anbot. Die Streiks entzündeten sich am sogenannten ›Sparzwang‹ für die jungen Arbeiter, einer kaum verschleierten Lohnkürzung. Die verdienten Löhne wurden nicht mehr voll ausgezahlt, sondern auf eine vom Militärkommando festgesetzte Summe beschränkt; der Restlohn sollte angeblich bei einer Sparkasse für die Jugendlichen gespart werden, in Wirklichkeit ging er jedoch an die Kriegsanleihe.

Die Demonstration zum 1. Mai 1916 in Berlin war von Liebknecht politisch und organisatorisch vorbereitet worden. Sein antimilitaristisches Flugblatt ›Auf zur Maifeier!‹ fand nicht nur in Berlin, sondern auch in Dresden, Leipzig, Eßlingen, Göppingen, in den Seestädten und im Ruhrgebiet massenhafte Verbreitung. Die Berliner Massenversammlung sollte um 20 Uhr auf dem Potsdamer Platz stattfinden. Noch bevor Liebknecht sprechen konnte, wurde er polizeilich festgenommen und weggeschleppt. Danach demonstrierten etwa 10 000 Menschen bis gegen 23 Uhr gegen die Verhaftung und den Militarismus. Nichts konnte jedoch verhindern, daß Karl Liebknecht am 23. August 1916 in zweiter Verhandlung wegen »›versuchten Kriegsverrats‹ und erschwertem Ungehorsam ›im Felde‹«[21] zu vier Jahren und einem Monat Zuchthaus und zum Verlust der Ehrenrechte für die Dauer von sechs Jahren verurteilt wurde. Diese maßlose Strafe war die brutale Antwort der Militärjustiz auf den furchtlosen und anklägerischen Auftritt Liebknechts.

Einen Schritt hinter die Parole ›Erst Klarheit, dann Mehrheit‹ ging die revolutionäre Jugend noch einmal im Mai 1918 zurück, als sie sich mit der Jugendorganisation der USPD zur ›Freien Jugend‹ zusammenschloß. Obgleich die zentristischen Kräfte in der ›Freien Jugend‹ sich radikalisierten, kam es doch am 26./27. Oktober 1918, nun wieder mit dem inzwischen befreiten Karl Liebknecht, zu einer Reichskonferenz und der Gründung der »Freien Sozialistischen Jugend«, die entschieden auf seiten des Spartakusbundes stand und insbesondere in den Berliner Januarkämpfen 1919 den Blutzoll der Revolution zahlte. Am 15. Januar wurden auch Rosa Luxemburg

[20] Zit. n. ebd., S. 159.
[21] Globig, Aber verbunden, a.a.O., S. 182.

und Karl Liebknecht von Offizieren der Garde-Kavallerie-Schützen-Division ermordet, nachdem man die Arglosen zu einem ›Verhör‹ ins Hotel Eden gebracht hatte.

Die Gründung der KPD in Berlin vom 30. Dezember 1918 bis 1. Januar 1919 machte eine grundsätzliche Entscheidung der revolutionären Jugendorganisation nötig. Der Reichskongreß der Freien Sozialistischen Jugend vom 22./23. Februar 1919 in Berlin entschied sich gegen die politischen Grundsätze der USPD und für die der KPD, nicht jedoch für die Aufnahme organisatorischer Beziehungen zu ihr. Erst die nächste Reichskonferenz vom 18. bis 20. Oktober 1919 in Weimar tat den weiteren Schritt: Ausschluß der USPD-Anhänger und Fühlung mit der KPD.

Ohne hier auf die Einzelheiten der Entwicklung eingehen zu können, darf gesagt werden, daß die Jugendorganisationen in Österreich, Italien, Schweden und der Schweiz einen ähnlichen ›Reinigungsprozeß‹ durchmachten, an dessen Ende die Trennung der sozialistisch-revolutionären Jugend von den ›sozialpatriotischen‹ und schließlich auch von den zentristischen Kräften stand. Diese Verbände waren es, die – zusammen mit dem inzwischen gegründeten Russischen Kommunistischen Jugendverband, dem RKJV, und dem Verband des revolutionären Ungarns – die Basis für die Gründung der Kommunistischen Jugendinternationale bildeten.

2. Die Gründung der Kommunistischen Jugend-
internationale

Es waren also zwei Initiativen, die vom alten Schweizer Jugendsekretariat zur Gründungskonferenz der KJI führten: die eine ging vom Münzenberg-Büro und von den westeuropäischen Jugendverbänden aus, die sich aus allen rechts von ihnen befindlichen Gruppen befreit hatten. Die zweite kam aus Moskau.

Dort war am 29. Oktober 1918 der Russische Kommunistische Jugendverband gegründet worden. Der Grad seiner Abhängigkeit von der Partei geht aus der lakonischen Bemerkung Schüllers hervor: »Auf dem VIII. Parteitag der Kommunistischen Partei wurden auch die Beziehungen zwischen Kommunistischem Jugendverband und Kommunistischer Partei geregelt.«[22] Kein Wort von einer Selbst- oder Mitbestimmung der Jugendlichen – von nun an wurden deren Probleme von der Partei ›geregelt‹. Ganz im gleichen Sinne erging im März 1919, bei Gründung der III. Internationale in Moskau, ein Aufruf an die Kommunistischen Jugendverbände zur Gründung einer Kommunistischen Jugendinternationale mit dem Anschluß an die Komintern.

Bis zum Sommer 1919 hatte der RKJV keine Verbindung zur Jugendinternationale, in der lebhafte Bewegungen stattgefunden hatten: Münzenberg arbeitete ebenfalls auf die Gründung einer neuen, wirklichen Internationale der sozialistischen Jugend hin. Über erste Initiativen kam er allerdings nicht hinaus. Am 14. November 1918 aus der Schweiz nach Deutschland ausgewiesen, konnte er lediglich am 17. Dezember einer Besprechung des Internationalen Büros vorsitzen, die den Beschluß faßte, das Schweizer Sekretariat nach Deutschland zu verlegen. Dazu kam es nicht mehr, weil Willi Münzenberg im Januar 1919 verhaftet wurde und 6 Monate Gefängnis erhielt. Notgedrungen mußten schweizerische Funktionäre noch einmal die Führung der alten Jugendinternationale übernehmen. Unter der provisorischen Leitung des geschäftsführenden Sekretärs Willy Trostel wurde eine vorbereitende Konferenz für eine neue Sozialistische Jugendinternationale im Sinne Willi Münzenbergs für den 25. August 1919 nach Wien einberufen. Die organisatorische Vorbereitung wurde einem österreichischen Komitee übertragen, das allerdings durch seine disharmonische Besetzung mit den Sozialdemokraten Danneberg

[22] Schüller, Anfänge, a.a.O., S. 189.

und Karl Heinz sowie mit Kommunisten wie Richard Schüller praktisch arbeitsunfähig war.

Moskau hatte es derweil nicht bei einem Aufruf bewenden lassen. Im April 1919 fuhr Alfred Kurella, der Gründer und Leiter der Kommunistischen Jugendgruppe München, von München nach Moskau. Dort waren gleichzeitig ein ungarischer Jugendvertreter und der Jugendfunktionär Viktor Greifenberger aus Litauen anwesend. Mit der Begründung, daß durch Münzenbergs Verhaftung »seit Monaten sowohl in Moskau wie in Budapest alle Nachrichten über die Jugendinternationale [. . .] fehlten, entstand in jenen Tagen in Moskau der Plan, aus eigener Initiative einen internationalen Kongreß der revolutionären Sozialistischen Jugendorganisationen einzuberufen. Als Ort wurde das damals noch rote Budapest gewählt«[23]. Diese Motivierung erscheint zweifelhaft, denn Kurella kam gerade aus Deutschland, wo Münzenberg noch bis zum Januar 1919 gearbeitet hatte. Daß Kurella von den schweizerischen Initiativen unter Trostel nichts gewußt haben sollte, ist wenig wahrscheinlich. Glaubwürdiger ist, daß der Plan einer von der Kommunistischen Internationale geforderten Jugendinternationale in diesen Wochen konkrete Gestalt annahm. »Die Exekutive der III. Internationale, die soeben auf dem I. Kongreß der Kommunistischen Internationale gewählt worden war, nahm sich des Planes mit großer Wärme an, zumal er die besondere Unterstützung zweier alter Freunde der Jugendinternationale, der Genossen Lenin und Tschitscherin, fand.«[24] Zur gleichen Zeit wurde in Moskau eine vorbereitende Kommission mit Tschitscherin, Bersin, Klinger, Schatzkin und Kurella gebildet.

Ein Aufruf des Exekutivkomitees der Kommunistischen Internationale (EKKI) vom 29. Mai 1919 verlangte für die neue Jugendinternationale unverhohlen die ideologische Führung durch die Komintern. Wie Moskau sich die Beziehungen zwi-

---

[23] Kurella, Gründung, a.a.O., S. 12.
Alfred Kurella, geb. 1895, Schriftsteller und SED-Funktionär, kam aus der Wandervogelbewegung, trat 1918 in die KPD ein und wurde Vorsitzender des KJV in München. 1919–1924 war er Sekretär der KJI; 1924–1926 Direktor der Parteischule des ZK der KPF; 1927–1932 Mitarbeiter der Komintern; 1952–1957 Direktor des Instituts für Literatur in Leipzig; 1957–1963 Leiter der Kommission für kulturelle Fragen beim Politbüro des ZK der SED; seit 1963 Sekretär für Dichtkunst und Sprachpflege der Deutschen Akademie der Künste in Ost-Berlin; zahlreiche Veröffentlichungen.
Willi Münzenberg, 1889–1940, kam aus der Sozialistischen Jugendbewegung, war einer der Organisatoren der Sozialistischen Jugend der Schweiz; 1914 deren hauptamtlicher Sekretär; 1917 Teilnahme am Kongreß der Sozialistischen Internationale in Stockholm; 1918 aus der Schweiz ausgewiesen; Mitglied der Spartakusgruppe; Sekretär der Sozialistischen Jugendinternationale; bis 1921 Sekretär der KJI; danach Gründung der Internationalen Arbeiterhilfe und Aufbau des sog. ›Münzenberg-Konzerns‹ (Verlage, Zeitschriften, Illustrierte); 1924–1933 Reichstagsabgeordneter der KPD; 1933 Emigration nach Paris; 1935 Mitglied des ZK der KPD; 1937 aus der KPD ausgeschlossen; 1940 wahrscheinlich Opfer eines stalinistischen Fememordes.
[24] Ebd.

schen Komintern und KJI vorstellte, dokumentiert die »Weisung«[25] des EKKI an die ungarischen Genossen, die den Gründungskongreß der KJI für Budapest vorbereiten sollten. Danach sollten nur Verbände eingeladen werden, deren revolutionäre Ausrichtung außer Frage stünde. Auch hier handelt es sich um Weisungen Lenins, der gefordert hatte, man sollte »nur die revolutionären, erprobten Jugendorganisationen der einzelnen Länder erfassen. Jede Aufnahme von sozialchauvinistischen und opportunistischen Jugendorganisationen sollte ausgeschlossen sein.«[26]

Das vorbereitende Komitee in Moskau arbeitete eine Prinzipienerklärung aus, die von Schatzkin und Kurella mit »ausführlichen Organisationsdirektiven von seiten der russischen Verbandszentrale nach Budapest«[27] geschafft werden sollte und die vom deutschen Delegierten der Vorkonferenz, Fritz Globig, eindeutig als Handschrift Lenins ausgewiesen wird. Globig schreibt: »Alfred brachte uns die Disposition und Vorschläge Lenins und des sowjetrussischen kommunistischen Jugendverbandes für das Programm der Kommunistischen Jugendinternationale.«[28]

Die Gründungskonferenz der KJI konnte entgegen dem Moskauer Plan nicht in Budapest stattfinden, denn das ungarische Rätesystem, am 21. März 1919 ausgerufen, war Anfang August von Horthy gestürzt worden. So kam es zu einer Vereinigung der beiden Initiativen; statt nach Budapest reisten Kurella und Schatzkin nach Wien. Dort brach der wegen der Teilnahme Dannebergs und des sozialdemokratischen Verbandes jugendlicher Arbeiter, die in ihren politischen Auffassungen mit den revolutionären Verbänden aus Westeuropa und dem Russischen Kommunistischen Jugendverband keineswegs übereinstimmten, zu erwartende Eklat aus.

Kurella war es schließlich, der als Vertreter des RKJV erklärte, sein Verband könne sich »an einer Konferenz, an der Sozialpatrioten teilnehmen«, nicht beteiligen.[29] Obgleich Münzenberg sich für die Einladung der zentristischen Österreicher aussprach, lautete der Beschluß für die konstituierende Konferenz der KJI entsprechend den eindeutigen Mehrheitsverhältnissen, »die sozialpatriotischen Gruppen nicht einzuladen«[30].

Das Datum für die Gründungskonferenz wurde auf den 3. Oktober 1919 festgesetzt. Sie sollte in strenger Illegalität in Deutschland stattfinden. Zur organisatorischen und poli-

[25] Ebd., S. 13.
[26] Globig, Aber verbunden, a.a.O., S. 291.
[27] Kurella, Gründung, a.a.O., S. 14.
[28] Globig, Aber verbunden, a.a.O., S. 160.
[29] Kurella, Gründung, a.a.O., S. 16.
[30] Ebd., S. 16.

tischen Vorbereitung konstituierte sich ein Provisorisches Komitee; ihm gehörten an: Münzenberg und Paul Schweizer vom Internationalen Büro, Schatzkin als russischer und Heilmann als deutscher Vertreter sowie ein Skandinavier, für den zunächst der italienische Vertreter Schweide einsprang.

Da die Zeit drängte, begann das Provisorische Komitee noch in Wien seine Arbeit. Indessen wurde seine Arbeit nach dem ersten Rundschreiben vom 28. August 1919 an die einzuladenden sozialistischen Jugendverbände jäh beendet, weil die Delegierten in Wien aus dem Gasthaus heraus verhaftet wurden. Kurella nimmt diesen Vorgang zum Anlaß, Danneberg und Heinz, die österreichischen sozialdemokratischen Jugendvertreter, als Parteifreunde der sozialdemokratischen Polizeidirektion ins schiefe Licht zu rücken.[31]

Allerdings dürfte hier der Haß gegen die ›Sozialchauvinisten‹ mit Kurella durchgegangen sein, denn – bei allem Widerwillen gegen die sozialdemokratische Ideologie und Taktik vor, in und nach dem Kriege – Ehrenrühriges ist gegen Danneberg kaum vorzubringen. Im Gegenteil bewies er nach seiner Absetzung durch die Berner Konferenz 1915 die keineswegs selbstverständliche Haltung, »die sozialistische Sache über alle persönlichen Differenzen mit Münzenberg zu stellen«: er half dem in der internationalen Leitung unerfahrenen Münzenberg »als der verantwortungsbewußte Genosse, der er war«[32].

Im September 1919 war das Komitee in Stuttgart wieder bei der Arbeit. Am 13. September erschien ein zweites Rundschreiben, das eine klare Aussage zum politischen Kurs der künftigen Jugendinternationale enthielt.

Uneingeschränkt dominierten die Leninschen Thesen zum bewaffneten Aufstand und zum Bürgerkrieg. Bestechend ist die jugendliche Aufbruchstimmung, jedoch – wie illusionär erscheint im nachhinein der Optimismus, mit dem die Arbeit auf die nahe geglaubte Weltrevolution hin aufgenommen wurde. Parolen des Rundschreibens lauten: »Schaffung revolutionärer Arbeiterräte! Entwaffnung der Bourgeoisie! Bewaffnung der Arbeiterschaft! Auflösung der bürgerlichen Parlamente und Übernahme der politischen Gewalt durch die organisierte Arbeiterschaft! Sturz der bürgerlichen Regierung und Errichtung der proletarischen Diktatur!«

Man glaubte sich am »Auftakt«, bei der »Einleitung einer neuen revolutionären Epoche, in der alle Mittel des revolutionären Klassenkampfes, Demonstrationen, Streiks, Generalstreiks und wenn möglich offener, bewaffneter Kampf zur Anwendung kommen«[33].

[31] Ebd., S. 18.   [32] Gross, Münzenberg, a.a.O., S. 62.
[33] Kurella, Gründung, a.a.O., S. 19 f.

Das Rundschreiben zeigte allerdings auch die Transformation der nach Lenins Weisungen unter bolschewistischen Vorzeichen gereinigten Verbände und ihrer vereinheitlichten Meinung. Strenggenommen war schon dieses Schreiben leninistisch, aber nicht mehr marxistisch: es forderte den proletarischen Kampf nach den Direktiven der Zentrale, ohne die Analyse der sozialen und ökonomischen Situation und die machtpolitischen Verhältnisse in den einzelnen Ländern auch nur ins Auge zu fassen, geschweige denn zur Grundlage der sozialistischen Revolution zu machen. Wiederum bei aller Abgrenzung von der sozialdemokratischen Position: der österreichische Genosse Karl Heinz hatte mit seiner Kritik an dieser Arbeit der Jugendinternationale nicht unrecht, wenn er bemängelte, sie habe ihre Beschlüsse gefaßt »ohne Rücksicht darauf, ob die angeschlossenen Verbände in der Lage sind, diesen neuen Wirkungskreis zu dem ihren zu machen«[34].

Die außerordentlichen Schwierigkeiten zur Abhaltung der IV. Konferenz der Internationalen Verbindung, die zum Gründungskongreß der Kommunistischen Jugendinternationale werden sollte, kann durch kein Faktum besser dokumentiert werden als durch die Tatsache, daß am 17. Oktober 1919, dem Gründungskongreß der Freien Sozialistischen Jugend Deutschlands, also 14 Tage nach dem ursprünglich angesetzten Termin, erst wenige Delegierte nach Berlin hatten anreisen können. Ursache dafür war die strikte Illegalität, zu der die Initiatoren aufgrund der polizeilichen Suche nach zahlreichen revolutionären Jugendvertretern gezwungen waren. Erst Mitte November hatten genügend Delegierte der wichtigsten Jugendverbände die Fahrt nach Berlin hinter sich gebracht, so daß mit dem Beginn der Konferenz nicht mehr gewartet zu werden brauchte.

Der nun in strenger Konspiration am 20. November 1919 in einer Neuköllner Kneipe zusammengetretene, um 15 Uhr von Willi Münzenberg eröffnete Kongreß muß unter zwei gegensätzlichen Aspekten gesehen werden. Auf der einen Seite bedeutete er zweifellos den Höhepunkt einer über zwölf Jahre sich erstreckenden Entwicklung in der internationalen sozialistischen Jugendbewegung, und es dürfte niemanden unter den 20 Delegierten der nunmehr von sozialdemokratischen Fraktionen gereinigten Verbände gegeben haben, dem dieses Ereignis nicht als die vorläufige Endstation ihrer sozialistischen Sehnsucht erschienen wäre. Im entsprechenden Tenor war Münzenbergs Eröffnungsansprache gehalten. Er um-

[34] Ebd., S. 20. Allerdings geht aus Heinz' Kritik nicht hervor, ob er sie lediglich taktisch versteht, was eben vom marxistischen Standpunkt nur zu vertretbar wäre, oder ob er die Zielsetzung, den Marxschen Sozialismus, schon aufgegeben hatte.

schrieb die Ziele des Kongresses wie folgt: dieser habe eine wahrhaft sozialistisch-revolutionäre Organisation zu schaffen, ihr eine straffe zentralistische Form zu geben, was nach den Erfahrungen und Erfolgen des Internationalen Büros seit Bern gerechtfertigt scheint, um eine höhere Effizienz in koordinierten internationalen Aktionen zu erreichen, und die neue KJI auch offiziell auf den Boden der III. Internationale zu stellen. In diesem Sinne war seine Frontstellung gegen alle Kräfte einschließlich der Zentristen zu verstehen, die sich rechts von der revolutionären Bewegung befanden: die ›Menschewiki‹ wurden von ihm als die ›Hauptfeinde‹ bezeichnet.

Unter anderem führte Münzenberg aus: »Es gilt, das, was der gegenwärtige Stand der proletarischen Revolution erfordert, was von einzelnen Organisationen bereits geschehen ist, zu dem wir alle drängen, mit aller Schärfe und Klarheit zu tun, es gilt, uns zu solidarisieren mit den Kämpfern der proletarischen Revolution, mit der russischen Sowjetrepublik, es gilt, nachdem es praktisch bereits in all unserer Arbeit geschehen ist, auch offiziell den Anschluß an die III. Internationale zu vollziehen.«[35] Indessen geht aus seinem Referat am 4. Konferenztag, dem 23. November, eindeutig hervor, daß dieser Gedanke von Münzenberg nur für den Bereich der Ideologie entfaltet wurde. Münzenberg sprach zum wichtigsten Punkt der Tagesordnung (›Über das grundsätzliche und politische Programm der Kommunistischen Jugendinternationale‹) und stellte fest: »Wohl ist heute die Parteikonstellation eine ganz andere als vor dem Krieg, aber immer noch ist es Aufgabe der von Natur aus revolutionären Jugend, innerhalb der Partei gegen die nur zu oft unter der Bürde ihrer Erfahrungen und Enttäuschungen seufzenden und verzweifelnden Alten den Willen zur Tat, zum Vorgehen zu vertreten.«[36] Dieser unverhüllte Vorbehalt Münzenbergs gegen einen zu engen Anschluß der Jugend an die Parteien stieß unvermeidlich auf den Widerspruch der mit Lenins Instruktionen auf engste organisatorische Verknüpfung der Jugendbewegung mit den Parteien und der Kommunistischen Internationale aus Moskau entsandten Funktionäre Kurella und Schatzkin sowie des Vertreters der Komintern, Mieczyslaw Bronski, der ein Referat zur weltpolitischen Lage hielt.

Und dieser Konflikt machte die andere Seite des Kongresses aus! Ein deutlicher Riß durch die Versammlung, die Delegierten in zwei Gruppen scheidend, deren eine – wie Münzenberg – die revolutionär-kämpferische Ausrichtung der KJI nach dem Programm der III. Internationale wollte, ohne indes im organisatorischen Anschluß an die Komintern die Selb-

[35] Ebd., S. 23.
[36] Zit. nach ebd., S. 31.

ständigkeit zu verlieren. Die andere dagegen – mit Schatzkin und Kurella – vertrat in Übereinstimmung mit Lenins Weisung die Meinung, die KJI der KI unterwerfen zu müssen.

Hellsichtig warnten Münzenberg und Richard Schüller vor Aufgabe der Selbständigkeit: völlig richtig sahen sie die Gefahr der Lähmung, der Immobilität und Selbstgenügsamkeit. Deshalb Münzenbergs Hinweis auf die »von Natur aus« revolutionäre, avantgardistische Jugend mit dem »Willen zur Tat« im Gegensatz zu den »nur zu oft« immobilen Alten. Sein Vorbehalt bezog sich auf die Selbständigkeit sowohl der KJI als auch der nationalen Verbände, seine Folgerung war eindeutig: es wäre »falsch, die Auflösung aller besonderen Jugendorganisationen und ihr Aufgehen in die Partei zu fordern«[37].

Solidarische Unterstützung erfuhr Münzenberg in der Diskussion durch Richard Schüller. Dieser erklärte, eine Eingliederung der KJI in die KI wie der nationalen Verbände in die jeweiligen kommunistischen Parteien bedeute »eine schwere Gefährdung unseres höchsten Gutes, der Selbständigkeit der Landesorganisationen [...] In der Zentralisierung der internationalen proletarischen Bewegung und in ihrer Leitung durch eine Zentralstelle, d. h. das EK der III. Internationale, sehe er das Aufgeben eines prinzipiellen Gedankens, des aktiven Vorwärtstreibens durch die Jugend. Keine Organisation sei vor der Verknöcherung gefeit.«[38]

Münzenbergs und Schüllers Auffassungen von einem gleichberechtigten Verhältnis in der Art von Schwesterorganisationen zwischen Komintern und KJI trafen auf den entschiedenen Widerspruch der Sprachrohre Lenins, Schatzkin und Kurella. Kurella meinte im nachhinein, die Haltung der Gruppe Münzenberg sei durch die inzwischen anachronistische »Feindschaft« zu erklären, »die während des Krieges zwischen Jugendverbänden und Parteien entstanden war«[39]. Schatzkin handelte in der Diskussion gemäß den Weisungen Lenins, die mit Globigs Worten besagten, daß es nicht nur »um die Anerkennung der Diktatur des Proletariats und des sozialistischen Räteaufbaus, wie er uns durch Sowjetrußland erstmalig bewiesen wurde«, gehen könne, »sondern auch um den organisatorischen Anschluß der KJI an die Komintern, der zu bestimmten Aktionen verpflichtete«[40].

Diese Vorstellungen trug Schatzkin in zwei Diskussionsreden vor. Er charakterisierte das Verlangen nach Selbstbestimmung der KJI als eine negative Haltung, wie sie auch die USPD gegenüber dem Zentralismus der KI einnähme, und äußerte

[37] Ebd., S. 33.
[38] Ebd., S. 37.
[39] Ebd., S. 36.
[40] Globig, Aber verbunden, a.a.O., S. 291.

die Befürchtung, der »Verzicht auf den Eintritt in die Kommunistische Internationale könne diese nur in den Augen der Arbeiterjugend kompromittieren«[41].

Trotz seines bloß emotionalen Appells für den Anschluß der KJI an die Komintern wurde der russische Antrag, die Jugendinternationale als Teil der III. Internationale zu betrachten, mit 17 gegen 8 Stimmen angenommen (Punkt 14 des Programms)[42]. Lediglich in der Frage der Stellung der KJV zu den Parteien der III. Internationale vermochte Münzenberg sich durchzusetzen. Danach sollten die Jugendverbände den Landesparteien nicht unterstellt, sondern nur enge Kontakte und gegenseitige Hilfe garantiert werden.

Wie scharf die Interessen der Jugendverbände um Münzenberg und der Machtanspruch Moskaus auf dem Kongreß kollidierten, ergibt sich aus der Münzenberg-Biographie von Babette Gross. Sie spricht von »einer scharfen Kontroverse zwischen Münzenberg und Schatzkin« und betont ebenfalls, daß letzterer »für bedingungslose Unterordnung« eintrat.[43]

Die Wahlen für das fünfköpfige Exkutivkomitee ergaben eine kollektive Führung der KJI durch Münzenberg und Leo Flieg aus Deutschland, Schatzkin (Rußland), Polano (Italien) und Samuelson (Skandinavien). Ersatzmitglieder wurden Kurella (Rußland), Meyer und Lewinsohn (Deutschland), Tranquilli (Italien) und ein auf dem Kongreß noch nicht genannter Genosse aus den skandinavischen Ländern.

Als Fazit des I. Kongresses der Kommunistischen Jugendinternationale bleibt festzuhalten, daß die Gründung der KJI objektiv als Höhepunkt der revolutionären Jugendbewegung angesehen werden muß. Zugleich aber war sie Kulmination: durch die organisatorische Unterordnung unter die KI war sie Ausgangspunkt eines abschüssigen Weges der KJI in die Abhängigkeit vom sich rasch verbürokratisierenden Regime im Kreml, das ihren revolutionären Geist tötete und ihre Aktivitäten lähmte. Durch den hier gelegten Grundstein für die kritiklose Übernahme der Moskauer ›Analyse‹ der jeweiligen politischen Situation wurde später verhindert, daß die bei der Gründung der KJI 1919 vorgenommene krasse Fehleinschätzung über die revolutionären Möglichkeiten und die nahe Weltrevolution revidiert und zu angemessenen Aktionen verändert werden konnte. Vielmehr blieb die KJI mit der KI auch nach dem offensichtlichen Scheitern der revolutionären Kämpfe bei der im Manifest des I. Kongresses niedergelegten falschen Auffassung von der aktuellen fortschreitenden »Desorganisation und Auflösung der kapitalistischen Produktion« und

[41] Kurella, Gründung, a.a.O., S. 37.
[42] Programm der KJI vom Gründungskongreß s. Anhang, Dokument 4.
[43] Gross, Münzenberg, a.a.O., S. 104.

der daraus folgenden Annahme, nun »wiederholen sich immer häufiger Massenstreiks und Aufstände, folgen immer rascher Aktionen und Erhebungen und kommen immer größere Massen zum Anschluß an die revolutionären Organisationen, an die kommunistischen Parteien«[44]. Und wie in diesem Fall blieb sie jeweils bei der offiziellen Moskauer Linie, vollführte alle Kursänderungen, die das EKKI bestimmte, und wurde schließlich zusammen mit der Kommunistischen Internationale von Stalin dem Untergang preisgegeben.

[44] Kurella, Gründung, a.a.O., S. 43.

3. Die KJI im Kampf

In der Zeit zwischen dem I. und dem II. Kongreß der KJI war
das Büro der Jugendinternationale unter seinem Hauptakteur
Willi Münzenberg rastlos tätig; er »zögerte nicht, sich persönlich in den Kampf zu stürzen«[45], wenn es darum ging, für
die KJI neue Verbände zu gewinnen, alte vor Spaltung oder
Abfall zu bewahren. In der Berliner Zentrale »herrschte ein
lebhaftes Kommen und Gehen. Obwohl sie fast alle ohne gül-
tige Papiere waren und von den Polizeien aller Länder gesucht
wurden, scheuten sie vor keinem Grenzübertritt zurück. Zu
ihren Leitsätzen gehörte das Wort: ›Unser Arbeitsfeld ist die
Welt!‹ Dieses Arbeitsfeld wollten sie sich nicht nehmen
lassen. Darum wurden sie auch ständig irgendwo verhaftet
und festgesetzt, was sie nur als geringfügige Betriebsunfälle
betrachteten, die zum Risiko des Revolutionärs gehörten und
lediglich die eine unangenehme Eigenschaft besaßen, daß sie
die Arbeit verzögerten«.[46] Ihre Haupttätigkeit richtete sich
gegen das »bunte Bild«[47] in jenen Verbänden, die noch
immer ein breites Spektrum sozialistischer Tendenzen aufwiesen und der KJI nicht folgen wollten. Die angewandte
Taktik der permanent im Exekutivkomitee der KJI arbeitenden
Münzenberg, Leo Flieg, Kurella (anstelle Schatzkins), Lewinsohn, Mielenz (für Skandinavien), verstärkt durch Schüller,
Bamatter und Bodemann aus der Schweiz sowie Wujowitsch
(Serbien) und Greifenberger zielte in der Regel auf die Spaltung zentristischer Gruppen und die Organisierung einer Opposition, die sich dann der KJI anschloß. Auf diese Weise
gelang es Münzenberg und seinen Mitarbeitern, den Mitglie-
derstand bei Gründung der KJI von rd. 200 000 (RKJV 96 000,
Freie Sozialistische Jugend Deutschlands 35 000, KJV Italien
30 000, Schweden 30 000, Norwegen 12 000, Dänemark ca.
2500) enorm zu erhöhen. Auf dem II. Kongreß 1921 vertraten die Delegierten rund 800 000 Mitglieder, wobei allerdings
der vollkommen parteihörige RKJV einen starken Anteil
stellte.
Die Organisationsform, mit der Münzenberg diese Erfolge errang, war eine Kombination von Zentralismus und Dezentra-
lisation: das in ideologischen Fragen vorbehaltlos auf dem

---

[45] Gross, Münzenberg, a.a.O., S. 105.
[46] Ebd.
[47] Kurella, Gründung, a.a.O., S. 78.

Boden der III. Internationale stehende Exekutivkomitee gab seine Direktiven an die KJV für die Arbeit der einzelnen Sektionen in den Ländern, insbesondere in den KP, die noch nicht vollständig auf die Politik der Komintern hin ausgerichtet waren. Wichtige Instrumente dafür waren die Organe der KJI, Münzenbergs *Jugend-Internationale* und die neue *Internationale Jugend-Korrespondenz*. Noch einmal wurde deutlich, wie sehr sich die Jugend als Avantgarde des Sozialismus, als revolutionäre Elite nach ihren aufopferungsvollen Leistungen während des Krieges und in der Nachkriegszeit fühlte.

Die Gewinnung neuer Verbände in allen Gegenden Europas und der Welt konnte nicht zentral von Berlin aus geschehen. Um auf diesem Gebiet ständig initiativ sein zu können und die KJV organisatorisch besser zu erfassen, gründete das EK Untersekretariate: in Basel, das Bamatter leitete, in Wien, dem Schüller vorstand, in Stockholm unter Samuelson und in Moskau, wo das EK-Mitglied Lazar Schatzkin tätig war. Eine Reihe von Konferenzen belegt die rege Tätigkeit von Exekutivkomitee und Untersekretariaten. In Stockholm wurde im Dezember 1919 ein internationaler Kongreß veranstaltet, auf dem es in erster Linie um die Einschwörung der immer noch in der Frage des Antimilitarismus zu pazifistischen Tendenzen neigenden Skandinavier auf den Bürgerkriegsstandpunkt Lenins und der III. Internationale ging. Münzenberg vertrat das EK dort nach »abenteuerlicher Fahrt«, er wurde einmal mehr verhaftet und drei Wochen eingesperrt.[48] Eine weitere Konferenz fand am 16./17. Mai 1920 in Wien für die südosteuropäischen Jugendverbände statt. Auf dieser Sitzung zeigt sich deutlich das Bemühen des EK um Gewinnung neuer Organisationen, denn beim Gründungskongreß in Berlin waren diese Länder nicht vertreten gewesen. Einen Aufschluß über die erfolgreiche Arbeit der KJI gibt die Konferenz von Baku im September 1920. Hier organisierte die Irkutsker Außenstelle des Moskauer Untersekretariates für die inzwischen gegründeten Kommunistischen Jugendorganisationen in China, Korea usw. eine Tagung, um auch die fernöstlichen Verbände enger an die Zentrale zu binden. Anstelle einer Konferenz für die Südweststaaten Europas, die am 20. Mai 1920 in Mailand stattfinden sollte, infolge organisatorischen Versagens des italienischen Verbandes aber nicht zustande kam, fand am 28./29. November 1920 in Luxemburg eine Sitzung für Westeuropa statt.

Zwei Wiener Konferenzen schlossen sich an: am 15. Dezember 1920 eine weitere Zusammenkunft der südosteuropäischen Staaten und am 26. Februar 1921 ein Kongreß, der nicht von der KJI, sondern von den zentristischen Jugendverbänden

[48] Gross, Münzenberg, a.a.O., S. 105.

organisiert worden war. Sie planten parallel zu einer Konferenz der Sozialistischen Internationale (Internationale 2¹/₂)ein vorbereitendes Gespräch zur Gründung einer internationalen Organisation ihrer Verbände, luden dazu aber unbedachterweise die vor 1914 zum Internationalen Büro Wien gehörenden Jugendorganisationen ein. Diese hatten sich inzwischen zu einem erheblichen Teil in der KJI organisiert: Von den in Wien anwesenden 17 Verbänden waren 13 der KJI angeschlossen. Das EK der KJI ließ sich die Gelegenheit nicht entgehen, »eine kräftige Demonstration seiner Stärke«[49] zu geben. Nach der Eröffnung sahen sich die zentristischen Verbände von der KJI taktisch überspielt und sprengten notgedrungen die eigene Versammlung. Während die KJI aus dem Treffen, das nicht für sie organisiert war, eine offizielle Konferenz machte, gründeten die restlichen vier zentristischen Jugendverbände aus Österreich, Deutschland, der Tschechoslowakei und Frankreichs eine sozialistische Jugendinternationale zwischen der KJI und der sozialdemokratischen Jugendinternationale, die sogenannte ›Jugendinternationale 2¹/₂‹.

An internationalen Aktionen organisierte die KJI alljährlich am Tage der Ermordung Karl Liebknechts und Rosa Luxemburgs Aktionen, für die das EK bereits unmittelbar nach dem I. Kongreß Direktiven herausgab.

Die Internationalen Jugendtage wurden unter Leitung der KJI fortgesetzt. Schon 1920 gelang es, die Zahl der Länder, in denen er begangen wurde, zu verdreifachen, die Zahl der Teilnehmer gar zu vervierfachen; Frankreich, Jugoslawien, Spanien und die Tschechoslowakei nahmen überhaupt zum erstenmal teil.

Ferner wurden zwei umfangreiche Hilfsaktionen der KJI gestartet: einmal zugunsten der politischen Gefangenen des Horthy-Regimes in Ungarn, zum anderen für die Kinder aus jenen Arbeiterfamilien, deren Väter in den Kämpfen von 1919/1920 gefallen waren.

Besondere Bedeutung für die Entwicklung in der KJI hatte die 1. Bürositzung der Jugendinternationale vom 9. bis 13. Juni 1920 in Berlin mit Vertretern aus Deutschland, Italien, Polen, Österreich, Ungarn, Rumänien, Jugoslawien, Spanien, Schweden, Norwegen und der Schweiz. Französische und englische Delegierte waren einmal mehr beim Grenzüberschreiten verhaftet worden.

Zu den wichtigsten Fragen dieser Bürositzung zählten Aufnahmen der Jugendverbände von Finnland, Bulgarien, Litauen und der Slowakei in die KJI, sowie die Ablehnung der ›Sozialistischen Proletarierjugend Deutschlands‹ und des ›Verbandes der jugendlichen Arbeiter Österreichs‹ wegen ihres zen-

[49] Kurella, Gründung, a.a.O., S. 127.

tristischen Kurses. Noch einmal bestätigt wurde der völlig bolschewistische Kurs gegen den Pazifismus und für den bewaffneten Kampf mit der Bourgeoisie.

Daneben aber war die Bürositzung von der aufziehenden Auseinandersetzung zwischen dem zunehmenden Zentralismus Moskaus und den Unabhängigkeitsbestrebungen der Jugendverbände überschattet. Unter dem Vorwand der Unabkömmlichkeit Schatzkins in Moskau hatte der RKJV keinen Vertreter zur Bürositzung nach Berlin geschickt. In Wirklichkeit zeigten sich hier die ersten offenen Flammen eines schwelenden politischen Brandes, der durch den Machtanspruch Moskaus entstanden war.

Moskau boykottierte diese Berliner Sitzung nämlich, weil der Vorschlag des ZK des RKJV, die Bürositzung in Verbindung mit dem II. Kongreß der Komintern durchzuführen – und damit eine engere Bindung an die KI zu knüpfen –, gescheitert war. Dieser russische Vorschlag war von der Mehrheit deshalb abgelehnt worden, weil das EK der KJI die von der KI unterstützten offenkundigen Versuche des RKJV ablehnte, in der KJI die gleiche dominierende Rolle zu spielen wie die russische Partei in der Komintern. Da der RKJV längst der Partei unterstellt war, würde die KJI auf diese Weise in die Abhängigkeit von der KPdSU geraten sein.

Die Empörung in der Jugendexekutive bestand zu Recht. Sinowjew, der Vorsitzende des Exekutivkomitees der Kommunistischen Internationale, war unverfroren genug, über die Köpfe des EK der KJI hinweg mit dem in Berlin residierenden Westeuropäischen Büro der KI die einzelnen nationalen Sektionen der KJI zum II. Kongreß der Komintern einzuladen. »Schatzkin hatte in diesem Zusammenhang offen gegen das Berliner Büro intrigiert.«[50] Insbesondere mit dem Leiter des WEB, Thomas, geriet das EK der KJI in Konflikt, weil Moskau über ihn auf der Verteilung der finanziellen Mittel Druck auf die KJI ausübte[51], was in besonderer Weise den Kassenverwalter des Jugendbüros, Leo Flieg, verärgerte.

Ganz ohne den Auftritt Moskaus verlief aber auch diese Berliner Bürositzung nicht. Zum einen war Greifenberger (Litauen) beauftragt, die russischen Interessen wahrzunehmen, zum anderen trat als Vertreter des EKKI der ›Genosse Albrecht‹, Abramowitsch – Zalewski, ein alter Bolschewik und Vertrauter Lenins – auf. Er wandte sich gegen die Kritik, die von seiten der KJI an der Komintern geübt worden war, und erreichte es nach dem Bericht von Alfred Kurella tatsächlich, die Jugendvertreter zu disziplinieren.

Kein Einbruch dagegen gelang Moskau in der Frage der Ab-

[50] Gross, Münzenberg, a.a.O., S. 107.
[51] Ebd., S. 108 f.

hängigkeit der Kommunistischen Jugendverbände von den Kommunistischen Parteien. Enttäuscht notiert Kurella »keinen Fortschritt«[52], denn auch diesmal sprachen sich die Delegierten gegen die Unterwerfung unter die Parteien aus. Schwerwiegender noch war Moskaus vorläufige Niederlage in der Frage des II. Weltkongresses der KJI. Trotz eines massiven Druckes von seiten des EKKI und des RKJV, den Kongreß in Moskau zu veranstalten, entschied sich die Mehrheit der Vertreter, den Weltkongreß im März 1921 in Italien stattfinden zu lassen.

Münzenberg nahm diese permanenten Versuche Moskaus, sich die KJI zu unterwerfen, zunächst noch nicht ganz ernst. In seiner ungebrochenen Begeisterung für den ersten sozialistischen Staat, der sich als Vorkämpfer für eine menschliche und gerechte Gesellschaftsordnung verstand, mochte er eher an Zufälle und Mißverständnisse als an eine gezielte Strategie glauben, die allein machtpolitisch orientiert war. Babette Gross fängt Münzenbergs Stimmung im Sommer 1920 in den Worten ein: »Münzenberg hoffte, wenn er erst einmal persönlich in Moskau war, diese leidigen Fragen in seinem Sinne regeln zu können.«[53]

Diese Gelegenheit hätte der II. Komintern-Kongreß im Juli 1920 bieten können, doch handelte er zur Enttäuschung Münzenbergs Jugendfragen nur am Rande ab und zunächst sogar ohne ihn. Lazar Schatzkin nämlich begann nach Ankunft von Luigi Polano, dem italienischen Jugendvertreter, mit der Ausarbeitung von neuen Leitlinien über die »Jugendbewegung der Kommunistischen Internationale«, wie Kurella bezeichnenderweise die KJI zu diesem Zeitpunkt schon nannte.[54] Es erscheint widersprüchlich, daß die Notwendigkeit neuer ›Leitlinien‹ bei der KI und im RKJV offenbar unumstritten war, die Behandlung von Jugendfragen aber dem KI-Kongreß nach Kurellas Worten »als wenig bedeutend« erschien, »zumal sie ja durch den Berliner Kongreß in den wichtigsten Punkten (allgemeine politische Linie, Anschluß an die Komintern) vollkommen im Sinne der Komintern gelöst war«[55]. Der Grund, warum Münzenberg es nicht »erreichte [. . .], daß die Probleme der kommunistischen Jugendbewegung vor dem Forum des Kongresses behandelt wurden«[56], »daß Sinowjew, gegen [. . .] Münzenbergs Willen, diesen Punkt von der Tagesordnung gestrichen hatte«[57], dürfte in der Diskrepanz zwischen der Zusammensetzung des II. Kongresses und den Plänen der Kom-

[52] Kurella, Gründung, a.a.O., S. 120.
[53] Gross, Münzenberg, a.a.O., S. 109.
[54] Kurella, Gründung, a.a.O., S. 121; die ›Leitlinien‹ s. Anhang, Dokument 5.
[55] Kurella, Gründung, a.a.O., S. 122.
[56] Gross, Münzenberg, a.a.O., S. 113.
[57] Ebd.

internführung hinsichtlich der KJI zu suchen sein. Das EKKI konnte seine zum Stoßtrupp für weitere Spaltungen ausersehene Jugendorganisation nicht öffentlich vor den gleichen Parteien disziplinieren, die zum Teil als Operationsfeld der nächsten Jugendaktionen ausersehen waren. Denn der II. Komintern-Kongreß, am 17. Juli 1920 im Petrograder Smolny-Institut durch Sinowjew eröffnet, zeigte eine »vielfältige, buntgemischte Gesellschaft von Sozialisten aller Schattierungen« gemäß Lenins Absicht, »aus der II. Internationale so viele schwankende Gruppen wie möglich herauszubrechen«[58].

Indessen gaben die ›Leitsätze‹ Schatzkins über das keineswegs nachlassende Interesse der KI an einer zielbewußten Jugendpolitik Aufschluß. Sie wurden – gemeinsam mit dem zweiten Tagesordnungspunkt: Ort und Zeitpunkt des II. KJI-Kongresses – im Anschluß an den Kongreß in einer Zusammenkunft der Jugenddelegierten vom 7. bis 10. August 1920 besprochen. Hier kamen ausschließlich Fragen zur Diskussion, von denen die KPdSU (B) sich für ihre machtpolitische Einflußnahme Fortschritte versprechen konnte.

Die ›Leitsätze‹ waren kennzeichnend für den fließenden Übergang von der Selbständigkeit der Kommunistischen Jugendorganisationen (KJO) zur von der Komintern angestrebten Unterordnung. In Punkt 5 stellten sie bei allen Einschränkungen immerhin noch fest: »Die ganze Geschichte der proletarischen Jugendbewegung in allen Ländern beweist, daß nur den selbständigen, d. h. sich selbst verwaltenden Jugendorganisationen kühne und entschlossene revolutionäre Kämpfer und geschickte Organisatoren der proletarischen Revolution und der Sowjetmacht erwachsen.« Unter Punkt 6 aber wurde der auf verwaltungstechnische Selbständigkeit relativierte Punkt 5 noch weiter eingeschränkt. Hier schaut Moskaus Zielvorstellung durch – als Ideal vorweggenommen, wenn auch nicht realisierbar:

»Die Beziehungen zwischen KP und der KJO nehmen nach den verschiedenen Situationen und dem verschiedenen Stand der Parteien in den einzelnen Ländern verschiedene Formen an. In einigen Ländern, in denen die Bildung kommunistischer Parteien noch in Fluß ist und die Jugendverbände sich erst von den sozialistischen und zentristischen Parteien spalten, herrscht die Losung von der absoluten politischen und organisatorischen Unabhängigkeit der Jugendbewegung, und in dieser Situation ist diese Losung objektiv revolutionär. Falsch ist die Losung der absoluten Unabhängigkeit in den Ländern, wo bereits starke kommunistische Parteien bestehen und wo die Losung der absoluten Unabhängigkeit von den Sozialpa-

[58] Ebd., S. 111.

trioten und Zentristen zur Irreführung der Jugend und gegen die KJO ausgenutzt wird. Dort haben sich die KJO auf den Boden des Programms der KP gestellt. In allen Ländern, wo alte und aktive kommunistische Parteien bestanden, verdichtete sich das Verhältnis zwischen KP und KJO und nahm folgende Formen an: die KJO nahmen die Programme der KP an und wirken im Rahmen ihrer politischen Richtlinie. Gleichzeitig hat dort die Jugend 1. ihre eigene Zentrale Organisation, 2. bestimmt sie selbst die Methoden ihrer Organisations-, Agitations- und Propagandatätigkeit, 3. den Platz und die Formen ihrer Teilnahme am politischen Kampf, 4. bespricht sie die allgemeinen politischen Fragen. Zu diesem Verhältnis mit den KP müssen alle Jugendorganisationen kommen, und zwar nicht durch den Zwang der Partei, sondern durch Überzeugung und freie Entscheidung der Jugendorganisationen.«

Obgleich hier die Beschlüsse des Berliner Gründungskongresses, die auf strikte Unabhängigkeit der Jugendverbände von den Kommunistischen Parteien zielten, eindeutig unterlaufen wurden, hält sie der kominterntreue Kurella für nicht weitgehend genug. In seiner 1929 verfaßten Darstellung vergleicht er das in den ›Leitsätzen‹ angestrebte Ziel mit dem Ende der zwanziger Jahre erreichten Zustand und stellt triumphierend fest: »Man sieht, daß diese Formulierung (in Punkt 6) noch weit zurückbleibt hinter den heute herrschenden Verhältnissen, wo die Jugendorganisationen die unmittelbare politische Leitung von seiten der Partei anerkennen.«[59] Münzenberg unterzeichnete die ›Leitsätze‹ nur mit großen Bedenken. Er befürchtete, »daß wir damit der Entwicklung ein wenig vorauseilen«[60], was nur heißen kann, ihm bangte vor den geschaffenen Verhältnissen.

Für Kurella und seine Gesinnungsfreunde aber galt – das macht dieser Kommentar deutlich –, was von der Zentrale befohlen wurde. Ohne Reflexion assoziierte er eine von Moskau unabhängige Position mit mangelndem politischem Bewußtsein.

In diesem Stile verfährt er auch mit Willi Münzenberg. Noch immer war dieser ein euphorischer Bewunderer der Sowjetunion. Babette Gross überschreibt den Abschnitt ihres Buches, der Münzenbergs Aufenthalt in der Sowjetunion anläßlich des II. Komintern-Kongresses beinhaltet, treffend mit ›Ein Begeisterter erlebt Sowjetrußland‹. Aber gerade diese Begeisterung veranlaßte ihn auch, Fehler zu rügen, die ihn in der erstrebten Welt befremdeten. Dazu gehörte u. a. die Art und Weise, wie der RKJV unter Anleitung und Deckung durch die KPdSU (B) mit einer offensichtlichen Mehrheit verfuhr. Münzenberg kri-

[59] Kurella, Gründung, a.a.O., S. 122.
[60] Ebd., S. 123.

tisierte nach seiner Rückkehr nach Berlin ungeniert am 8. Oktober die »allzu scharfe Bevormundung« des RKJV durch die Partei.[61] Diese Haltung wird von Kurella als Ergebnis »mangelhafter Kenntnis« der wirklichen Verhältnisse abgetan.[62]

Der zweite Tagesordnungspunkt – als aktuelles Organisationsproblem gleichzeitig Ergänzung zur prinzipiellen Frage nach dem Verhältnis KP und KJO – wurde von den Delegierten erneut gegen die Komintern entschieden: die Mehrheit der Jugendvertreter hielt am Beschluß der Berliner Bürositzung fest, den II. Kongreß der KJI nicht nach Moskau, sondern nach Italien einzuberufen – eine deutliche Demonstration für die Unabhängigkeit der KJI.

Die angebliche Notwendigkeit einer bedingungslosen Unterwerfung der KJI unter die Komintern sucht Kurella mit zahlreichen Darlegungen zu untermauern. Da Willi Münzenberg im Gegensatz zu Kurella einen unabhängigen Kurs verfolgte, beschäftigte sich ein großer Teil dieser Ausführungen Kurellas damit, die Verdienste Willi Münzenbergs um die KJI, seine Geschäftsführung und Politik zu diskreditieren. So entdeckt er eine ganze Reihe von Abweichungen in der Exekutive der KJI, ideologische und taktische, die allein dadurch zu ›Fehlern‹ wurden, weil sie mit den Absichten Moskaus nicht übereinstimmten.

Er selbst, so Kurellas Darstellung, der sich von Münzenberg absetzt, habe sich in Berichten nach Moskau »über das Fehlen einer vertieften politischen Arbeit« beklagt.[63] Sodann kritisiert er die geringe Autorität des EK der KJI gegenüber den Sektionen – wobei festzustellen wäre, daß es gerade der RKJV und das EKKI waren, die sich mit ihren Intrigen alle Mühe gaben, Münzenberg und sein Berliner Büro vor den KJV herabzusetzen. Aber auch diese Streitigkeiten nutzt Kurella gegen Münzenberg. Er wirft dem EK der KJI, damit in erster Linie Münzenberg natürlich, die »sehr gespannten Verhältnisse« zum Westeuropäischen Sekretariat der Komintern vor, die, einwandfrei von Babette Gross[64] und indirekt auch von Kurella nachgewiesen, erst durch die Moskauer Versuche der Gängelung des EK der KJI und durch die von dort gesponnenen Intrigen provoziert wurden.

In einem Falle kam es sogar zu einem offenen Streit zwischen dem EK der KJI und dem Westeuropäischen Büro (WEB), der dessen politische Unaufrichtigkeit beweist. Gleichwohl wird er – da gegen eine Institution der Komintern gerichtet – von Kurella zu einem »schweren politischen Fehler« hochstilisiert, zu dem sich das EK hatte »hinreißen« lassen.[65]

[61] Ebd., S. 124.   [62] Ebd., S. 123.
[63] Ebd., S. 131.
[64] Gross, Münzenberg, a.a.O., S. 107 f.
[65] Kurella, Gründung, a.a.O., S. 132.

Das Westeuropäische Büro hatte bereits vor der Bürositzung der KJI im Juni 1920 das EK als »ultralinks« denunziert und behauptet, es vertrete »halbanarchistische Tendenzen«.[66] Auf diese Vorwürfe antwortete Münzenberg in der *Internationalen Jugend-Korrespondenz* vom 30. April 1920 und deckte auf, in welcher Weise gerade das WEB mit den linken Spaltern der KPD, die sich inzwischen in der Kommunistischen Arbeiterpartei (KAP) organisiert hatten, durch Borodin hinter dem Rücken von KP und KJI konspirativ arbeitete. Dieser Allianz aus KI und ›Linken‹ sind die ›Märzaufstände‹ der mitteldeutschen Arbeiter im Jahre 1921 anzulasten. In völliger, für eine zentralistische Leitung typischer Unkenntnis der konkreten Situation bestimmte das EKKI, »daß es an der Zeit sei, loszuschlagen, da Deutschland sich in einer revolutionären Situation befinde. Während Münzenbergs Berliner Büro den geplanten Kongreß (den II. Weltkongreß der KJI, E. B.) vorbereitete, begannen die Märzunruhen, die ihren Höhepunkt im Mitteldeutschen Aufstand und in den verlustreichen Kämpfen um das Leunawerk bei Merseburg erreichten. Aber so kritisch die wirtschaftliche und politische Lage in Deutschland auch sein mochte, die Masse der deutschen Arbeiter war nicht bereit, auf die Barrikaden zu gehen. Sie dachte auch nicht daran, der kommunistischen Aufforderung zum Generalstreik zu folgen. Nach einigen Wochen blutiger Straßenschlachten brachen die Unruhen kläglich zusammen.«[67] Babette Gross schließt diesen Abschnitt über den makabren Beweis für die Unmöglichkeit zentralistisch gelenkter Revolutionen einer sich als revolutionäre Elite verstehenden Spitzenorganisation bürokratischer Provenienz mit den bitteren Bemerkungen: »Zehn Jahre später, an einem Sonntag im März 1931, veranstaltete die kommunistische Bezirksleitung Halle-Merseburg Gedenkfeiern für die Opfer der Märzunruhen. [. . .] Auf allen Friedhöfen ruhten die Opfer. Die wahren Hintergründe aber waren den einfachen Parteimitgliedern niemals bekanntgeworden. Die Opfer, hieß es jetzt, waren gefallen im revolutionären Kampf ›gegen die preußische Polizei und die reaktionäre sozialdemokratische Regierung‹. Schuld an ihrem Tode waren nicht die verantwortungslosen Drahtzieher in Moskau und ihre deutschen Helfer, sondern der Sozialdemokrat Severing und seine Sicherheitspolizei.«[68]
Der laut WEB ›ultralinke‹ Münzenberg hatte sich gegen die ›linke‹ Märzaktion ausgesprochen: »Er lehnte die Offensivtheorie ab, da er die Zeit für einen Entscheidungskampf noch nicht für gekommen hielt.«[69] Diese realistische Analyse der

[66] Gross, Münzenberg, a.a.O., S. 108.
[67] Ebd., S. 118.
[68] Ebd., S. 118 f.
[69] Ebd., S. 119.

damaligen Lage in Deutschland nimmt Kurella ungeachtet der früheren Vorwürfe hinsichtlich der Linksabweichung des EK der KJI zum Anlaß, Münzenberg der Rechtsabweichung zu bezichtigen: »Die kritische Stellungnahme des Genossen Münzenberg gegenüber der Märzaktion veranlaßte seine Gegner, ihm Opportunismus und antimoskowitische Stimmung vorzuwerfen.«[70]

Die Angriffe auf Münzenberg waren nur Teil der allgemeinen Strategie Moskaus, die Unabhängigkeit der KJI endgültig zu liquidieren. Als Vorwarnung dafür erscheint heute ein Artikelkrieg in der *Jugend-Internationale* vom Februar bis März 1920, in dem eine Konkretisierung der Kongreßbeschlüsse zur Autonomie der Jugendbewegung diskutiert wurde. Die lakonische Antwort aus Moskau qualifiziert Kurella als notwendige »Entgegnung«: »Sie geschah dadurch, daß [. . .] der Beschluß veröffentlicht wurde, durch den der letzte Parteitag der Russischen Kommunistischen Partei das Verhältnis des Jugendverbandes zur Partei geregelt hatte«[71] – wieder kein Wort von einer Willensäußerung der Betroffenen selbst; ›geregelt‹ wurde offensichtlich ausschließlich von ›oben‹. Programmatischen Charakter erhält diese Meldung von den Vorgängen aus Rußland durch den »ohne Angabe des Verfassers abgedruckten Kommentar«, in dem »die russische Lösung als Beispiel für die westeuropäischen Verbände hingestellt« wurde.[72]

Das EK nahm hierzu noch keine Stellung, die Haltung Münzenbergs blieb vorerst gelassen; sie wurde auch durch die Leitsätze Schatzkins vom KI-Kongreß noch nicht grundsätzlich erschüttert.

[70] Kurella, Gründung, a.a.O., S. 165.
[71] Ebd., S. 119.
[72] Ebd., S. 139.

4. Der Weg in die Abhängigkeit

Zum Kristallisationspunkt der Auseinandersetzung zwischen KJI und KI gedieh die Frage des vom KJI sowohl bei der Berliner Bürositzung im Juni 1920 als auch auf der Jugendtagung im Anschluß an den II. Komintern-Kongreß zwei Monate später längst entschiedenen Kongreßortes für die II. Weltkonferenz der Jugendinternationale. Moskau dachte nicht daran, die Einberufung des Kongresses nach Italien hinzunehmen und die Disziplinierung der Jugendorganisation weiter aufzuschieben. Am 10. November 1920 kam trotz des definitiven Charakters der Entscheidung des EK der KJI für Italien ein offizieller brieflicher Antrag des Zentralkomitees des RKJV, den II. Kongreß der KJI nach Moskau einzuberufen.

Dem Brief lagen »ausführliche Thesen über die Frage des Verhältnisses von Jugend und Partei« bei; sie sollten glaubwürdige Argumente für die Notwendigkeit der Unterwerfung aller Jugendorganisationen unter die Leitung der Komintern erbringen. So heißt es: Selbständigkeit der Jugendbewegung sei »Konservatismus«, historisch rückständig, weil sie aus der Zeit stamme, wo es die »sozialpatriotische Vormundschaft, das Bestreben, die Selbständigkeit der Jugendorganisationen zu vernichten« gegeben habe (Punkt 3). Aus dieser Prämisse folgern die Thesen, jetzt aber gebe es »in fast allen Ländern neue kommunistische Parteien [. . .] Die Tatsache der Gründung der kommunistischen Parteien allein, an der sich auch die Jugendorganisationen aktiv beteiligt haben, schafft ganz neue Verhältnisse für die Beziehungen zwischen Partei und Jugend« (Punkt 7). Angeblich obliegen den KJV nun lediglich die jugendspezifischen erzieherischen Aufgaben, die Lenin ihnen im völligen Gegensatz zu früheren Äußerungen auf dem 3. Allrussischen Kongreß des kommunistischen Jugendverbandes übertragen hatte. Danach erhielten sie »keinerlei politische, sondern ausschließlich erzieherische Aufgaben«[73]; alle anderen Funktionen gingen auf die Parteien über: »Die erzieherischen Aufgaben der Jugendbewegung erfordern ihre Selbständigkeit, weil die Selbständigkeit der proletarischen Jugend die Grundlage der revolutionären Erziehung ist. Andererseits erfordert der Kampfcharakter unserer Organisationen ihre Einreihung in das gesamte zentralisierte System aller kommunistischen Kräfte sowohl im natio-

[73] Gross, Münzenberg, a.a.O., S. 117.

nalen wie auch im internationalen Maßstab unter der alleinigen Leitung der kommunistischen Partei und der Kommunistischen Internationale« (Punkt 8). Im nächsten Punkt heißt es dann noch präziser: »In der Periode des zugespitzten revolutionären Kampfes für die Sowjet-Diktatur und in der ersten Periode nach Übergang der Macht in die Hände des Proletariats ist der Zentralismus innerhalb der Arbeiterbewegung die elementare und grundsätzliche Vorbedingung für den Sieg der Arbeiterklasse [...] Daraus entspringt die Notwendigkeit für die kommunistischen Jugendorganisationen, das Programm und die Taktik der kommunistischen Parteien anzuerkennen und sich ihrer politischen Leitung zu fügen.« Die »zurückgebliebenen Elemente, die noch immer die Ideologie der ersten Jahre des Weltkrieges besitzen« (Punkt 11), werden als Anhänger eines »Jugendsyndikalismus« diffamiert (Punkt 6).[74]

Für Kurella haben diese Thesen die Qualität absoluter Verbindlichkeit, wie aus seinem Kommentar hervorgeht. Kein Zweifel an der Richtigkeit plagt ihn, kein Konjunktiv schleicht sich ein, denn für ihn steht fest: »daß, um dieses Ziel (›den Sieg der Revolution‹, E. B.) zu erreichen, gerade [...] die Unterordnung der kommunistischen Verbände unter die Leitung der KP notwendig ist«, und »daß die alte, einstmals revolutionäre Losung der absoluten Unabhängigkeit der Jugendbewegung unter den neuen Verhältnissen objektiv gegenrevolutionär wirkt.«[75]

Dem Brief des RKJV – insbesondere seinem Vorschlag zur Einberufung des II. Kongresses der KJI nach Moskau – wurde in einer wahrlich konzertierten Aktion von seiten des EKKI durch ein Schreiben, das Sinowjew bereits am 11. November 1920, also einen Tag nach dem Brief des RKJV, an das EK der KJI schickte, massive Unterstützung zuteil. Sinowjew meldete kurz und lakonisch seine Forderung an: »Das Exekutivkomitee der Kommunistischen Jugendinternationale unterstützt vollkommen den Vorschlag des Zentralkomitees des Kommunistischen Jugendverbandes Rußlands über die Einberufung des II. Weltkongresses der Jugendinternationale, in der Annahme, daß nur in Sowjet-Rußland, bei tätiger Beteiligung des Exekutivkomitees der III. Internationale, die Bedingungen für eine erfolgreiche Arbeit des Kongresses beschafft werden können.«[76]

Auch dieser neue intensive Versuch von EKKI und RKJV, die Kommunistische Jugendinternationale unter ihre Führung zu bringen, wurde nach kurzer Beratung des EK der KJI abgelehnt. In einem Antwortbrief vom 4. Dezember 1920 heißt es

[74] Die gesamten Thesen des ZK des RKJV im Brief v. 10. November, s. Anhang, Dokument 6.
[75] Kurella, Gründung, a.a.O., S. 142 f.
[76] Ebd., Anhang, S. 240.

u. a., das EK habe »nicht das Recht und keine Veranlassung, den Beschluß der BS (Bürositzung, E. B.), den Kongreß bei Luigi (Polano, also in Italien, E. B.) stattfinden zu lassen, umzuwerfen«. Sowohl Kurella als auch Babette Gross erwähnen noch zwei weitere Briefe vom 1. und 14. Dezember von Münzenberg an Sinowjew, »in welchen er kategorisch erklärte, die Komintern habe kein Recht und keine Veranlassung, den Beschluß des Jugendbüros [. . .] umzustoßen. Dieser Beschluß sei in Moskau bestätigt worden. Beide Briefe blieben unbeantwortet.«[77] Zugleich wurde auf der Sitzung des EK »eine sehr scharfe Mißbilligungsresolution gegen Genossen Schatzkin vorgeschlagen«[78], weil er »in gröbster Weise gegen die Disziplin verstoßen« habe, »als er, entgegen dem Beschlusse der Bürositzung, für die Abhaltung des Kongresses in Moskau arbeitete«[79].

Der Inhalt des Briefes an Schatzkin wurde auf der Vollsitzung der Exekutive der KJI am 18. Januar 1921 im Beisein des EKKI-Vertreters Borodin noch einmal unter Darlegung aller Gegengründe gegen den Tagungsort Moskau bestätigt. Diese Sitzung ist jedoch viel wichtiger durch den Umstand, daß auf ihr eine Delegation benannt wurde, die mit gebundenem Auftrag nach Moskau reisen sollte, um dort den Standpunkt des EK der KJI zu vertreten. Zu Mitgliedern der Delegation wurden Münzenberg, Mielenz und Max Köhler gewählt.

Verrät diese Maßnahme des EK Unsicherheit, vielleicht sogar mangelndes Selbstbewußtsein gegenüber Moskau? Oder ist sie Ausdruck der immer noch lebendigen Hoffnung Münzenbergs und seiner westeuropäischen Genossen, die insistierenden Russen vom eigenen und besseren Standpunkt überzeugen zu können? War diese Delegation vielleicht sogar das Ergebnis bolschewistischer Taktik, die auf geradem Wege nicht zum Ziel fand? Als Indiz dafür darf jedenfalls in Anspruch genommen werden: Kurella setzte im Verein mit Borodin durch, das gebundene Mandat fallenzulassen. Die Delegierten sollten in Moskau frei Stellung nehmen können. Dennoch waren die Erwartungen der Mehrheit des EK in die dreiköpfige Delegation naturgemäß eindeutig!

Aus Gründen, die Kurella mit »Schwierigkeiten bei der Ausreise«[80] bezeichnet, reiste aber nicht Münzenberg, sondern Kurella als Delegationsmitglied nach Moskau. Der Gedanke, Kurella würde in Moskau die Vorstellungen des EK der KJI vertreten, kann aufgrund seiner Aktivität seit der Wiener Vorkonferenz zum Gründungskongreß der KJI nur erheiternd wirken. Hinzu kommt, daß Kurella nach eigenen Angaben

[77] Gross, Münzenberg, a.a.O., S. 117.
[78] Kurella. Gründung, a.a.O., S. 156.
[79] Ebd.
[80] Ebd., S. 157.

seit Dezember 1920 »die Spaltung des Berliner Exekutivkomitees« betrieb, indem er selbstverständlich »die Verteidigung des Standpunktes seines Verbandes«, des russischen nämlich, gegenüber der Mehrheit übernahm.[81] Unmißverständlich trat er mit seiner Weisung von der zukünftigen Rolle der Jugendbewegung auf einer erweiterten Zentral-Sitzung des deutschen KJV auf, wo in Referat und Korreferat die Ansichten Kurellas und Münzenbergs hart aufeinandertrafen. Während Kurella dezidiert »Gegenthesen gegen die Leitsätze des ZK«[82] verbreitete und den »engsten Kontakt von Jugendverband und Partei, d. h. die politische Unterordnung zur Norm zu erheben«[83] forderte, bestritt Münzenberg »die Notwendigkeit, in dieser Frage einen neuen, weitergehenden Beschluß zu fassen«[84]. Die Isolierung Kurellas und des RKJV wird noch deutlicher in der Diskussion, die in der *Jugend-Internationale* zwischen April und Juli 1921 permanent stattfand. Dort argumentierten Münzenberg, Schüller, Georg Lukács, Hoernle und Polano gegen Kurella auf Münzenbergs Linie, die er in einem Artikel der *Jugend-Internationale* im Februar 1921 geäußert hatte: »Nie und nimmer kann die Jugend sich von der Partei ihre politische Haltung befehlen lassen.«[85] Und ausgerechnet dieser EK-Vertreter fuhr in Vertretung Münzenbergs am 9. Februar 1921 nach Moskau! Das Ergebnis dieser Fahrt stand trotz weiterer vorbereitender Sitzungen des EK der KJI am 30. Januar und 1. Februar 1921 schon vorher fest, denn Kurella war die dominierende Person dieses Trios.
Über den Verlauf des Besuches in Moskau berichtet Kurella nur wenig. Sein Standpunkt zum Hauptproblem war klar, und nach seinen Angaben erkannten auch »die beiden Anhänger des Standpunktes der Mehrheit, Genossen Mielenz und Köhler, [...] sofort [...], daß gegenwärtig von einer Reise russischer Delegierter nach Europa nicht die Rede sein könne«.[86] Schuld an dieser urplötzlichen Verhinderung waren angeblich die ›Holz- und Transportkrise‹ sowie der Kronstädter Aufstand. Beide Ereignisse verhinderten aber merkwürdigerweise nur die Anreise der Russen, sie stellten kein Hindernis dar, den II. Weltkongreß der KJI in Moskau mit entschieden größerem Aufwand zu organisieren.
Es versteht sich leicht, daß auch der zweite Auftrag der Delegation, die Haltung Schatzkins zu mißbilligen, nicht ausgeführt wurde. Das Gesamtergebnis der Verhandlungen mit Vertretern der KI und des RKJV, von denen Babette Gross

[81] Ebd., S. 143.
[82] Ebd., S. 144; die Thesen Kurellas für die Unterordnung der KJI s. Anhang, Dokument 7.
[83] Ebd.
[84] Kurella, Gründung, a.a.O., S. 145.
[85] Gross, Münzenberg, a.a.O., S. 117.
[86] Kurella, Gründung, a.a.O., S. 158.

sagt, »Mielenz und Köhler waren dem massiven Druck, den Sinowjew und Schatzkin auf sie ausübten, nicht gewachsen«[87], war, »daß die Delegation einmütig auf den Standpunkt des russischen Jugendverbandes überging und sich verpflichtete, bei der Rückkehr nach Berlin diesen gegenüber dem EK zu vertreten«[88]. In der wichtigsten Frage, der des Tagungsortes für den II. Weltkongreß, erhielt die Delegation die Resolution des EKKI mit nach Berlin: »Das engere Büro legt der Exekutive der Jugendinternationale nahe, die Frage des Kongresses erneut zu prüfen, sie empfiehlt als Tagungsort Moskau, als Termin die Zeit zwischen dem III. Weltkongreß (der Komintern, E. B.) und dem Gewerkschaftskongreß, ungefähr am 20. Juni.« Überdies sollte Bela Kun, Mitglied des EKKI, einen Brief zur »Information« an das EK der KJI schicken.

Nach der Rückkehr der Delegation Anfang März 1921 bezeichnete Münzenberg, über den Umfall von Mielenz und Köhler »tief enttäuscht«[89], die beiden »verächtlich« als »Moskauer« – von Kurella hatte er offenbar nichts anderes erwartet. Trotz des Plädoyers der Moskau-Delegation im Sinne der Komintern blieb die Mehrheit des EK auf der Sitzung am 5. März 1921, an der Münzenberg, Flieg, Mielenz, Kurella, Köhler, Lekai (Ungarn), Likoff (Bulgarien), Valeriu Marku (Rumänien), Lieb (Schweiz) und Vretling (Schweden) teilnahmen, hinsichtlich des Tagungsortes der II. Weltkonferenz, bei den früher gefaßten Entschlüssen.

Kurz danach ging ein Telegramm des EK der KJI an Lazar Schatzkin, dem in seiner ultimativen Form deutlich der Widerstand des EK gegen die Politik des RKJV anzumerken ist. Es heißt darin: »Beschluß, die Dringlichkeit politischer, taktischer, agitatorischer und organisatorischer Fragen zwingt zur raschen Durchführung des Kongresses am vorgesehenen Tag und Ort. Erwarten unbedingt Delegation von dort bis 30. hier.«

Infolge der scharfen Verfolgungen, denen die Arbeiterorganisationen Italiens nach Gründung der KP ausgesetzt waren, konnte der II. Weltkongreß nicht – wie vorgesehen – in Italien stattfinden. Diese neuen Schwierigkeiten stärkten zweifellos den Anhängern Moskaus den Rücken, obwohl das EK der KJI den Kongreß nach Deutschland verlegte. Hier aber tobten die Kämpfe des mitteldeutschen Aufstandes, so daß die Konferenz nicht in Berlin abgehalten werden konnte, sondern nach Jena verlegt werden mußte. Dorthin also wurden die anreisenden Delegierten zum 30. März 1921 dirigiert.

Wer bei Konferenzbeginn fehlte, waren – außer Spaniern und Portugiesen – die Russen. Münzenberg verschob ihretwegen

[87] Gross, Münzenberg, a.a.O., S. 118.   [88] Kurella, Gründung, a.a.O., S. 158.
[89] Gross, Münzenberg, a.a.O., S. 118.

den Beginn des Jenaer Kongresses trotz der Unruhe unter den Delegierten auf den 7. April in der Hoffnung, »daß der russische Jugendverband seine Obstruktion aufgeben« würde.[90] Statt einer Delegation aus der Sowjetunion gelangte indes ein Telegramm vom 2. April in die Runde der über 100 Teilnehmer des Kongresses. Der Sekretär des EKKI, Kobetzki, kabelte: »Benachrichtigen Sie die Teilnehmer des Jugendkongresses, daß das Exekutivkomitee der Kommunistischen Internationale den Antrag des ZK des RKJV unterstützt, der die Zusammenkunft als eine private Konferenz ansieht und beantragt, den Kongreß zu vertagen und nach Moskau einzuberufen.«[91]

Dieses Telegramm, das die Gängelung von nicht weniger als 25 Sektionen der KJI durch eine einzige, die russische, bedeutete, und dem zu folgen einer Unterwerfung gleichgekommen wäre, »löste unter den Teilnehmern Empörung aus«[92]. Lediglich Kurella sprach sich auf einer sofort einberufenen Exekutivsitzung dagegen aus, den Kongreß trotz des russischen Druckes durchzuführen.

Nach diesem Vorspiel konnte der II. Weltkongreß der KJI endlich am 7. April, um 10 Uhr morgens, im Volkshaus zu Jena eröffnet werden. Sofort stand die Frage nach dem Charakter der Tagung, die in Wirklichkeit ein Streit um die politische Zukunft der KJI war, im Mittelpunkt der Diskussion. Kurella und Greifenberger (Litauen), beide Mitglieder des RKJV, beantragten »die Erklärung der Versammlung als eine außerordentliche internationale Konferenz und die Vertagung des Kongresses nach Moskau«[93]. Dem Antrag schlossen sich Likoff (Bulgarien), Melnik (Lettland) und Doriot aus der französischen Delegation an. Es ist selbstverständlich, daß auch der Vertreter des EKKI, Pogany, »sehr scharf gegen die Gegner der Verlegung auftrat«.[94] Bei der Abstimmung unterlagen die ›Moskauer‹ ein zweites Mal.

Nach dem Referat Poganys über die Weltlage kam es in der Diskussion zu jener schon erwähnten Attacke Kurellas gegen Münzenberg, in der er »versuchte, die Stellungnahme Münzenbergs und seiner Genossen in der Frage des Kongresses mit ihrer angeblichen opportunistischen Einstellung in politischen Fragen (es ging dabei in erster Linie um die Bewertung der Märzaktionen, E. B.) in Verbindung zu bringen«[95]. Außerdem brachte Kurella Münzenberg mit dem ehemaligen Parteivorsitzenden Paul Levi in Verbindung, der nach heftiger

[90] Ebd., S. 119.
[91] Kurella, Gründung, a.a.O., S. 167.
[92] Gross, Münzenberg, a.a.O., S. 120.
[93] Kurella, Gründung, a.a.O., S. 167.
[94] Ebd.
[95] Ebd., S. 168.

Kritik an den unverantwortlichen Märzaktionen aus der KP ausgeschlossen worden war.

Ehe jedoch diese Fragen ausdiskutiert werden konnten, kam die Polizei dem illegal tagenden Kongreß auf die Spur, der darauf beschloß, nun doch nach Berlin zu gehen, weil die Großstadt besseren Schutz zu gewähren schien als die thüringische Provinzstadt.

In Berlin sollte die Arbeit am 11. April 1921 gerade ihren Fortgang nehmen, als ein Schreiben des EKKI-Vertreters in Berlin, Thomas, eintraf. Es enthielt folgende Komintern-Anweisung: »Werte Genossen! Das EKKI ersucht mich, Euch folgendes mitzuteilen: Es hat in seiner Sitzung vom 5. April den Beschluß gefaßt, die vom Exekutivkomitee einberufene Konferenz als eine unverbindliche Besprechung anzusehen und zu beschließen, daß der Kongreß der Jugendinternationale in Moskau in Verbindung mit dem Kongreß der Kommunistischen Internationale stattfinden soll.«

Das war als ein strikter Befehl zu verstehen, die Konferenz sofort abzubrechen. Ihn zu verweigern, erschien den Delegierten unmöglich.

Es blieb ihnen nur noch, die Auflösung des Kongresses in Deutschland und seine Verlegung nach Moskau zu beschließen; entsprechend wurde unter »Unruhe«[96], »Bestürzung«[97] und gegen »zornige Stimmen«[98] verfahren. Insbesondere die Skandinavier fanden in einer Sitzung mit Münzenberg den Zwang Moskaus unerträglich; die Dänen lehnten mit anderen Delegierten die Einladung nach Moskau ab.

Bei dieser Sitzung äußerte Münzenberg erstmals Rücktrittsabsichten. Er hatte Moskaus Absichten durchschaut, wenn er sie auch später immer noch nicht ganz wahrhaben wollte: »Wir können es nicht ändern, sie wollen die Leitung haben.«[99] Das ergab sich offen aus den Erklärungen Poganys, der forderte, »daß die Jugend gehorchen müsse. Wer für die Tagung in Deutschland sei, sei ein verkappter Anhänger von Hilferding und Scheidemann. Gerade jetzt, da Paul Levi rebelliere, gelte es zu gehorchen. Die Jugend-Internationale solle in Moskau von ›opportunistischen Elementen gereinigt‹ werden.«[100]

Kurella rechtfertigte im nachhinein die statutenwidrige massive Einmischung der Komintern in die allein die KJI angehenden Angelegenheiten. Er schreibt: »Die Vorgeschichte des Jenaer Kongresses, sein Verlauf und die bedeutenden Wandlungen, die sich in der Zeit vor seinem Abbruch bis zur

[96] Ebd., S. 169, Gross, Münzenberg, S. 120.
[97] Gross, Münzenberg, a.a.O., S. 120.
[98] Ebd.
[99] Ebd., S. 121.
[100] Ebd.

Beendigung des eigentlichen II. Weltkongresses in Moskau vollzogen, zeigen heute, wie richtig das EKKI gehandelt hat, als es sich nicht an die Buchstaben der Abmachungen mit der KJI hielt, sondern seine ganze Autorität in die Wagschale warf, um die KJI vor einem verhängnisvollen politischen Fehler zu bewahren.«[101]

Willi Münzenbergs Haltung nach Auflösung der Berliner Konferenz schildert Babette Gross in einer zwar kargen, aber aufschlußreichen Darstellung: »Münzenberg war innerlich schon halb entschlossen zu demissionieren, aber noch war die Entscheidung nicht gefallen. Zwar entließ er die Delegierten mit der Aufforderung, in zwei Monaten nach Moskau zu kommen, er hatte aber immer noch die leise Hoffnung, daß sich seine Linie durchsetzen werde [. . .] Tagelang wanderte er allein durch den Thüringer Wald und versuchte mit sich ins reine zu kommen. Er sträubte sich, die Jugend-Internationale aufzugeben, die er als seine eigene Schöpfung betrachtete. Zugleich aber fühlte er, daß er sich nicht gegen Moskau durchsetzen konnte, daß der Prozeß der Zentralisierung, der Beherrschung aller kommunistischen Organisationen durch Moskau unaufhaltsam geworden war.«[102]

Dennoch kämpfte Münzenberg immer noch, wie ein Artikel in der Mai-Nummer der *Jugend-Internationale* zeigt: »Für eine Aufhebung oder auch nur eine Beschränkung der organisatorischen Selbständigkeit der kommunistischen Jugendorganisationen durch die Kommunistische Internationale sehen wir weder Ursache noch Grund und würden das für eine der schwersten Schädigungen nicht nur der kommunistischen Jugendbewegung [. . .] halten.«[103]

Kurella dagegen behandelte die Frage der Stellung des RKJV innerhalb der KJI und kam zu dem Schluß, »daß dem russischen Jugendverband eine führende Rolle in der KJI zukomme«[104]. Und kein Zeitpunkt, dieses Vorhaben auch durchzusetzen, war geeigneter als der III. Komintern-Kongreß in Moskau, in dessen Schatten der II. Weltkongreß der KJI stattfinden sollte.

Den im Juni 1921 in Moskau eintreffenden Delegationen der Kommunistischen Jugendverbände wurde sogleich klargemacht, welch neuer Wind für sie wehte und wer der neue Herr der KJI sein würde: »Der russische Jugendverband übernahm die Führung nicht nur bei der Bekanntmachung der Delegierten mit den russischen Verhältnissen, sondern auch bei der Durcharbeitung der Grundprobleme, die vor dem II. Kongreß standen.«[105] Was das konkret bedeutete, sagt Babette Gross:

[101] Kurella, Gründung, a.a.O., S. 170.   [102] Gross, Münzenberg, a.a.O., S. 121.
[103] Zit. n. ebd., S. 121.
[104] Kurella, Gründung, a.a.O., S. 172.
[105] Ebd., S. 173.

»Schon gleich nach ihrer Ankunft wurden die Jugenddelegierten in Moskau von den Genossen der Komintern und des russischen Jugendverbandes kräftig bearbeitet, um sie auf die russische Linie zu bringen und Münzenberg zu isolieren.«[106] Als Hebel dazu diente vorrangig eine vom III. Kongreß der KI gefaßte Resolution zur Rolle der Jugendbewegung.[107] Darin heißt es: »In dem gemeinsamen Kampfe zu einer raschen Durchführung der proletarischen Revolution ist die größte Einheitlichkeit und strengste Zentralisation notwendig. Die politische Leitung und Führung kann international und nur bei der KI, in den einzelnen Ländern nur bei deren Landessektionen liegen. Pflicht der KJO ist es, sich dieser politischen Leitung (Programme, Taktik und politische Direktiven) unterzuordnen [...] Die KJO, die ihre eigenen Reihen nach den Gesetzen der strengsten Zentralisation zu organisieren begonnen haben, werden gegenüber der KI als Trägerin und Führerin der proletarischen Revolution eiserne Disziplin üben« (aus Punkt 5).

»Eine der nächsten und wichtigsten Aufgaben der KJO ist die restlose Aufräumung mit allen aus der Periode der absoluten Autonomie in ihren Reihen übriggebliebenen Resten der Ideologie von der politischen Führerrolle« (aus Punkt 6). »In noch engerer Weise wie das Verhältnis der KI zu den KP ordnet sich das Verhältnis zwischen KJI und der KI [...] Die KJI ist ein Teil der KI und unterordnet sich als solche den Beschlüssen des Kongresses der KI und deren EK« (aus Punkt 8).

Auf diese Resolution verpflichtete der RKJV in »wochenlanger Arbeit«[108] vor allem jene Delegierten, die mit Münzenberg für die Unabhängigkeit der KJI eingetreten waren. In den Delegationen, die in zahlreichen Zusammenkünften vor der Eröffnung des II. Kongresses der KJI von den Russen bearbeitet wurden, fanden Kämpfe statt, die »mit Erbitterung geführt« wurden.[109] Bei der deutschen Delegation waren vierzehn Sitzungen nötig, bis die Russen sich durchsetzen konnten. Entscheidend für den Übergang der Mehrheit von Münzenberg zum RKJV dürfte jedoch die Aktivität von Bucharin und Bela Kun gewesen sein, die sich gegen die Politik des alten EK der KJI im allgemeinen und gegen Münzenberg im besonderen wandten.

Nach diesen Vorbereitungen hatte der II. Weltkongreß der Kommunistischen Jugendinternationale, eröffnet am 9. Juli und vom 14. bis 24. Juli arbeitend, nur noch die vorgefaßten Entschlüsse des RKJV und der KI zu sanktionieren. Das Refe-

[106] Gross, Münzenberg, a.a.O., S. 125.
[107] Resolution des III. Kongresses der KI zur Rolle der Jugendbewegung, s. Anhang, Dokument 8.
[108] Kurella, Gründung, a.a.O., S. 173.
[109] Gross, Münzenberg, a.a.O., S. 123.

rat über das Verhältnis zwischen Jugend und Partei hielt Lazar Schatzkin, der anschließend zum neuen Sekretär der nach Moskau verlegten Zentrale der KJI ›gewählt‹ wurde. Den Tätigkeitsbericht des alten EK erstattete Münzenberg. Er hatte sich mit einer Resolution auseinanderzusetzen, die von einer speziellen Kommission erarbeitet worden war und zu einem großen Teil aus scharfer Kritik an seiner eigenen Tätigkeit bestand. Babette Gross berichtet: »Es war ein bitter enttäuschter Münzenberg, der vor dem Kongreß eine Selbstkritik übte, die in scharfem Widerspruch stand zu dem umfangreichen, zukunftfreudigen Tätigkeitsbericht, den er zugleich in russischer und deutscher Sprache vorlegte.«[110] Zwar wurde Münzenberg in das neue EK gewählt, das aus Schatzkin und Kurella (Rußland), Münzenberg, Leo Flieg, Unger, Schönhaar (Deutschland), Sabirow (Orient), Schüller (Österreich), Wujowitsch (Jugoslawien), Tranquilli (Italien) und einem skandinavischen Genossen bestand, doch hat Münzenberg sogleich nach dem II. Weltkongreß seine Arbeit für die Jugendinternationale eingestellt.

Noch eine interessante Bemerkung von Babette Gross über diesen denkwürdigen Kongreß ist festzuhalten. Es kam so, »daß diejenigen Delegierten, die damals für die Selbständigkeit der Jugend eingetreten waren, in Zukunft bei den Russen ›schlechte Betragsnoten‹ erhielten, während sich die damaligen Jasager später fast alle zu Vollblutstalinisten entwickelten«[111].

Nach der Unterordnung der KJI unter die Komintern verlor das EK der KJI seine inspiratorische Kraft. Das Moskauer Büro unter Schatzkin erhielt nun die neue Aufgabe, die Komintern-Beschlüsse in die KJV zu tragen, sie durchzusetzen und zu kontrollieren.

Um die ganze Bedeutung der Veränderung transparent zu machen, bedarf es einer kurzen Beschäftigung mit dem neuen unumschränkten Weisungsgeber, der KI, bis zu diesem Zeitpunkt ihres III. Kongresses. Dabei bietet die Tatsache, daß sich die Komintern auf die Tradition der I. Internationale beruft, die Gelegenheit zu einem kurzen Rückblick auf ihre Vorläufer.

[110] Ebd.
[111] Ebd., S. 123 f.

5. Exkurs: Von der I. zur III. Internationale

Als I. Internationale wird die Internationale Arbeiterassoziation bezeichnet, gegründet am 28. September 1864 in St. Martin's Hall, London. Für sie hat kein Geringerer als Karl Marx die Statuten entworfen. Er gab der Arbeiterassoziation zu ihrer Aufgabenstellung, »daß die Emanzipation der arbeitenden Klassen durch die arbeitenden Klassen selbst erobert werden muß«, die Organisationsform einer »brüderlichen Gemeinschaft«: es herrschte das Prinzip absoluter Gleichberechtigung der Mitglieder. »Zentralismus« gab es nur so weit, als der Generalrat, die Exekutive der I. Internationale, Informations- und Koordinationspflicht durch den Artikel 5 des Statutes hatte.

Friedrich Engels wandte sich in einem Brief an Marx sogar scharf gegen das Übergewicht eines Landes in der Arbeiterassoziation – eine Gefahr, die ihm durch russische Emigranten möglich schien. Engels hielt es in diesem Brief vom 29. April 1870 für »eine kostbare Zumutung, daß, um Einheit ins europäische Proletariat zu bringen, es russisch kommandiert werden muß!«

Zum Prüfstein der Aktionsfähigkeit der I. Internationale wurde der deutsch-französische Krieg von 1870/71. Der Brüsseler Kongreß der Arbeiterassoziation von 1868 hatte für einen Kriegsfall den Generalstreik beschlossen. Doch nun, als die Situation da war, kam es lediglich zu einem Protest in Form eines Manifestes von seiten der I. Internationale. Immerhin trug aber ihre offene Kriegsgegnerschaft den deutschen Sozialisten Wilhelm Liebknecht, dem Vater Karl Liebknechts, und August Bebel zwei Jahre Festungshaft wegen Vorbereitung zum Hochverrat ein.

Mitglieder der I. Internationale fanden sich 1871 in der Führung der Pariser Kommune, ein Grund für die III. Republik, nach dem erbarmungslosen Morden bei der Zerschlagung des Aufstandes auch die Arbeiterassoziation hartnäckig zu verfolgen und das übrige halbfeudale oder bürgerliche Europa gegen sie aufzuhetzen.

Die erschwerten Bedingungen ihrer Arbeit machten erst im Herbst 1872 eine neue Konferenz in Den Haag möglich, die durch die Auseinandersetzung zwischen Karl Marx und Bakunin und dem von Marx betriebenen Ausschluß der Anarchisten aus der sozialistischen Bewegung berühmt wurde. Dieser

Kongreß faßte auch den Beschluß, den Sitz des Generalrates angesichts der Verfolgungen von Europa nach New York zu verlegen, eine Maßnahme, die in Anbetracht ihres Hauptaktionsfeldes Europa der I. Internationale ihren Untergang ankündigt. In der Tat wurde die I. Internationale per Beschluß im Juli 1876 in Philadelphia aufgelöst.

Bei der Gründung der II. Internationale in der Salle Pétrelle zu Paris im Jahre 1889 standen nicht weniger als 400 Delegierte aus zwanzig Ländern Europas und Amerikas Pate, darunter Bebel, Wilhelm Liebknecht, Bernstein, Clara Zetkin, Jules Guesde, Edourd Vaillant, Marx' Schwiegersohn Charles Longuet, Edouard Anseele, Emile Vandervelde, Viktor Adler und Plechanow. Die zunächst ohne Statuten und Exekutive formierte, völlig lockere Vereinigung erhielt erst 1896 durch den Beschluß zur Einrichtung des ›Internationalen Sozialistischen Bureaus‹ in Brüssel eine etwas festere Organisation. 1896 fand auch ihr Londoner Kongreß statt, der die – für die I. Internationale Lebensfrage gewesene – Haltung zu einem eventuellen Krieg wieder aufgriff, doch stand dieses Problem hier und auch später noch zurück gegen die Auseinandersetzungen um die Anarchistenfrage und den Revisionismus. Erst nach dem russisch-japanischen Krieg und der Marokko-Krise stellte sich die Haltung zum Krieg neu als ein mit Aktualität aufgeladenes Problem. Wie eingangs gezeigt, beherrschte diese Frage die Stuttgarter Konferenz von 1907 völlig; verbal wurde sie bis zum Sommer 1914 auch von der Mehrheit der II. Internationale im sozialistischen Sinne beantwortet, wobei Streitpunkte sich in jener Frage der Umwandlung des imperialistischen Krieges in einen Bürgerkrieg zeigten, die Lenin und mit ihm die linke deutsche Sozialdemokratie wollten.

Als der Ernstfall nahte, erwiesen sich die Deklarationen der II. Internationale als Papier. Sicherlich, die Wogen des Nationalismus gingen hoch. Aber es ist keine Entschuldigung, daß die friedenswilligen Massen in Deutschland und – nach Jaurès' Tod – in Frankreich keine sozialistischen Führer fanden, die sich effektiver, gezielter und von Brüssel koordinierter Mittel bedient hätten, mit den Proletariern ihrer Länder das heraufziehende Unglück zu verhindern. Das Ende der II. Internationale ist kläglich, ihre Todesursache ist schlicht: fehlende sozialistische Überzeugung und Tatkraft ihrer Führer.

Den Abspaltungsprozeß der Linken von der II. Internationale, die wegen der indifferenten bis zustimmenden Haltung zum Ersten Weltkrieg des ›Sozialchauvinismus‹ geziehen wurde, konnten wir anhand der Jugendbewegung von Stuttgart über Kopenhagen, Basel, die Konferenzen von Zimmerwald und Kienthal bis zur Gründung der KJI verfolgen; dabei ist die nicht unumstrittene These Moskauer Geschichtsschreibung, die

Erste Zimmerwalder Konferenz sei die Wiege der III. Internationale gewesen, genannt worden. Unermüdlicher Motor für eine III. Internationale war Lenin. In Deutschland stritten für sie ebenso energisch Karl Liebknecht und Rosa Luxemburg, die bei einer Zusammenkunft zum Jahreswechsel 1915/16 in der Wohnung Karl Liebknechts die ›Leitsätze über die Aufgaben der internationalen Sozialdemokratie‹ diskutierten, in denen die Gründung einer neuen Internationale gefordert wurde.

Zur Gründungskonferenz der III., der Kommunistischen Internationale, wurde ein Kongreß, der am 2. März 1919 in Moskau mit 51 Delegierten aus 30 Ländern begann und zu dem das Zentralkomitee der KP Rußlands in einem von Leo Trotzki verfaßten Manifest aufgerufen hatte. Die III. Internationale sollte nach den Plänen Lenins schon in der Gründungskonzeption die Fehler der I. und II. Internationale vermeiden; diese hatten unbestritten auch in der lockeren Organisationsform gelegen, zu der sich die Sozialisten bis dahin lediglich bereit fanden, und entsprechend in den fehlenden Kompetenzen für Entscheidungen und Weisungen ihrer Exekutive. Eine echte Internationale mußte nach Lenins Vorstellungen straff organisiert sein zur schnellen Meinungsbildung, rascher und sinnvoller Koordination von Aktionen auf internationaler Ebene, und sie sollte Weisungsbefugnis für ihre Sektionen haben. Diese Vollmachten schienen nach den Erfahrungen der Vergangenheit unumgänglich, weil im Sommer 1914 trotz der Generalstreikdeklarationen und trotz der Gespräche deutscher und französischer Sozialisten die Versuche, noch in letzter Minute den Ausbruch des Krieges zu verhindern, an der Inkompetenz der Unterhändler (Hermann Müller war ohne verbindliche Weisung seiner Partei nach Paris gefahren) und am gegenseitigen Mißtrauen scheiterten. Eine weisungsgegebende Instanz hätte hier zweifellos effektiver arbeiten können. Aber es besteht kein Zweifel, daß dieser ›Zentralismus‹ von Lenin auf der Basis des ›brüderlichen Bundes‹ der I. Internationale geplant war – dafür spricht schon die bewußte Anknüpfung dort. Die Gleichberechtigung der Mitglieder war selbstverständlich, und wie wenig Lenin seine eigene Partei in einer maßgebenden Rolle sah, macht außer seinen Ausführungen in den ›Kinderkrankheiten‹[112], nach denen Rußland bei dem Sieg der Revolutionen in den Industrieländern bald wieder ein rückständiges Land sein würde, auch die Tatsache deutlich, daß als Sitz des Exekutivorgans Berlin ausersehen wurde, die Hauptstadt der von Lenin in naher Zukunft gesehenen deutschen Sowjetrepublik und zugleich Hauptstadt der Weltrevolution. Deutsch war die

[112] W. J. Lenin, Der linke Radikalismus, die Kinderkrankheit im Kommunismus.

Sprache der ersten vier KI-Weltkongresse, und die deutschen Delegierten spielten bei den ersten beiden Konferenzen der Komintern bedeutende Rollen.

Nach dem Ansatz der völligen Gleichberechtigung wurde das Exekutivkomitee entworfen. Rußland, Deutschland, Österreich, Ungarn, die Balkanstaaten, die Schweiz und Skandinavien sollten als Länder mit den bedeutendsten kommunistischen Parteien je einen Vertreter delegieren. Bis zur deutschen Revolution wurde Moskau zum Sitz der Exekutive erwählt. In dieser provisorisch gedachten Maßnahme lag schließlich, da die Entwicklung einen anderen Verlauf nahm als Lenin ihn vorausgesehen hatte, der Hauptgrund für die Machtübernahme der russischen Partei in der Komintern.

Diese zeichnete sich schon auf dem II. Weltkongreß der Komintern vom 19. Juli bis 7. August 1920 ab. 167 Delegierte kommunistischer und auch nichtkommunistischer Parteien wie der USPD hatten sich eingefunden, denn es sollte der Kongreß der Zusammenfassung aller revolutionären sozialistischen Kräfte sein. Lenin wollte so viele linke Fraktionen wie nur möglich aus den sozialdemokratisch orientierten Parteien herausbrechen und in die Komintern eingliedern gemäß seiner Schrift gegen das linke Sektierertum.

Gerade dieses Vorhaben machte ein funktionsfähiges, d. h. straff arbeitendes Exekutivkomitee nötig. Der II. Weltkongreß, der die Statuten der III. Internationale verabschiedete, ermöglichte deshalb eine Zusammensetzung des EK nach § 8, die dem ursprünglichen Gleichberechtigungsgedanken widerspricht. Mit der Begründung: »Die Hauptarbeit des Exekutivkomitees lastet auf der Partei des Landes, wo auf Beschluß des Weltkongresses das Exekutivkomitee seinen Sitz hat« (also ›lastete‹ sie vorläufig auf der russischen KP), wurde ein eindeutiges Übergewicht der KPR in der KI beschlossen: »Die Partei des betreffenden Landes entsendet fünf ihrer Vertreter in das Exekutivkomitee mit beschließender Stimme. Außerdem entsenden die zehn bedeutendsten kommunistischen Parteien, deren Liste von dem ordentlichen Weltkongreß bestätigt wird, je einen Vertreter mit beschließender Stimme in das Exekutivkomitee. Den anderen in die kommunistische Internationale aufgenommenen Organisationen und Parteien steht das Recht zu, je einen Vertreter mit beratender Stimme in das Exekutivkomitee zu delegieren.«

Der II. Weltkongreß verabschiedete des weiteren die 21 Bedingungen zum Eintritt einer Partei in die KI[113] zur Abwehr nicht eindeutig revolutionärer Kräfte. Daß diese 21 Bedingungen ausgerechnet dem von Delegierten eines breiten sozialistischen Spektrums besuchten Kongreß vorgelegt wurden,

[113] Die 21 Bedingungen, s. Anhang, Dokument 9.

weist auf die ihnen zugedachte Aufgabe hin: es galt, linke Gruppen oder Fraktionen aus ihren Parteien herauszubrechen. Dieser Spaltungsprozeß begann tatsächlich in zahlreichen Ländern, so auch in Deutschland, wo die Komintern-Sympathisanten der USPD gemeinsam mit Sinowjew, der als Gast des USPD-Parteitages in Halle teilnahm, die Mehrheit der Delegierten für den Anschluß an die III. Internationale gewannen. Folgerichtig schloß sich die Mehrheit der Massenpartei (insgesamt rund 800 000 Mitglieder) mit der kleinen KPD zur Vereinigten Kommunistischen Partei Deutschlands (VKPD) zusammen.

Die höchste Instanz der KI war nach § 4 ihrer Satzung der Weltkongreß, der einmal jährlich zusammenzutreten hatte. Ihm war das in der Zwischenzeit für die Durchführung der anfallenden Aufgaben zuständige Exekutivkomitee (EKKI) verantwortlich. Doch allein die Tatsache, daß von 1919 bis 1935 lediglich sieben Weltkongresse stattfanden, zeigt deutlich den Übergang der Macht von den Delegierten aus aller Welt auf das von der russischen KP beherrschte Exekutivkomitee.

Einen weiteren Schritt zu dieser Machtfülle Moskaus stellt der III. Weltkongreß der KI vom 22. Juni bis 12. Juli 1921 dar. Es ist jener für die KJI denkwürdige Kongreß, zu dessen Fortsetzung ihr II. Weltkongreß von Berlin nach Moskau zitiert wurde.

Der III. Weltkongreß mußte von der unbestreitbaren Tatsache ausgehen, daß die revolutionäre Nachkriegssituation sich zugunsten einer Stabilisierung der kapitalistischen Verhältnisse verändert hatte. Deutlichstes Zeichen in Deutschland war dafür das Scheitern der Märzaktion von 1921, die keine Resonanz in der Arbeiterschaft gefunden hatte.

Auch Rußland hatte seine schweren Erschütterungen erlebt, zuvörderst den Kronstädter Aufstand. Die inneren Schwierigkeiten machten es der KPR und der UdSSR unmöglich, die nach dem Selbstverständnis treibenden Kräfte der Weltrevolution zu sein. Entsprechend kraftlos agierte das von der russischen Partei beherrschte EKKI. Losung und Beschlüsse des III. Weltkongresses zeichnen ein deutliches Bild von dieser Situation. Unter der Parole ›Heran an die Massen‹ nahm die KI Abschied von der These, die Revolutionen stünden unmittelbar bevor und es bedürfe nur des Anstoßes durch die revolutionäre Vorhut. »In dieser Lage«, so interpretiert Alfred Kurella die Entscheidungen des III. Kongresses, »ist die Eroberung der Macht durch die kommunistischen Parteien nur möglich durch die Gewinnung der Mehrheit der Arbeiterklassen für die Ziele des Kommunismus und durch die Organisierung ihrer politisch entscheidenden Schichten [. . .] Wenn die breiten Massen in dieser Periode kein Verständnis für die Parolen des unmittelbaren Machtkampfes zeigen, der aussichtslos erscheint, sind sie bereit, für unmittelbare Tagesforderungen zu kämpfen [. . .] Die kommunistische Partei darf den Massen nicht so weit vorauseilen, daß sie von ihnen nicht nur nicht verstanden, sondern als Feind betrachtet wird, wie sich das hier und da ereignet hatte.«[114]

Um diese taktische Marschroute mit allen Kräften durchstehen zu können, bedurfte es zuallererst der Disziplinierung jener Kräfte, die sich seit 1907 nicht zu Unrecht und in vielen Situationen mit gutem Recht als revolutionäre Avantgarde, als Elite der proletarischen Bewegung verstanden: der Jugend. Zu diesem Zweck wurde einmal mit der beschriebenen Hartnäckigkeit von seiten des EKKI die Unterordnung der KJI unter seine Direktionsgewalt betrieben.

Zum anderen aber zeigten sich in der Apodiktik der Durchsetzung und der fehlenden Flexibilität der Direktiven des III. Kongresses der zentralistische Machtanspruch Moskaus, der keiner Sektion und keinem angeschlossenem Verband irgendwelche Eigeninitiativen überlassen will. Nach dem III. Weltkongreß verschoben sich die Gewichte zwischen notwendigem effektivem Zentralismus und russischem Machtanspruch immer stärker zugunsten des letzteren. Und als diese Bestrebungen für Münzenberg transparent wurden, wandelte sich der einstige strikte Befürworter des Zentralismus, der Apologet der 21 Bedingungen des II. Kongresses, zum Opponenten gegen den Zugriff des EKKI auf die KJI. Er sah, daß die russische Übermacht den zentralistischen Apparat notwendigerweise unfruchtbar machen mußte, da Anweisungen aus dem fernen Moskau, die den Sektionen zur eifrigen Realisierung aufgegeben waren, unmöglich den nationalen Gegebenheiten Rechnung tragen konnten.

[114] Kurella, Gründung, a.a.O., S. 174.

6. Die KJI unter Führung der Komintern

Die Berechtigung der Befürchtungen Willi Münzenbergs erweist die nachfolgende Geschichte der Kommunistischen Jugendinternationale. Das neue Abhängigkeitsverhältnis zur Komintern drückt sich anschaulich in der Konferenzabfolge aus, die in Zukunft nach dem Schema von 1921 organisiert wurde. Wie der II. Jugendkongreß vom 9. bis 24. Juli 1921 in Moskau zu einem Fortsatz des vom 22. Juni bis 12. Juli tagenden III. Kominternkongresses degradiert wurde, der lediglich die Beschlüsse der ›Erwachsenen‹ zur Kenntnis zu nehmen hatte, so geschah es auch mit den weiteren Weltjugendkonferenzen. Der III. KJI-Kongreß, eröffnet am 4. Dezember 1922, fand statt im Anschluß an den IV. KI-Kongreß vom 5. November bis 5. Dezember 1922, der IV. Jugendweltkongreß vom 15. Juli an nach der V. Kominternkonferenz vom 17. Juni bis 8. Juli 1924, die V. Zusammenkunft der kommunistischen Weltjugend vom 20. August bis 18. September 1928 tagte während und nach dem VI. KI-Kongreß vom 17. Juli bis 1. September 1928. Die letzte politische Kursbestimmung Moskaus über die Komintern fand zu ihrem VII. Weltkongreß vom 25. Juli bis 20. August 1935 statt; anschließend verzichtete Stalin auf das internationale Feigenblatt für seine Direktiven an die auf Moskau orientierten kommunistischen Parteien.

Die Betrachtung des ideologischen und taktischen Weges der KJI nach ihrem II. Weltkongreß, ihre Politik in totaler Abhängigkeit von der Komintern, muß mit einer für sie ernüchternden Bestandsaufnahme beginnen. 1920 konnte Münzenberg in seinem Rechenschaftsbericht ›Ein Jahr kommunistische Jugend-Internationale‹ noch 49 Verbände mit über 800 000 Mitgliedern, eine Reihe von Publikationen und einen guten Ausblick in die Zukunft der KJI vorweisen. Auch sein schriftlicher Bericht für den II. Weltkongreß der KJI 1921, geschrieben, ehe die Russen mit ihrem Machtanspruch der KJI die Luft zur Entfaltung von Initiativen nahmen, ist voller Arbeitsfreude und Optimismus.

Der Zugriff Moskaus auf die KJI geht wie ein Schnitt durch den Aufwärtstrend der Jugendbewegung. Auch ein Apologet der russischen Maßnahmen wie Chitarow, Funktionsträger in der KJI der zwanziger Jahre, kann nur konstatieren: »In der Zeit zwischen dem II. und III. Kongreß, als in allen wichtigsten Verbänden ein Kampf um die Verwirklichung dieser Beschlüsse (des II. KJI-Kongresses, also primär der Weisungen des III. KI-Kongresses, E. B.) sich entfaltete, machte die KJI eine Krise durch, welche man als eine Krise der Übergangsperiode bezeichnen kann.«[115]

Was Chitarow mit ›Übergangsperiode‹ diskret zu umschreiben versucht, ist im Klartext das Ergebnis der internationalen Komintern-Politik im allgemeinen und der Moskauer Jugendpolitik im besonderen. Verfehlte Aktionen wie die Märzereignisse 1921 in Mitteldeutschland hatten die Arbeiter nicht für, sondern gegen die Kommunistische Internationale aufgebracht, und eine Unterordnung unter russische Zwänge kam für zahlreiche junge Genossen, wie die Protesthaltung zumal der Skandinavier gegen die Verlegung des II. Weltkongresses von Berlin nach Moskau deutlich zeigte, nicht in Frage. Der dänische sozialistische Jugendverband in der KJI verlor von seinen 10 000 Mitgliedern nach dem Moskauer Kongreß schlagartig weit über 9000!

Obgleich Chitarow solche Erscheinungen primär auf fehlende revolutionäre Konstellationen zurückzuführen versucht, kommt er nicht umhin, auch die wirklichen Gründe für den deutlichen Niedergang der kommunistischen Jugendbewegung zuzugeben: »Schließlich trug die Diskussion, welche sich über die neuen Entwicklungswege der Bewegung, d. h. über die Beschlüsse des II. Kongresses, entfaltete, zu einer weiteren Differenzierung in den Organisationen bei.«[116] Es wirft ein bezeichnendes Licht auf die von nun an immer aktueller werdende Auseinandersetzung mit den vermeintlichen Gegnern im eigenen Lager, wenn Chitarow von diesem Spaltungsprozeß meint, daß er »unbedingt gesund war und einzig die Abstoßung opportunistischer, zum Kampf untauglicher Elemente und die Möglichkeit der Entwicklung der Verbände auf einem neuen Wege sicherte«[117]. Es bleibt die Frage, wie die Formel ›Heran an die Massen‹, Weisung des III. KI-Kongresses, in die Praxis umgesetzt werden sollte, wenn die eigenen Mitglieder in Scharen davonliefen. Die KJI dürfte zwischen ihrem II. und III. Weltkongreß über 100 000 Mitglieder verloren haben.

Daß es auch in den Verbänden weiter rumorte und sich eine starke Opposition gegen die Politik und Taktik der KI-Führung stellte, kann nach Meinung Chitarows nur auf »Elemente« zurückzuführen sein, »welche mit den alten Traditionen und Arbeitsmethoden verwachsen und ihrer ganzen

[115] R. Chitarow, Der Kampf um die Massen. Vom 2. zum 5. Weltkongreß der KJI (zuerst erschienen im Verlag der Jugendinternationale Berlin 1929/31), Neuerscheinung München 1970, S. 6.
[116] Ebd., S. 9.
[117] Ebd.

Einstellung nach unfähig waren, sich den neuen Aufgaben, die vor der kommunistischen Jugendbewegung standen, anzupassen«[118]. Abenteuerlich mutet Chitarows Feststellung an: »Zum größten Teil rekrutierten sich diese Elemente aus sozial fremden Schichten oder aber aus denjenigen Schichten des Proletariats, welche am meisten dem bürgerlichen und kleinbürgerlichen Einfluß unterworfen sind«; solche Behauptung stellt er »mit Gewißheit« auf, »obzwar eine Statistik der Jugendbewegung der Vorkriegszeit oder der KJI in den ersten Jahren ihres Bestandes nicht vorhanden ist«[119]. Selbständig Denkende haben eben das zu sein, was dogmatische Enge ihnen anhand des eigenen ideologischen Kataloges zuerkennt.

Ganz im Vordergrund der Arbeit der KJI nach ihrem II. Kongreß stand die Verwirklichung der Komintern-Aufforderung: ›Heran an die Massen!‹ Konkret hieß das, eine Einheitsfront mit den oft geschmähten und von Zeit zu Zeit sogar zu ›Hauptfeinden‹ erklärten sozialdemokratischen Jugendorganisationen zu suchen. Dabei war aber keineswegs an eine ›ehrliche‹ Zusammenarbeit auf der Basis der Respektierung der sozialdemokratischen Zielsetzungen gedacht, sondern an eine neue Unterwanderung. Chitarow erklärt in dankenswerter Offenheit: »Der Zweck dieser Taktik (der Einheitsfront, E. B.) war, die breitesten Arbeitermassen, darunter auch die, die mit der Sozialdemokratie gehen, im Kampfe für die alltäglichen Forderungen, für die unmittelbaren Bedürfnisse der Arbeiterklassen, für die jedem Arbeiter verständlichen Parolen zu mobilisieren und somit diese Massen dem Einflusse des Reformismus, der nicht nur die Endziele, sondern auch die alltäglichen Bedürfnisse der Arbeitermassen verrät, zu entreißen und für den Kommunismus zu gewinnen.«[120] Der Weg dazu sollte »vor allem« über »die Entlarvung der reformistischen Führer als Agenten der Bourgeoisie, als Verräter der Arbeiterklasse« führen.

Es kann nicht verwundern, daß die sozialdemokratischen Parteiführer die Doppelbödigkeit der Angebote zu einer Einheitsfront nach den Erfahrungen mit den Kommunisten durchschauten. Ihr Mißtrauen gegen den plötzlichen Kurswechsel war so gründlich, daß sie auf nationaler wie internationaler Ebene alle Anbiederungen ablehnten. Lediglich die Komintern brachte es nach einem entsprechenden Beschluß des EKKI im Frühjahr 1922 zu zwei Konferenzen mit Delegierten der II. Internationale und der Internationale 2¹/₂, die aber scheiterten. Es ist nachgerade lächerlich, wenn nach diesem Fiasko die Schuld bei den einzelnen kommunistischen Parteien gesucht

[118] Ebd., S. 10.
[119] Ebd.   [120] Ebd., S. 15.

wurde, die angeblich »zu wenig getan«[121] hätten, den Beschluß der Komintern zu verwirklichen.

Noch größeren Schiffbruch erlitt die KJI mit ihren Bemühungen, die Komintern-Anweisungen auf eine Einheitsfront zu realisieren. Ihr Aufruf zu einer Weltkonferenz der sozialistischen Jugend vom 24. Juni 1922[122] und ihre Briefe an das Exekutivbüro der Arbeiter-Jugendinternationale, der Jugendorganisation der Parteien der II. Internationale, und an das der Internationalen Arbeitsgemeinschaft Sozialistischer Jugendorganisationen, der Jugend der Internationale 2¹/₂, wurde in einem gemeinsamen Brief der angesprochenen Verbände vom 22. August 1922, unterzeichnet von Erich Ollenhauer und Paul Voogd für die Arbeiter-Jugendinternationale sowie von Karl Heinz und Josef Hofbauer für die Sozialistischen Jugendorganisationen, abgelehnt – obschon die Internationale Arbeitsgemeinschaft einer Zusammenarbeit mit der KJI nicht völlig abgeneigt war.

Die Reaktion der KJI ist bezeichnend. Da die sozialdemokratischen Verbände es ablehnten, sich spalten zu lassen, wandte sie sich in einem Aufruf an die Arbeiterjugend in aller Welt, zieh die Sozialdemokraten der Sabotage und beschuldigte sie, ein Bündnis mit der Bourgeoisie der Einheitsfront vorzuziehen.

Auch auf der Ebene der Jugendorganisation lag das Scheitern der Verwirklichung der Kominternbeschlüsse nach KJI-Meinung nicht etwa an deren objektiver Undurchführbarkeit, und erst recht »natürlich nicht darin, daß die Einheitsfronttaktik [...] oder die Parole des Weltkongresses unrichtig war«[123], sondern – der Bericht der Exekutive der KJI an den III. Weltkongreß stellte dies fest – »nicht ein einziger Verband« entwickelte »die notwendige Tätigkeit zur Erfüllung dieser Aufgaben«[124], die »feindlichen Jugendorganisationen« zu entlarven[125]. Die ungewollte Qualifizierung der Sozialdemokraten als ›Feinde‹ entlarvt dabei vielmehr die apriorische Unmöglichkeit, zu einer von den Kommunisten angeblich gesuchten effektiven Zusammenarbeit zu gelangen.

Zwischen dem II. und III. Weltkongreß war es dank der Moskauer Gängelungen in der KJI ganz deutlich zu einer ›Flaute‹ gekommen: »Die politische Aktivität der Verbände sank merklich.«[126] Dem abzuhelfen, trat am 18. März 1922 das erweiterte Plenum der Exekutive der KJI zu einer Bürositzung zusammen zum Zwecke, »die vom II. Kongreß skizzierten Aufgaben zu konkretisieren«[127]. Heraus kam dabei

[121] Ebd., S. 17.
[122] Der Aufruf zum Weltkongreß, s. Anhang, Dokument 10.
[123] Chitarow, Kampf, a.a.O., S. 23.
[124] Ebd.   [125] Ebd., S. 24.
[126] Ebd., S. 25.   [127] Ebd., S. 27.

die Bestätigung der rein taktisch gemeinten Zusammenarbeit mit den Sozialdemokraten: Gemeinsamkeit kann es nur bis zur Entlarvung der sozialdemokratischen Führer als Steigbügelhalter der Bourgeoisie geben, was ständige Zusammenarbeit mit ihnen ausschließt, die zeitweilig von einigen kommunistischen Jugendverbänden angestrebt worden war.

Auf dieser Bürositzung wurden Willi Münzenberg und Leo Flieg auch formell aus dem Exekutivkomitee entfernt, in das sie auf dem II. Weltkongreß trotz ihrer Gegnerschaft zum Moskauer Kurs noch gewählt worden waren. Münzenberg hatte nach seiner Ablösung durch Schatzkin von Lenin, der Münzenberg seit ihrer Zusammenarbeit in der Schweiz hoch schätzte, den Auftrag zum Aufbau internationaler proletarischer Hilfsorganisationen gegen die Hungersnot bekommen. Münzenberg nahm das Angebot an, weil er erkannte, daß er sich damit eine vom EKKI und der russischen KP nicht zu kontrollierende Sonderstellung in der Komintern eroberte.

Auf dem III. Kongreß der KJI, in Moskau am 4. Dezember 1922 eröffnet, war Münzenberg nicht mehr vertreten. Die Leitung lag bei Schatzkin, der dafür zu sorgen hatte, daß für »die politische Linie [...] der Arbeit des Kongresses« nichts als »die Beschlüsse des IV. Kongresses der Komintern, welcher erst vor kurzem geschlossen worden war«[128], verbindlich erklärt wurden.

Diese KI-Konferenz war am 5. November 1922 in Petrograd eröffnet worden und arbeitete vom 9. November bis 5. Dezember in Moskau. Ihr Verlauf ist gekennzeichnet von der Auseinandersetzung um die Einheitsfront, gegen die von den Linken lebhafter Widerspruch erhoben wurde. Deren Wortführer Duret, Dombsky, Amadeo Bordiga und Ruth Fischer verlangten von der Komintern das der Einheitsfront-Direktive entgegengesetzte Recht zu spontanen revolutionären Aktionen.

Die revolutionären Intentionen dieses Flügels sowie seine Bestrebungen nach größerer Unabhängigkeit von der Komintern und nach mehr politischer Flexibilität wurden bei 16 Enthaltungen und nur einer Gegenstimme deutlich abgelehnt. Und nicht nur das: aufmerksam gemacht auf solche Versuche zur Befreiung aus der Umklammerung der Komintern brachte das EKKI den IV. Kongreß zu einer Resolution, in der die absolute Weisungsgewalt der KI ausdrücklich bestätigt wurde. Unter dem Titel ›Internationale Disziplin‹ heißt es darin: »Um die Taktik der Einheitsfront international und in jedem einzelnen Lande durchzuführen, bedarf es jetzt mehr denn je der strengsten internationalen Disziplin in der Kommunistischen Internationale und in jeder ihrer einzelnen Sektionen. Der IV.

[128] Ebd., S. 32.

Kongreß fordert kategorisch von allen Sektionen und allen Mitgliedern die strengste Disziplin in der Durchführung der Taktik, die nur dann Früchte zeitigen kann, wenn die einmütige und planmäßige Durchführung dieser Taktik in allen Ländern nicht nur in Worten, sondern auch in Taten geschehen wird.«[129]

Mit der Vergatterung auf die Einheitsfront von unten wurden in der Resolution des IV. Kongresses also die Kommunistischen Parteien noch enger an das EKKI gebunden – und nicht anders konnte es der Jugendinternationale auf ihrem III. Kongreß während der Arbeitstagungen vom 6. bis 16. Dezember in Moskau, unmittelbar nach Abschluß des IV. KI-Kongresses ergehen. Ganz im Zeichen der Geschehnisse beim IV. Komintern-Kongreß stand auch der Ablauf der Jugendkonferenz, und noch warm sozusagen erhielten sie die gerade gefaßten Beschlüsse übermittelt. Getragen von den voraufgegangenen Auseinandersetzungen geriet das Referat Kurellas über die Beschlüsse des II. Kongresses mit ihrer zentralen Forderung nach der von der KI geforderten Mobilisierung der Massen ins Zentrum des Interesses. Da auf diesem Gebiet Erfolge kaum zu verzeichnen waren, enthielten die Ausführungen des getreuen KI-Gefolgsmannes wie von selbst »eine sehr kritische Analyse der Lage der Kommunistischen Jugendverbände. Er stellte fest, daß sie nicht nur nicht zu Massenorganisationen wurden, wie es der II. Kongreß verlangt hatte, sondern auch nicht genügend Voraussetzungen dazu schufen.«[130]

Einmal mehr sind es nicht die objektiv undurchführbaren, weil unsinnigen politischen Direktiven der KI, die der Kritik unterzogen werden, verurteilt werden vielmehr die Arbeit der Sektionen, ihre angeblich fehlende Einsicht in die Weisheiten der unfehlbaren Zentrale und ihre mangelnde Bereitschaft, dafür zu kämpfen.

Konkret richtete sich Kurellas Schelte gegen die mangelhafte Umstrukturierung der Verbände auf das nach allen Rückschlägen auf dem Weg zu Massenorganisationen als Heilmittel gepriesene Betriebszellenwesen, ein Thema, das eher beiläufig auf dem II. Kongreß behandelt worden war. Lediglich als »unterste und breiteste Grundlage« waren die Zellen in einer Resolution dort bezeichnet worden, über der »als nächste und festere Form der Organisation die Ortsgruppe« stünde, in der »das Schwergewicht der gesamten Tätigkeit« zu liegen habe.[131] Selbst Kurella kommentiert das Gewicht des Zellen-Problems im Jahre 1921: »Praktisch hat die Aufwerfung des Problems

[129] Bibliothek der Kommunistischen Internationale Bd. 37, S. 56.
[130] Chitarow, Kampf, a.a.O., S. 33; die Resolution über das Ergebnis der Durchführung der Beschlüsse des II. Kongresses, s. Anhang, Dokument 11.
[131] Kurella, Gründung, a.a.O., S. 186.

der Zellenorganisation durch den II. Kongreß keinerlei Bedeutung gehabt.«[132] Die Erfolglosigkeit der kommunistischen Jugendverbände in der Verwirklichung der Komin-
tern-Taktik wertete das Thema nun aber zur zentralen Frage
auf: hatte nicht damals schon die Führung den Weg über die
Zellen gewiesen?! Zugute kam diesen selbstgerechten Exkul-
pierungen die Tatsache, daß als einzige Sektion der KJI der
RKJV auf Betriebszellenbasis organisiert war. Da der russische
Verband immer von der Komintern und der kominterntreuen
KJI-Führung als vorbildlich hingestellt wurde, konnten diese
sich blind auf seine Politik berufen.

Das Ergebnis der Diskussion um die Taktik der Einheitsfront
von unten, die nun endlich von der KJI zu Erfolgen geführt
werden sollte, entsprach den Wünschen Moskaus. Obschon
anfangs erbitterter Widerstand gegen die Verbindlichkeit des
Aufbaus von Betriebszellen bestand und vernünftige Argumente dagegen vorgebracht wurden, verabschiedete der III.
KJI-Kongreß einstimmig die ›Resolution zum Aufbau der Be-
triebszellenorganisation‹: »In allen Orten, in denen es Groß-
und Mittelbetriebe gibt, treten die Gruppen der KJI sofort an
die Organisierung von Zellen heran.« Ihr erklärtes Ziel, die
Massenorganisierung zur Einheitsfront von unten: »Sofort
nach ihrer Organisierung muß sich die Zelle in Verbindung
setzen mit der Parteizelle oder Fraktion oder wenn es keine
Parteivereinigungen im Betriebe gibt, mit den einzelnen Mitgliedern der Partei sowie auch mit den Kommunisten oder
Sympathisierenden im Betriebsrat und mit den Gewerk-
schaftsvertrauensleuten. Einen Plan ihrer Arbeit muß die
Zelle gleichfalls sofort bei ihrer Organisierung für die nächste
Zeit ausarbeiten. Ihre Massenarbeit beginnt die Zelle damit,
was in dem gegebenen Moment und in dem betreffenden Betrieb die Jugendlichen am meisten interessiert.«

Die neue Exekutive bestand aus 18 Mitgliedern: Lazar Schatzkin, Schüller, Kurella, Doriot, Wugowitsch, Bamatter, Wret-
ling, Unger, Gyptner (Deutschland), Zeitlin, Tarchanow und
Petrowsky aus der UdSSR, Cassita (Italien), Michalec (Tschechoslowakei), Jackson für Amerika, Paasonen (Finnland),
Fucak für die Balkanländer und Jang-Ta-Lai aus China.

Manche Ereignisse des Jahres 1923 demonstrieren auf entlarvende Weise die Unmöglichkeit der totalen zentralistischen
Führung aller Kommunistischen Parteien durch das EKKI bzw.
die russische KP. Dazu zeigte sich die Unfähigkeit der Kreml-
führung, aus der Lenin seiner Krankheit wegen praktisch
schon ausfiel, zur richtigen Einschätzung von gegebenen Situationen und zu realistischen Beschlüssen. Das Beispiel
Deutschland unterstreicht diesen Tatbestand sehr deutlich, so-

[132] Ebd.

wohl am Verhältnis der KI zur VKPD als auch zur KJO. Die französische Ruhrbesetzung und die Inflation hatten allgemeine Unruhe, Arbeitsniederlegungen und schließlich wilde Streiks und Straßenkämpfe in großem Umfang zur Folge. Alles in allem war die Stimmung der Massen revolutionär wie seit den Tagen der blutigen Auseinandersetzungen nach dem Kriege nicht mehr, wobei allerdings immer noch als fraglich gelten muß, ob eine sozialistische Revolution damals siegreich geblieben wäre.

Für eine revolutionäre Partei mußten diese Wochen und Monate eine Aufforderung zum Handeln, d. h. zur Entfachung und Steigerung der Massenaktivitäten bedeuten. Tatsächlich aber waren es nur die ›Linken‹ um Ruth Fischer, Arkadi Maslow und Ernst Thälmann im Zentralkomitee, die die Unruhen in revolutionäre Bahnen lenken wollten. Der rechte Flügel, angeführt von Heinrich Brandler und August Thalheimer (auch Ulbricht gehörte damals dazu, stand also in Gegensatz zu Thälmann), hielt sich jedoch starr an die Komintern-Anweisungen bezüglich der Einheitsfront und versuchte, zusammen mit den Sozialdemokraten Arbeiterregierungen zu bilden. Dies gelang im Oktober 1923 in Sachsen: Heinrich Brandler, Paul Böttcher und Fritz Heckert traten in die von der SPD unter Zeigner geführte Regierung ein, aber erst nach ziemlicher Beruhigung der politischen Situation, die ihren Höhepunkt bereits im August erreicht hatte. Daß Brandler und seine Gesinnungsfreunde in dieser Phase in Übereinstimmung mit Sinowjew und Stalin handelten, also die Unterstützung von zwei der wichtigsten ZK-Mitglieder der russischen KP hatten, steht außer Frage. Stalins Einschätzung der Lage in Deutschland, Grundlage seiner entsprechenden Einflußnahme auf die deutsche KP, ist in einem Brief Stalins vom 7. August 1923 überliefert, den Trotzki als das »jämmerliche Dokument [. . .] krasser Ignoranz« an sich genommen hatte. Darin verteidigt und erklärt Stalin ausdrücklich Brandlers Taktik; revolutionären Bestrebungen gibt er keine Chance: »Wenn die Macht heute in Deutschland sozusagen fallen würde und die deutschen Kommunisten sie aufnähmen, würden sie mit Krach durchfallen. Das im ›günstigsten‹ Falle. Im schlimmsten Fall werden sie in Stücke gehauen und zurückgeworfen werden. Meiner Ansicht nach müssen wir die Deutschen zurückhalten und sie nicht anspornen.«

Einen radikalen Kurswechsel vollzog das EKKI erst in geheimen Sondersitzungen im September und Oktober. Bewogen durch Vereinbarungen der Regierung Stresemann mit England und Frankreich faßte es am 11. September 1923 den inzwischen durch die relative und zunehmende politische Beruhigung in Deutschland überholten, dazu jetzt völlig überhasteten Beschluß, nun in Deutschland in kürzester Zeit den Aufstand vorzubereiten und auszulösen. Dazu entsandte Moskau zahlreiche Offiziere der Roten Armee nach Deutschland.

Dieser Umsturzversuch mußte noch vor seinem Ausbruch auf der Konferenz von Chemnitz am 21. Oktober, an der außer dem ZK der KPD auch Vertreter der KI teilnahmen, wegen seiner offensichtlichen Erfolglosigkeit abgeblasen werden. Nur in Hamburg schlugen die Kommunisten zum ursprünglich vereinbarten Zeitpunkt, dem 23. Oktober 1923, los – weil der Kurier nach Hamburg, Hermann Remmele, der die Absage des Aufstandes überbringen sollte, den Zug verpaßt hatte. Der isolierte Hamburger Aufstand fand ein schnelles Ende.

Die Gründe für das Versagen der KP vor ihrem selbstgesteckten Ziel der sozialistischen Revolution sind augenfällig primär in Moskau zu suchen. Zu ihnen gehört das Hinauszögern der Aktivität der KP während der revolutionären Phase und das zu späte Losschlagenwollen, als der Höhepunkt der Unruhen schon überschritten war. Für diese falschen Direktiven waren entscheidend die übertrieben vorsichtige Einschätzung der Lage in Deutschland und das unflexible Festhalten an der Einheitsfronttaktik.

Der KI-Beschluß war auch Ursache weiterer eine Revolution erschwerender Fakten. Zweifellos waren die Arbeiter und wahrscheinlich auch die kommunistische Basis selbst durch die Taktik der Kommunisten verwirrt und verunsichert. Des weiteren wollte Brandler die einzige Arbeiterregierung in Sachsen nutzen, um den Aufstand unter ihrem Schutze beginnen zu lassen – ein schwerer Fehler, denn die stärksten Bastionen der KP sowie die heftigsten Auseinandersetzungen auf der Straße gab es im Ruhrgebiet und in Berlin. Dabei lenkte Brandler vielmehr in Sachsen durch seinen Eintritt in die Regierung die Aufmerksamkeit der Reichsregierung dorthin, und sie reagierte prompt. Der Einsatz der Reichswehr in Sachsen war schließlich der konkrete Anlaß, den geplanten Umsturz abzusagen.

Sicher ist, daß Strategie und Taktik der KP unter den Anweisungen aus Moskau taktisch und politisch denkbar erfolgverhindernd waren. Es gehört zu der damals neuen, von der Komintern eingeführten Praxis der Umdeutung und Fälschung historischer Ereignisse, daß sich das Versagen des EKKI in der kommunistischen Geschichtsschreibung ganz anders ausnimmt. Selbst der noch relativ geschichtstreue Bericht Chitarows über die KJI in dieser Zeit nimmt teil an der allgemeinen Legende. Schon dort wird der Mißerfolg der Kommunisten – wie später offiziell – allein der Gruppe Brandler/Thalheimer zugeschoben, wobei Chitarow das Einverständnis und die

Teilnahme Moskaus an Brandlers Politik nicht nur unterschlägt, sondern Brandler und Thalheimer zu Sündenböcken für die miserable KI-Politik macht, eine Maßnahme, die Stalin von der Verantwortung reinwäscht.

Chitarows Version ist folgende: »Der revolutionäre Aufschwung und die Notwendigkeit für die kommunistischen Parteien, sich der geänderten Kampfsituation anpassen zu müssen, rief [. . .] in ihren Reihen das Anwachsen der rechten Gefahr hervor.« Es bleibt hier völlig unerfindlich, wie Chitarow diesen Schluß ziehen kann. Trotzdem folgert er daraus: »Die Elemente, die zufällig zur Komintern kamen, schwankende Elemente, die sich noch im Banne alter sozialdemokratischer Traditionen befanden, legten in diesen Monaten der revolutionären Prüfungen ihre vollständige Unfähigkeit und Indolenz an den Tag. Die unmittelbar-revolutionäre Situation in Deutschland hatte infolge der opportunistischen Politik der Parteiführung nicht den Sieg des deutschen Proletariats zur Folge. Die Partei zog sich ohne Kampf zurück, sie wurde in die Illegalität getrieben und geriet in die Periode der stärksten Krise, und zwar dank des Bankrotts ihrer Führung mit Brandler und Thalheimer an der Spitze. Diese Führung wurde von der Partei weggefegt, und einige Jahre später befanden sich diese Leute außerhalb der Reihen der Komintern.«[133]

Die letzte Anmerkung ist richtig, aber nicht weil Brandler und Thalheimer des Verrates überführt worden wären, sondern weil sie auf Betreiben der Komintern schon im Januar 1924 aufgrund der Sündenbock-Praxis aus der Parteiführung und später aus der Partei ausgeschlossen wurden. Chitarows Bericht über die Haltung der KJI in dieser Zeit ist gezeichnet von der Schwierigkeit, unter befohlener Unwahrheit und Verschweigungen ein geschlossenes Bild von der historischen Landschaft zu entwerfen. Er kann es nicht verhindern, daß Widersprüche zutage treten und schlechthin entlarvende Wirkung haben. Daß der deutsche KJV »im Kampfe gegen die Ruhrbesetzung, in den Streikbewegungen im Sommer und Herbst 1923, bei der Vorbereitung des Oktober-Aufstandes«[134] mitgewirkt hat, ist überaus glaubwürdig und durch Fakten bestätigt. Bis dahin sind Chitarows Angaben auch präzise. Seine Fortsetzung allerdings entläßt den Leser infolge ihres nebulösen Charakters ohne Information. Chitarow fälscht kurz und knapp zumindest für Deutschland, die KJV »kämpften auch erfolgreich innerhalb der Partei für die Linie der Komintern, wo sie seitens der rechten opportunistischen Elemente bedroht wurden«.[135] Das ist schlicht unmöglich,

[133] Chitarow, Kampf, a.a.O., S. 40 f.
[134] Ebd., S. 41.   [135] Ebd., S. 42.

weil die »rechten opportunistischen Elemente« Hand in Hand mit den Komintern-Befehlsgewaltigen arbeiteten. Überdies widerspricht sich Chitarow ein paar Seiten weiter selbst mit den Angaben: »In Deutschland teilte der kommunistische Jugendverband in der Zeit Brandlers im großen und ganzen seine Politik und trat gegen seine opportunistischen Tendenzen nicht auf.«[136]

Das änderte sich prompt mit dem Kurswechsel der Komintern: »Erst im Herbst 1923, als die Frage des Kampfes um die Macht schon deutlich auf der Tagesordnung stand und sich die vernichtenden Folgen der Brandlerschen Taktik immer offener zeigten, begannen die Vertreter des KJV im Zentralkomitee der Partei mit energischen Forderungen einer aktiveren Politik und des Überganges zu entschiedenen Aktionen aufzutreten.«[137] Miserabler Opportunismus wird sichtbar: »Der deutsche kommunistische Jugendverband trat ebenso wie sein Zentralkomitee scharf gegen Brandler und seine Politik auf, seitdem der Bankrott dieser Führung in den Oktobertagen 1923 sich offenbarte.«[138]

Im Zuge der Verurteilung Brandlers und seiner Politik der Zusammenarbeit mit Sozialdemokraten versteigt sich Chitarow zu der gegen Ende der Weimarer Republik von Kommunisten oft verwendeten These, »daß es keinen prinzipiellen Unterschied zwischen der Sozialdemokratie und den faschistischen Organisationen gibt«[139]. Die »opportunistische Blindheit«, die Chitarow daraufhin Brandler vorwirft, ist in viel gültigerer Weise ihm gegenüber der KI nachzuweisen und mit ihm dem deutschen kommunistischen Jugendverband.

Die von der Komintern in der KJI verursachte Konfusion infolge dramatischer politischer Kurswechsel nimmt in der Folgezeit groteske Formen an. In den Jahren 1923/24 spielt dabei jener Kampf um die Macht im ZK der russischen KP eine entscheidende Rolle für die Richtungsänderungen, der mit Lenins schwerer Krankheit und Arbeitsunfähigkeit 1923 zwischen Stalin, Sinowjew, Kamenjew und Trotzki entbrannte. Das Scheitern des Umsturzversuches der KP hatte dabei Sinowjews Position erschüttert, denn im Unterschied zu Stalin war Brandler von Sinowjew bis zuletzt unterstützt worden.

Stalin wie Sinowjew erfaßten die Entwicklung in Deutschland nach dem ›Versagen‹ der Rechten sehr schnell. Inzwischen war der Machtkampf nach Lenins Tod am 21. Januar 1924 in voller Schärfe entbrannt, und es war keineswegs gleichgültig, auf wessen Seite sich bei der Zersplitterung des sowjetischen Politbüros die drei Mitglieder des EKKI-Präsidiums aus

[136] Ebd., S. 49.
[137] Ebd.
[138] Ebd.
[139] Ebd.

Deutschland stellen würden. Da die Tendenz in der KPD nach links ging, fanden sich auch Stalin und Sinowjew plötzlich auf der Seite der Linken. Tatsächlich wurden auf dem IX. Parteitag im April 1924 in Frankfurt die Rechten und die Zentristen um Remmele völlig niedergestimmt; EKKI-Mitglieder wurden Thälmann, Maslow und Ruth Fischer.

Diese Führung durch die Linke in der KPD war indes nur ein Zwischenspiel. Ihre auf die Unabhängigkeit von Moskau zielende Politik war bekannt, und es konnte nur eine Frage der Zeit bis zur Klärung der sowjetischen Machtverhältnisse sein, daß die Komintern, wieder vom ZK der KPdSU gesteuert, den Auftrag zur Bestellung Moskau genehmer KPD-Führer erteilen würde. Das geschah nach dem X. Parteitag im Juli 1925, als Stalin sich einerseits durchgesetzt hatte und andererseits die Fischer-Maslow-Gruppe deutliche Absetzbewegungen von der Komintern riskierte. Stalin veranlaßte seinen Anhänger Heinz Neumann, eine Broschüre ›Der ultralinke Menschewismus‹ zu schreiben, in der dieser gegen die ›Ultralinken‹ Fischer, Maslow, Bordiga und Dombsky polemesierte und verhieß: »Die Komintern muß und wird den Kampf gegen den ultralinken Menschewismus erbarmungslos bis zum Ende führen.«

Heinz Neumann wurde nach 1933 als Emigrant in Moskau selbst als ein ›Ultralinker‹ von Stalin erbarmungslos liquidiert. Jetzt trugen seine Agitationen dazu bei, Ruth Fischer, Arkadi Maslow, Werner Scholem und Arthur Rosenberg aus der Parteiführung zu entfernen und Stalin-Anhänger – Heinz Neumann, Ulbricht, Remmele und Franz Dahlem – an ihre Stelle zu setzen. Nach dem Zerschlagen der Rechten durch die Linken und der Linken durch Stalin beherrschten nun moskautreue Zentristen das Feld, unter ihnen die in fabelhafter Wandlung von rechts (Ulbricht) und links (Thälmann) Hinzugestoßenen.

Angesichts der Konfusionen durch den Machtkampf im Kreml war es für den deutschen KJV außerordentlich schwer, Position zu beziehen. Selbstverständlich erhielt auch der deutsche KJV eine linke Führung; in Übereinstimmung mit der Politik der KPD lehnte sie es auf ihrem Kongreß im April 1924 sogar ab, eine positiv bewertende Resolution zur Einheitsfront und zur Taktik der Komintern zu verabschieden, die von einer Delegation des Exekutivkomitees der KJI beantragt worden war. Da die linke Führung aber nur für eine kurze Zeit in den Wirren der Machtkämpfe im ZK der KPdSU mit dessen Zustimmung oder Duldung den Parteikurs bestimmte und anschließend auf Initiative Moskaus gestürzt wurde, kann die Beurteilung dieser Periode des kommunistischen Jugendverbandes von der offiziellen Berichterstattung Chitarows im Sinne der

KJI naturgemäß nicht zustimmend sein. Er kritisiert milde die Parteilinie: »Die Vertreter dieser ›linken‹ Strömungen nahmen es außerordentlich leicht mit den Fragen der bolschewistischen Taktik und behandelten ziemlich leichtsinnig die Fragen der Eroberung der Mehrheit der Arbeiterklasse, der Teilforderungen, der hartnäckigen alltäglichen Arbeit, wie auch ihre internationalen Verpflichtungen die Fragen der Disziplin in der Komintern und der Durchführung ihrer Linie.«[140] Für die KJO notiert er: »Dieses ZK (des KJV, E. B.) teilte viele der Fehler der Ruth-Fischer-Führung in der Partei, welche sich bis zum Jahre 1925 hielt. Aber die Befreiung von diesen Fehlern ging im KJV [. . .] bedeutend leichter als in der Partei vor sich.«[141]

Unabhängig von diesen Erschütterungen in Deutschland verfolgte derweil das EK der KJI unverdrossen den immer noch gültigen Kurs auf die Einheitsfront. Der Mobilisierung der Einheitsfront von unten sollte eine Reihe von internationalen Massenveranstaltungen dienen, z. B. der 9. Internationale Jugendtag im September 1923, die Internationale Konferenz zum Kampfe gegen die Kriegsgefahr im Januar und März 1923, oder die Internationale Woche des Kampfes gegen den Imperialismus und die Kriegsgefahr im März 1923; mehr als einige Auseinandersetzungen mit der Polizei kam aber nie heraus. Noch dürftiger ist das Ergebnis der KJI-Bemühungen, über die sozialdemokratischen Jugendorganisationen an die Massen zu kommen. Der propagandistische Charakter der Offerte zur Einheitsfront wird durch den offenen Brief unterstrichen, den das EK der KJI im Dezember 1923 an die Exekutive der beiden Jugendorganisationen der II. Internationale und der Internationale 2½ schickte. Nach den Ereignissen im Oktober dachten diese jedoch weniger denn je an gemeinsame Arbeit mit der Kommunistischen Jugendinternationale; vielmehr faßten sie den Entschluß, ihre beiden Organisationen zusammenzuschließen, was auf dem Vereinigungskongreß am 23. März 1924 in Hamburg auch geschah.

Wenn im Jahre 1923 die KJI in ihren Sektionen zahlenmäßig zunahm, so ist das auf die wirtschaftlich unsichere Situation im Kapitalismus zurückzuführen. Wann überhaupt, wenn nicht dann, soll eine sich revolutionär nennende Gruppe Zulauf erhalten, und zwar nicht wegen, sondern – das beweisen die Mißerfolge der kommunistischen Politik – trotz der Komintern-Anweisungen? Deshalb zeugt es von ideologischem Dogmatismus, wenn angesichts aller Schlappen in den Bemühungen der KJI der linientreue Kommunist Chitarow retrospektiv festhält: »Die Erfahrungen des Jahres 1923 bestätig-

[140] Ebd., S. 50.   [141] Ebd., S. 51; über die Ereignisse des Jahres 1923 in anderen Ländern s. ebd., S. 51 ff.

ten, daß der vom III. Kongreß angebahnte Weg vollständig richtig war, indem er sofort greifbare Resultate zeitigte, die sich im Wachstum und in der Stärkung des Einflusses der Sektionen der KJI ausdrückten. Natürlich trug dazu viel die günstige Situation bei. Aber die großen Erfolge, die die KJI und ihre einzelnen Sektionen im Jahre 1923 aufwiesen, indem sie die Linie des III. Kongresses durchführten, sind nicht zu bestreiten.«[142]

Der sich abzeichnende Machtzuwachs Stalins im ZK der KPdSU brachte für die KJI eine noch engere Bindung an die Komintern, die ihrerseits noch stärker von der russischen KP beherrscht wurde. Beide Phänomene sind deutlich aus den Vorgängen des V. Komintern-Kongresses vom 17. Juni bis 8. Juli 1924 und der am 15. Juli anschließenden IV. Konferenz der KJI abzulesen.

Der KI-Kongreß stand im Zeichen der Auseinandersetzungen um drei Punkte. Der erste war der Machtkampf im ZK der KPdSU, in dem Trotzki, der zweifellos fähigste Mann für die Lenin-Nachfolge, Stalins und Sinowjews Intrigen unterlag. Sinowjew fand sich in dieser Position bereits als Reagierender: er mußte den Kampf gegen Trotzki aus taktischen Gründen mitführen, weil er sonst um seine Stellung in der KPdSU und der Komintern zu sorgen Grund hatte. Stalin schien die Fäden der Macht schon in der Hand zu haben.

Der zweite Punkt der Komintern-Beratungen hatte die Fragen der so gründlich gescheiterten Einheitsfronttaktik zum Inhalt. Die Komintern bescheinigte sich selbst, im wesentlichen richtige Direktiven gegeben zu haben, die lediglich von den kommunistischen Parteien falsch verstanden und behandelt worden seien. Aus diesem Grund gewährte sie ihren Sektionen auf dem V. Weltkongreß noch einmal eine taktische Hilfestellung: sie verwarf die Einheitsfront von oben, also die Verhandlungen mit sozialdemokratischen Führern, entschieden – womit sie sich von ihrem Brandler-Reinfall reinwusch – und forderte präzise die ausschließliche Einheitsfront von unten; unter Führung der kommunistischen Parteien sollten alle Arbeiter, kommunistische, sozialdemokratische oder parteilose, für die kommunistischen Aktionen gesammelt werden. Weiterhin richtete sich die Einheitsfront gegen die sozialdemokratischen Führer: »Die Einheitsfronttaktik ist nur eine Methode der Agitation und der revolutionären Mobilisation der Massen.«[143]

Zur dritten beherrschenden Frage des V. Komintern-Kongresses wurde ein Punkt, der die russische Vormachtstellung in der KI unterstrich. Der ›demokratische Zentralismus‹ in sei-

[142] Ebd., S. 42.
[143] Thesen und Resolutionen des V. Weltkongresses, Hamburg 1924, S. 23.

ner bolschewistischen Färbung galt fortan für alle Sektionen der Komintern als verbindlich. Dieser Beschluß mit allen seinen Konsequenzen wurde mit Recht als Kommando zur Bolschewisierung der kommunistischen Parteien verstanden. Im einzelnen forderte die KI mit der Übertragung des demokratischen Zentralismus, wie er in der KPdSU herrschte, die Befehlsgewalt für die Parteizentralen, d. h. sie wurden befugt, aufbegehrende Mitglieder oder oppositionelle Gruppen auszuschließen und insgesamt eine ›eiserne‹ Parteidisziplin zu fordern. In diesem Zusammenhang verwies die Komintern-Konferenz noch einmal auf die Notwendigkeit der organisatorischen Umstellung der Sektionen auf Betriebszellen, die überschaubarer und deshalb leichter zu kontrollieren waren.

Für die anschließende KJI-Konferenz galt, was Chitarow knapp und präzise festhält: »Die politische Linie der Arbeiten des IV. Kongresses wurde vom V. Kongreß der Komintern bestimmt.«[144] Wie sehr das richtig ist, ergibt sich aus dem Vergleich des KJI-Konferenzablaufes mit dem der Komintern. Die beherrschende Stellung Stalins im ZK der KPdSU und der Komintern zeigt sich beim KJI-Kongreß im Auftritt des engen Stalin-Vertrauten Manuilski, der den Bericht über den V. KI-Kongreß erstattete. Manuilski gab auch die präzisierten Beschlüsse der Komintern zur Einheitsfront an die KJI weiter, die widerspruchslos akzeptiert und von Chitarow in opportunistischer Manier gelobt wurden: »Das große Verdienst des V. Kongresses besteht darin, daß er klare, unzweideutige Formulierungen in den Fragen der Arbeiterregierung und der Einheitsfront gab. Im Gegensatz zu den früheren, etwas unklaren Formulierungen und den daraus entspringenden zahlreichen Verzerrungen in der Praxis formulierte der V. Kongreß deutlich, daß die Parole der Arbeiterregierung für uns nur ein Synonym für die Diktatur des Proletariats ist und als der popularisierte Ausdruck dieser Parole verstanden werden muß. Was die Einheitsfront betrifft, so stellte der Kongreß fest, daß dies die Taktik der revolutionären Mobilisierung der Massen gegen die Bourgeoisie und gegen die Sozialdemokratie, keinesfalls aber die Taktik des Blocks und der Koalition mit der Sozialdemokratie ist.«[145]

Die ›Bolschewisierung‹ der Verbände schließlich wurde von Schüller in seinem Tätigkeitsbericht der Exekutive der KJI als Arbeitsgebiet vorweggenommen. In diesem Eifer, der Komintern zu folgen, wurde sogar übersehen, daß gar »keine genaue Definition dessen, was unter der Bolschewisierung zu verstehen war«, vorlag.[146] Allerdings kann die KJI für sich in

[144] Chitarow, Kampf, a.a.O., S. 60.
[145] Ebd., S. 61 f.
[146] Ebd., S. 63.

Anspruch nehmen, die Frage der Betriebszellen, erst vom V. KI-Kongreß in aller Deutlichkeit zum Programm erhoben, schon auf ihrem II. und ganz besonders auf dem III. Weltkongreß aufgeworfen zu haben. So konnte Gyptner, der Referent der Betriebszellenfrage auf dem IV. KJI-Kongreß, bereits auf Erfolge in der Reorganisation der Verbände hinweisen: Deutschland sollte bereits über 300 Zellen, die Tschechoslowakei über 108, Italien über 84, Frankreich über 75, Polen über 45, Schweden über 40, Bulgarien über 30, England über 12, Amerika über 10, Österreich über 10 und Norwegen über 8 Zellen verfügen. Hinzu kommen der estländische Verband mit 86 und Finnland mit 60 Zellen. Diese Zahlen aber, so kommentiert Chitarow, seien damals »zu hoch gegriffen«[147].

Auch in der hier mit so großem Eifer betriebenen Betriebszellenfrage, gerade auch von der KI zur offiziellen Politik erklärt, sollte sich bald die Schädlichkeit der Zentralgewalt der Komintern-Führung erweisen. Wurden jetzt noch die Umstellungen der Verbände in organisatorischer Hinsicht von der Moskauer Zentrale gefordert, so modifizierte sie ebendiese Zentrale bald wieder – und die Verbände hatten zu folgen.

[147] Ebd., S. 66.

7. Stalinisierung und Niedergang der KJI

Die wichtigsten politischen Ereignisse für die Komintern in den vier Jahren zwischen ihrem V. und dem VI. Weltkongreß (1928) waren Versuche, die Beschlüsse zur Einheitsfronttaktik auf Möglichkeiten anzuwenden, die sich in England und China anzubieten schienen. Auch die KJI sollte hier tätig werden. 1925 war in England das traditionell gespannte Verhältnis zwischen den Arbeitgebern und den Gewerkschaften durch wirtschaftliche Faktoren weiter strapaziert worden. Die Gewerkschaften radikalisierten sich unter diesem Druck und gerieten auf der Suche nach Verbündeten auch an die Rote Gewerkschaftsinternationale. Von hier aus war es nur noch ein Schritt zur Gründung eines britisch-russischen Komitees für internationale Gewerkschaftseinheit, das im August 1925 in London geschaffen wurde.

Aber auch diese sowjetische Hoffnung auf die Revolution in einem westlichen Land über die Einheitsfronttaktik zerschlug sich. Zwar riefen die englischen Gewerkschaften am 3. Mai 1926 den Generalstreik aus, aber über die finanzielle Unterstützung in Höhe von 2¹/₄ Millionen Rubel, die die Russen ihnen zuschickten, konnten sie unter dem Druck der öffentlichen Meinung nicht verfügen. So scheiterte der Generalstreik schon am 12. Mai, und die Komintern mußte eine Niederlage mehr verbuchen. Stalin benutzte das Dekabel im übrigen, um Sinowjews Stellung – er war immer noch Präsident des EKKI – weiter zu unterhöhlen.

Die KJI unterstützte die Komintern-Politik auftragsgemäß. Auf der alleuropäischen Konferenz der kommunistischen Jugendverbände unter der Leitung des EK der KJI am 21. und 22. Juli 1925 in Berlin beschlossen die Führer der Jugendverbände sogar, gemäß den russischen Hoffnungen auf Mobilisierung der Gewerkschaften, anstelle der widerspenstigen Sozialdemokraten, eine internationale Gewerkschaftswoche für die Einheitsfront durchzuführen. Ihre Verbundenheit mit dem britisch-russischem Gewerkschaftskomitee brachten sie in einem Brief zum Ausdruck, in dem »sie ihm jegliche Unterstützung im Kampfe für die Gewerkschaftseinheit« zusagten.[148]

Wie die Mißerfolge das britisch-russische Komitee für Gewerkschaftseinheit schließlich zerfallen ließen – es wurde am

[148] Ebd., S. 86.

8. September 1927 aufgelöst –, so zerrütteten sie auch den englischen kommunistischen Jugendverband. Vor und während der Streiks war er beinahe um das Dreifache gewachsen, doch »nach dem Streik begannen die Organisationen wieder zu zerfallen«[149]. Nichtsdestoweniger bestätigte auch das Plenum der Exekutive der KJI Ende November bis Anfang Dezember 1926 noch einmal ausdrücklich »die Richtigkeit der breiten Anwendung der Einheitsfronttaktik«[150], wobei sich neue Perspektiven durch die Einladungen sozialistischer und gewerkschaftlicher Gruppen in die Sowjetunion aufzutun schienen.

Der Kuriosität und des Nachweises auf völlige politische Blindheit halber soll die Auseinandersetzung angemerkt sein, die auf dieser Tagung in der Frage der kapitalistischen Rationalisierung stattfand. Die kommunistische Parteilinie stellte sich strikt gegen die Rationalisierung und lehnte eine Formel ab, die »der spätere rechte Renegat« Reinhart aufstellte, daß nämlich »die Rationalisierung einen Fortschritt bedeute und die Kommunisten nicht Gegner desselben sein dürften«[151].

Auch der zweite Versuch der Komintern auf internationale Einflußnahme mißriet gründlich. In China bestand seit 1923 ein Bündnis der damals noch schwachen Kommunistischen Partei mit der nationalistisch-antiimperialistischen Kuomintang, in der von 1926 an Tschiang Kai-schek der erste Mann war. Die Komintern hatte einen großen Beraterstab unter Borodin nach China entsandt, um über die Einheitsfront mit der nationalen Bourgeoisie die kommunistische Revolution durchzuführen.

Noch bevor Tschiang Kai-schek im Juni 1926 von Kanton aus Richtung Norden mit seiner Revolutionsarmee losschlug, ließ er im März führende Kommunisten, darunter auch Russen, verhaften. Die um ihre Einheitsfront besorgte Komintern erklärte darauf kurzerhand die Verhafteten für Linksabweichler und opferte sie um eines zweifelhaften politischen Kurses der nationalen Bourgeoisie. Außerdem nahm sie im Frühjahr 1926 die Kuomintang als sympathisierendes Mitglied in ihre Reihen auf, und eine Sitzung des EKKI-Plenums bestätigte im Dezember 1926 noch einmal die Notwendigkeit der Nutzung der nationalen Auftriebe in den antiimperialistischen Kämpfen für die Revolution.

Tschiang Kai-scheks Märzaktion war jedoch ein Wetterleuchten, das Maßnahmen ankündigte, die durch Gesten und Beschlüsse der KI nicht aufzuhalten waren. Unmittelbar nach Konsolidierung seiner Herrschaft im besetzten Raum von

[149] Ebd., S. 94.
[150] Ebd., S. 92.
[151] Ebd., S. 147.

Kanton bis Schanghai schritt Tschiang Kai-schek zur großen Säuberung von Kommunisten, und der am 18. April 1927 gebildeten Regierung gehörte kein einziger der ehemaligen Mitstreiter an. Statt über die nationale Bourgeoisie zur kommunistischen Umwälzung zu gelangen, mußte die Komintern erkennen, daß umgekehrt die Kuomintang die Komintern und besonders deren hohe finanzielle Zuwendungen benutzt hatte, die eigenen Ziele zu verwirklichen und anschließend die Kommunisten zu liquidieren.

In dieser gesamten Phase war der Kommunistische Jugendverband Chinas in seiner normalen Arbeit, dem Kampf um die wirtschaftliche Besserstellung der jungen Arbeiter, fast völlig gelähmt. Das im China der zwanziger Jahre auf Weisung Moskaus zustande gekommene spannungsreiche Bündnis von nationaler Bourgeoisie und Kommunistischer Partei verhinderte jedes Aufbegehren, da alle Vorbereitungen auf Kampfmaßnahmen die empörte Reaktion der Angegriffenen und ihre Drohung, die von den Kommunisten blind verfolgte Einheitsfront auffliegen zu lassen, zur Folge hatten. Aus diesen Gründen befand sich der KJV oftmals in Opposition zur Partei und zu Moskau, so daß dort sogar die Auflösung des Jugendverbandes erwogen wurde.

Nach den Kommunistenverfolgungen Anfang 1927 war Stalin gezwungen, einen vollständig entgegengesetzten Kurs in der Chinapolitik zu steuern. Nun sollte die kommunistische Revolution gegen die Kuomintang durchgeführt werden – ein aussichtsloses Vorhaben, an dem Stalin aber aus Gründen, die seine eigene Machtstellung betrafen, festhielt. Neue Berater – Besso Lominadse, Heinz Neumann und Gerhard Eisler – wurden nach Kanton geschickt. Die chinesische Partei wehrte sich verzweifelt, der halsbrecherischen Politik zu folgen, was sich bei Chitarow so ausnimmt: »Die Komintern sah deutlich, welchen gefährlichen Weg die Leitung der Partei beschritt, und sie gab Weisungen, wonach die Aufgabe der Partei die Bewaffnung der Arbeiter und Bauern und die energische Unterdrückung der Reaktion wäre. Die Parteileitung lehnte diese Direktiven der Komintern ab. Anstatt sie als disziplinierte Sektion in die Tat umzusetzen, begann die Partei mit Moskau unendliche Verhandlungen zu führen, und versuchte, auf irgendeinem Wege die Änderung dieser Weisungen zu erlangen.«[152]

Für den KJV Chinas brachten die Moskauer Weisungen allerdings die ersehnte Möglichkeit, endlich die lange von der Partei verhinderten Kämpfe gegen die Bourgeoisie führen zu können. Der KJV wurde damit zum Verbündeten Moskaus – er verhielt sich diszipliniert im Sinne der Beschlüsse zwischen

[152] Ebd., S. 110 f.

KI und KJI – und ließ es zum offenen Konflikt mit der Partei kommen. Chitarow schreibt: »Der KJV lehnte es ab, eine Parteileitung anzuerkennen, welche die Direktiven der Komintern nicht erfüllte und gegen die Interessen der chinesischen Revolution handelte. Nach einigen Wochen müßte die Partei selbst zugeben, daß der Verband recht hatte, als er auf diese Art gegen die Parteileitung auftrat. In der August-Konferenz der Partei (1927), in der die alte Leitung abgesetzt und eine neue Parteilinie festgesetzt wurde, wurde festgestellt, daß der Jugendverband richtig handelte, als er gegen die opportunistische Parteileitung kämpfte, und daß er durch sein entschiedenes Auftreten die Verwirklichung der Änderung des politischen Kurses der Partei bedeutend förderte.«[153]

Ob diese Förderung des revolutionären Kurses allerdings objektiven Maßstäben, die nach dem Sinn der Aktion fragen, standhält, muß fraglich erscheinen. Die von Lominadse, Neumann und Eisler mit den chinesischen Kommunisten im Dezember 1927 in Kanton inszenierte Revolte, das Ergebnis des neuen revolutionären Kurses, brach nach wenigen Tagen zusammen, und eine neue blutige Verfolgungsjagd auf Kommunisten begann. Die Bilanz des kommunistischen Jugendverbandes weist die unsinnige Niederlage der Kommunisten in folgenden Zahlen aus: hatte der KJV im Mai 1927 bei steigender Tendenz noch 40 000 Mitglieder, so zählte er 1928, bereits nach einer gewissen »Erholung«, von der Chitarow spricht, gerade 15 000.

Stalin distanzierte sich von dem Debakel, das er mit seiner China-Politik angerichtet hatte, indem er alle Schuld am Aufstand in Kanton der chinesischen KP aufbürdete, die sich in gültiger internationaler Disziplin auch zum Sündenbock stempeln ließ.

Die Folge ausschließlicher Niederlagen der Politik auf der Basis der Einheitsfront leitete einen neuen gründlichen Kurswechsel der Komintern ein. Bis dahin hatte Stalin die als ›linke‹ Gegner des offiziellen Kurses gebrandmarkten Konkurrenten um den ZK-Vorsitz, Sinowjew, Trotzki und Kamenjew, ausschalten können, so daß sie bei seinem neuen scharfen Linkskurs nicht gefährlich werden konnten. Dieser wurde schon im Herbst 1927 sichtbar; der bedenkenlose Aufstand in Kanton ohne die Hilfe von Verbündeten war bereits ein Beispiel für die neue ›linke‹ kompromißlose Linie. Chitarow verlegt ihren Beginn in den Februar 1928, wo sie anläßlich einer Tagung des Plenums des EKKI beschlossen worden sei, ein Zeichen dafür, daß er den Einfluß Stalins, der bereits ohne die Komintern operierte, unterschätzte. Für Stalin war

153 Ebd., S. 111.

der neue Kurs auch machtpolitisch relevant: nach dem Hinauswurf der sogenannten Linken konnte er mit Hilfe einer linken Politik die mächtige Rechte der KPdSU zerschlagen, die sich um Bucharin gesammelt hatte.

Abgesegnet wurde der neue Linkskurs des ZK und des EKKI auf dem VI. Weltkongreß, der wegen der andauernden Machtkämpfe im Kreml satzungswidrig erst für den 17. Juli bis 1. September 1928, also drei Jahre zu spät, nach Moskau einberufen wurde. In der Zwischenzeit hatte statt des eigentlichen und obersten Entscheidungsgremiums, des Weltkongresses, die Exekutive, sprich das ZK der KPdSU, sprich Stalin, die Politik der Komintern bestimmt. Der Sieg Stalins über seine Gegner und der neue von ihm durchgesetzte Kurs schlugen sich nieder im neuen Programm, das sich die KI auf dem VI. Kongreß gab.

Der schroffe Kurswechsel war natürlich auch vom V. Weltkongreß der Kommunistischen Jugendinternationale zu vollziehen, der ebenfalls erst wieder nach vier Jahren, vom 20. August bis 18. September, nach Moskau einberufen wurde. Wie spätestens seit dem III. Weltkongreß gilt auch für diesen V.: »Die ganze Arbeit des Kongresses ging im Zeichen der Beschlüsse vor sich, die erst vor kurzem vom VI. Kongreß der Komintern gefaßt worden waren, über dessen Ergebnisse Genosse Bucharin berichtete.«[154]

Die geballte Präsenz des ZK der KPSU und der KI wurde auf dem V. Weltkongreß der KJI schon durch die Teilnahme von Stalin, Molotow, Thälmann u. a. sichtbar, die seinen Verlauf aus dem ›Ehrenpräsidium‹ des Kongresses verfolgten. Unwidersprochen wurde die Einheitsfronttaktik verworfen und eine linke Gangart eingeführt: »In dieser Periode der weiteren Erschütterung der kapitalistischen Stabilisierung beginnt das Proletariat, vom Angriff zur Offensive überzugehen [...] Der Kongreß der KJI schloß sich einstimmig den Beschlüssen der Komintern an.«[155]

Der Linkskurs bedeutete auch für die KJI das Aufspüren ›rechter Elemente‹ und die Säuberung der Zentrale und der Sektionen von ihnen. Für Chitarow beginnt, just als Stalin seinen neuen Kurs einschlug, einigermaßen plötzlich »in den kommunistischen Parteien die rechte opportunistische Gefahr offen ihr Haupt zu erheben«[156].

Seine Begründungen sind fadenscheinig: »Diese ganze Situation des verschärften Klassenkampfes, der wachsenden Verfolgungen und der Offensive des Proletariats rufen in den kommunistischen Parteien das Anwachsen opportunistischer

[154] Ebd., S. 129.
[155] Ebd., S. 129 f.; die Resolution des V. Weltkongresses der KJI zum Bericht des Exekutivkomitees, s. Anhang, Dokument 12.
[156] Chitarow, Kampf, a.a.O., S. 78.

rechter Stimmungen hervor, die einen Kompromiß mit der Sozialdemokratie anstreben und die Aufgaben der neuen Periode nicht begreifen. Aus diesem Grunde stellte der Kongreß fest, daß die wichtigste Gefahr für die Kommunistische Partei für die nächste Zeit die rechte Gefahr und die versöhnlerischen Stimmungen ihr gegenüber bilden.«[157]

Was über Jahre die hochoffizielle Politik der Komintern und zugleich ein Vorwand war, um mißliebige Gruppen aus den Parteien zu entfernen, wurde durch einen Federstrich zur großen Gefahr – sogar zur »Hauptgefahr«, wie der Opportunist Chitarow im Schlußwort seines Referates ausführte, das er als den politischen Bericht der Exekutive der KJI vor dem V. Kongreß hielt.[158]

Noch größerer Abscheu und schärfste Gegnerschaft wurden nun den so lange und eifrig umbuhlten Sozialdemokraten entgegengebracht. Fortan wird nach Komintern-Art aus einem Sozialdemokraten ein Sozialfaschist. Gemäß Stalins Einschätzung der Sozialdemokratie als objektiv unterschiedslose politische Richtung zum Faschismus erklärt auch Jugendvertreter Chitarow: »Die allmähliche Verschärfung der kapitalistischen Gegensätze und das Fortschreiten der Radikalisierung der Arbeiterklasse nötigen die Sozialdemokratie, ein noch offeneres Bündnis mit der Bourgeoisie zu schließen. Die reformistischen Parteien und die Gewerkschaften verwachsen immer mehr mit den bürgerlichen Staaten und Unternehmensorganisationen. Sie treten jetzt nicht nur gegen den revolutionären Kampf gegen das Kapital, sondern sogar gegen die schwächsten Versuche der Arbeiterklasse, für die Verbesserung ihrer Lage zu kämpfen, auf. Dort, wo die Lage am meisten bedrohlich wird, ruft die Bourgeoisie die Reformisten an die Macht und beauftragt sie mit der Rettung des kapitalistischen Regimes. Die Sozialdemokraten als ergebener Diener des Imperialismus erfüllen diese Aufgaben und wenden dabei offen faschistische Methoden der Unterjochung der Arbeiterklasse an. Die mit dem Staats- und Unternehmerapparat verwachsene Sozialdemokratie beschreitet den Weg des Sozialfaschismus.«[159]

Das heißt für die KJI, »daran (zu) denken, daß die SJI der gefährlichste Feind der KJI ist, weil durch sie die Jugend mit reformistischem Geist verseucht wird«[160].

Wie der VI. KI-Kongreß verabschiedete die V. KJI-Konferenz ein neues Programm, das, vom Referenten der Programmkommission Richard Schüller eingebracht, einstimmig angenommen wurde.

Nach Abschluß des V. Kongresses, im Jahre 1929, herrscht in der kommunistischen Jugendbewegung ein Optimismus für

[157] Ebd., S. 129 f. [158] Ebd., S. 126. [159] Ebd., S. 79.
[160] Ebd., S. 121.

ihre Arbeit in der Zukunft, der in merkwürdigem Widerspruch zu der nahen vollständigen praktischen Einflußlosigkeit der KJI – und ebenfalls der Komintern – steht. Chitarow fängt die Stimmung ein: »Der V. Kongreß ist zweifellos der bedeutendste Markstein in der Geschichte der KJI [...] Diese ungeheure Arbeit, die vom V. Kongreß durchgeführt wurde, flößte allen Sektionen der KJI neue Energie ein und richtete ihre Arbeit auf das Gebiet der wahren kommunistischen Massenarbeit unter der werktätigen Jugend. Man hat allen Grund anzunehmen, daß der V. Kongreß in der Geschichte der KJI jenen Wendepunkt bildete, der einen neuen Abschnitt in ihrer Entwicklung auf dem Wege zur Bildung von kommunistischen Massenorganisationen der Jugend in allen Ländern einleitete.«[161]

Der wirkliche Weg führte aber nicht in die prophezeite große Zukunft, sondern in die grausame Ära des Stalinismus, die nur wenige aus der alten Garde des Bolschewismus überlebten.

Nach dem VI. Weltkongreß und seinem Kurswechsel legte Stalin den Grundstein für seine unumschränkte Macht. Im November 1929 wurde Bucharin aus dem ZK und der KI entfernt. Nach seinem Ausscheiden gab es keinen neuen Vorsitzenden des EKKI-Präsidiums. Vielmehr führten ergebene Stalin-Anhänger die Arbeit dort kommissarisch: Manuilski, Kuusinen und Dimitroff. Auf Betreiben der Komintern wurden Brandler, Thalheimer u. a. aus der KP entfernt und der verschärfte Kampf gegen die Sozialdemokratie in Deutschland aufgenommen. Das von Stalin in vollständiger Verkennung der Situation in Deutschland angestrebte Ziel war, die Kommunistische Revolution auf dem Boden der Weltwirtschaftskrise ohne die ›Sozialfaschisten‹ durchzuführen. Das Ergebnis war nicht der Sieg des Bolschewismus, sondern die Machtübernahme Hitlers.

Der Weddinger Parteitag der KPD (1929) stand im Zeichen der radikalen Kampfansage an den ›Sozialfaschismus‹. Entgegen den Fälschungen nach dem Kriege, der KPD Versuche zur Schaffung einer antifaschistischen Phalanx in den Jahren vor der ›Machtergreifung‹ zuzudichten, muß ganz eindeutig erkannt werden, daß von 1929 bis 1933 die Parteilinie von der Komintern auf den harten Kurs gegen die SPD als den angeblichen Hauptfeind verbindlich festgelegt worden war.

Zahlreiche parteioffizielle Erklärungen belegen diesen verblendeten politischen Kurs. Der kommunistische Parteivorsitzende Ernst Thälmann schrieb im Dezember 1931 in der kommunistischen Zeitschrift *Die Internationale*: »Aber noch

[161] Ebd., S. 131 f.

schlimmer ist die Tatsache, daß sich [. . .] Tendenzen einer liberalen Gegenüberstellung von Faschismus und bürgerlicher Demokratie, von Hitler-Partei und Sozialfaschismus in unseren Reihen gezeigt haben.« Wenige Wochen später, im Januar 1932, erklärte der Sekretär Thälmanns, Werner Hirsch: »Aufgabe der Kommunisten ist es also keineswegs, mit der blauen Brille einer Pseudotheorie nach irgendwelchen Unterschieden zwischen Demokratie und Faschismus zu suchen.« Noch am 10. Januar 1933, drei Wochen vor der Machtübernahme Hitlers, war in der Zeitschrift *Kommunistische Internationale* zu lesen: »Das 11. EKKI-Plenum hat mit dem künstlich konstruierten prinzipiellen Gegensatz von kleinbürgerlicher Demokratie und faschistischer Diktatur aufgeräumt und dadurch den kommunistischen Parteien im Kampf gegen den Sozialfaschismus eine wichtige Hilfe geleistet. Das 12. Plenum hat [. . .] aufgezeigt, daß es einen sogenannten ›klassischen‹ Faschismus nicht gibt und geben kann [. . .]«

Entsprechend der Grundthese, es gäbe keinen Unterschied zwischen bürgerlicher Demokratie und Faschismus, wurde bereits die Brüning-Regierung als faschistisch abgestempelt. Thälmann bezeichnete im Juli 1931 das ›Brüning-Kabinett‹ als faschistisch und zieh es der Durchführung der faschistischen Diktatur. Im Februar 1932 sagte Thälmann: »Niemand wird heute mehr daran zweifeln, daß wir es bei dem Kurs der Brüning-Groener-Regierung im Reich und ihrer Braun-Severing-Filiale in Preußen mit einem faschistischen Kurs zu tun haben. Bei der Durchführung dieses faschistischen Kurses finden wir bis zum heutigen Tage in der Politik der deutschen Bourgeoisie das eigenartige System der wechselseitigen Ausnutzung der Sozialdemokratie und der Hitler-Partei, wobei das Schwergewicht nach wie vor bei der SPD als der sozialen Hauptstütze der Bourgeoisie liegt.«

Die Komintern war also der Meinung, es würde auch unter Hitler nicht mehr schlimmer kommen können, deshalb müsse der Hauptkampf weiterhin gegen die Sozialdemokratie gerichtet werden. In diesem Sinne schrieb der Komintern-Führer Knorin: »Man kann gegen den Faschismus nur kämpfen, indem man einen Vernichtungskampf gegen die Sozialdemokratie führt. Man kann den Faschismus nur zerschlagen, wenn man vor allem gegen die Sozialdemokratie kämpft.«

Noch im Mai 1933, drei Monate nach dem Reichstagsbrand, erklärte das ZK der KPD: »Die völlige Ausschaltung der Sozialfaschisten aus dem Staatsapparat, die brutale Unterdrückung auch der sozialdemokratischen Organisationen und ihrer Presse ändert nichts an der Tatsache, daß sie nach wie vor die soziale Hauptstütze der Kapitaldiktatur darstellt.«

Die krampfhaften Versuche zur Durchsetzung der Beschlüsse

des VI. Komintern-Kongresses, der Kampf gegen die Sozial-demokratie, waren nicht auf Deutschland beschränkt. Auch in Polen, Spanien, China und Indien sollte nach den Vorstellun-gen des EKKI (XI. und XII. Plenum) die Revolution auf der Basis des Linkskurses siegen. Nichts davon geschah! Freilich zeigten sich in Deutschland die furchtbaren Folgen dieser Poli-tik mit Hitlers Machtergreifung. Die kommunistische Politik, von Moskau veranlaßt und gesteuert, ist schlicht selbstmörde-risch zu nennen! Nach dem Reichstagsbrand am 27. Februar 1933 gab es keine KPD mehr, und kurze Zeit später waren die SPD und die Gewerkschaften zerschlagen – nicht von Moskau, wie theoretisch ins Auge gefaßt und taktisch angegangen, son-dern von den Nazis.

Das Scheitern der Linkspolitik legte einen erneuten Kurswech-sel Moskaus in der Führung des proletarischen Internationa-lismus nahe. In machtpolitischer Hinsicht bedeutete diese Schwenkung keine Gefahr für Stalin mehr – der XVII. Partei-tag der KPdSU 1934 hieß beziehungsvoll ›Parteitag der Sie-ger‹, der Sieger im Kampf um die Macht in der russischen Partei. Der neue Kurs Stalins hatte zum Ziel, politisch aus der Sackgasse herauszukommen, in die er den internationalen Kommunismus manövriert hatte. Um die Isolierung zu durch-brechen, wurde nun die verstärkte Infiltration der sozialisti-schen Parteien, liberalen Gruppen, Gewerkschaften, ja sogar bürgerlicher, konfessioneller und nationaler Organisationen proklamiert.

Als Experimentierfeld für die neue Taktik bot sich Frankreich im Jahre 1934 an. Der Sturz der Regierung Daladier wurde zum Anlaß zur Zusammenarbeit zwischen den Kommunisten unter Thorez und den Sozialisten unter Leon Blum. Anfangs hatte Stalin noch Bedenken – und mit ihm seine Satrapen –, dann gab er jedoch den Befürwortern der Volksfront, Henri Barbusse, Thorez, Guyot, Dimitroff, Mao Tse Tung und Brow-der grünes Licht für ihre französischen Pläne. Am 14. Juli 1935 wurde die Volksfront gebildet. Sie errang bei den Par-lamentswahlen 1936 die Mehrheit. Allerdings weigerten sich die Kommunisten nach dem gemeinsamen Wahlsieg, in eine Regierung einzutreten – eine Tatsache, die wiederum den aus-schließlich taktischen Charakter ihrer Politik, Massen unter Führung der KP zu sammeln, unterstreicht.

Der VII. Weltkongreß der Komintern vom 25. Juli bis 20. August 1935 – erst nach sieben Jahren wieder einberu-fen – bestätigte die Volksfrontpolitik: es waren nur noch erge-bene Stalin-Anhänger, die hier in Erscheinung traten. Wilhelm Pieck legte dem Kongreß den Gesamtbericht der Komintern-Führung vor, Georgi Dimitroff referierte zur neuen Parteili-nie, und Raymond Guyot, von Stalin bestellter KJI-Führer für die Volksfront-Politik, vollzog für die Jugendbewegung den scharfen Kurs nach rechts. Eine Weltkonferenz der Kommunistischen Jugendinternationale gab es im Anschluß an den KI-Kongreß, wie es Tradition war, 1935 nicht mehr.

Nach dem VII. Weltkongreß begannen die Stalinschen ›Säuberungen‹, denen auch zahlreiche ehemalige Jugendfunktionäre zum Opfer fielen. Lazar Schatzkin nahm sich 1936 das Leben, als er, zum Sinowjew-Anhänger verurteilt, festgenommen werden sollte. Richard Schüller ›verschwand‹ ebenso wie Leo Flieg. Bela Kun starb nach Folterungen. Besso Lominadse beging Selbstmord, und Heinz Neumann wurde umgebracht. Willi Münzenberg wurde im Oktober 1940 in einem Wald in der Nähe von Lyon erdrosselt aufgefunden. Alle Indizien sprechen dafür, daß er – gleich Trotzki – von der kommunistischen Geheimpolizei ermordet wurde.

Übrig blieben wenige wendige Stalintreue wie Guyot und Michael Wolf, der heute im Staatssicherheitsdienst der DDR als Chef des Spionage- und Nachrichtendienstes tätig ist.

In den Wirren dieser Zeit betätigte sich die KJI nicht mehr. Als die deutsche Wehrmacht 1941 auf Moskau vorrückte, wurde sie mit der Komintern nach Ufa verlegt. Im Unterschied zur Komintern wurde sie praktisch dort schon aufgelöst, denn als die Komintern im Mai 1943 nach Moskau zurückkehrte, um die von Stalin befohlene Auflösung zu betreiben, trat die KJI nicht mehr in Erscheinung.

8. Die Gründung des ›Weltbundes der Demokratischen Jugend‹

Das sang- und klanglose Sterben der KJI hat seinen Grund sowohl im Ausbruch des Zweiten Weltkrieges und seiner Ausdehnung auf die Sowjetunion als auch in der Verwirklichung der Beschlüsse des VII. Weltkongresses. Die Volksfront-Politik verlangte nach anderen nationalen und internationalen Organisationen, als die als moskauhörig bekannten KJV und die KJI sie darstellen konnten. So wurden aus Initiativen junger Kommunisten nationale Jugendverbände geschaffen, denen nicht nur Kommunisten angehörten, sondern etwa auch der sozialistische Jugendverband Spaniens ›Juventud Socialista Unificada‹ (JSU). Der spanische Bürgerkrieg ließ ihn allerdings bald völlig unter kommunistische Kontrolle geraten.
In Frankreich entstand die ›Republikanische Jugend Frankreich‹ (RJF), dem programmatischen Selbstverständnis nach eine überparteiliche Jugendorganisation. Allerdings kann die Tatsache, daß dort Jugendliche verschiedener Konfessionen und Weltanschauungen tätig waren, nicht die Gründungsinitiative und die Führung durch die KPF verdecken.
Da diese Entwicklung in vielen Ländern vor sich ging, war es logisch, daß eine neue internationale Dachorganisation geschaffen werden mußte, die wie die nationalen nach außen überparteilich wirkte und deren Zusammensetzung möglichst heterogen war. Wichtig war nur deren Leitung, Finanzierung und Kontrolle durch Kommunisten.
Der Ausbruch des Zweiten Weltkrieges brachte zunächst Verwirrung im kommunistischen Lager, insbesondere durch den Hitler/Stalin-Pakt. Die Komintern und mit ihr die KJI reagierten vollständig konfus; ständig wurden neue ideologische Positionen zum Zweiten Weltkrieg bezogen.[162] Unter diesen Umständen war nach 1939 an eine Verwirklichung der Volksfrontlinie gemäß den Beschlüssen von 1935 in der internationalen Jugendpolitik von ›oben her‹ nicht zu denken.

[162] In Frankreich und England z. B. definierten die KP-Führungen bis zum Jahre 1940 den Krieg als eine Auseinandersetzung zwischen verschiedenen ›imperialistischen‹ Mächten. Nach dem Pakt zwischen Stalin und Hitler gab die Komintern folgende Losung aus: es sei Aufgabe der Kommunisten, den Krieg als solchen zu verhindern, sowie durch Sabotage und passiven Widerstand die Kampfkraft der eigenen Armeen zu schwächen. Ihre Vertreter reisten in den Ländern herum, um diese Linie durchzusetzen. Erst nach dem Angriff auf Dänemark, Norwegen, Holland, Belgien und Frankreich begannen die Kommunisten dieser Länder, sich zu Widerstandsgruppen zusammenzuschließen und Verbindungen zu bürgerlichen Gruppen der Resistance aufzunehmen. Die Komintern förderte diese Bewegung erst, nachdem Hitler die UdSSR angegriffen hatte.

Aber an der Basis entstanden spontan um Flüchtlinge aus Ländern, die von Hitler angegriffen wurden, nationale Gruppen, die Kommunisten, Antifaschisten mancher Couleur, Intellektuelle und Juden vereinigten – insbesondere in England, wohin auch ehemalige Spanien-Kämpfer aus den Internationalen Brigaden geflohen waren, die in Frankreich im Asyl gelebt hatten. Es waren nicht immer die alten Parteien, die diese Menschen aus fast allen Ländern Europas weiterführen wollten – wenn es auch solche Anstrengungen gab –, sondern vielmehr entstanden überparteiliche Verbände mit anfangs losem Zusammenhalt. Da diese Aktivitäten vor allem von jüngeren Emigranten ausgingen, bereitete sich hier ein guter Boden für kommunistische Agitation unter der Jugend – so entstand z. B. eine ›Freie Deutsche Jugendbewegung‹ unter der Leitung von Horst Brasch, einem jungen Kommunisten bürgerlicher Herkunft, der früher Mitglied der katholischen Jugendbewegung gewesen war und in der DDR dann später Staatssekretär im Kultusministerium werden sollte.

Die Sympathiewelle in der Welt für die Sowjetunion nach Hitlers Angriff eröffnete Moskau günstige Verhältnisse zur Vorbereitung und Gründung einer neuen und internationalen Jugendorganisation gemäß den Beschlüssen von 1935.

Die KPdSU gab dem Zentralkomitee ihres Komsomol die Anweisung für eine internationale Jugendkonferenz in Moskau, die schon am 28. September 1941 mit Vertretern der Emigrantengruppen zustande kam. Ihr wichtigstes Ergebnis war ein eindringlicher Appell an die Jugend, den Widerstand gegen Hitler zu aktivieren und zu organisieren, eine Aufforderung, die durch das alle Gruppen einigende Band des Antifaschismus Gehör fand: »Im Feuer der Schlachten wurde eine vereinigte patriotische Front der Jugend geschaffen. Wir rufen die Jugend der Welt, diese vereinte Front ständig zu stärken. Vermehrt die Zahl der Kämpfer gegen die Hitlerbarbarei, entlarvt die Provokateure, Agenten, Spione und Gehilfen des Hitlerfaschismus!«[163]

Schon auf der Londoner Konferenz vom 11. Oktober 1941, ebenfalls auf kommunistische Initiative hin organisiert, machten sich rund 5000 Menschen aus vielen besetzten Ländern Gedanken über die praktische Auswertung des Moskauer Appells, die schließlich auf die Mobilisierung einer Zweiten Front zur Entlastung der UdSSR hinausliefen. »Soldaten, Matrosen, Flieger und junge Frauen in den Armeen«, so heißt es in ihrer Erklärung, sollen sich für den Tag bereithalten, »an dem wir im Westen Europas den Kampf aufnehmen werden«. Des weiteren verlangte dieser Aufruf von den jungen antifaschi-

[163] Autorenkollektiv (Horst Brasch, Oskar Fischer, Werner Lamberz, Klaus Jeutner), Vereint mit 87 Millionen, Berlin (Ost) 1960, S. 3.

stischen Kämpfern in den Betrieben indirekt den Verzicht auf alle politischen und sozialen Forderungen in den kapitalistischen Ländern, angesichts der besonders von der englischen und französischen KP anfangs vertretenen politischen Auffassung, in der Rüstungskonjunktur hohe Löhne zu erzwingen, eine bedeutende Schwenkung zugunsten des effektiveren Kampfes gegen Hitlers Armeen und damit zugunsten der bedrängten Sowjetunion.

Auf der Londoner Konferenz entstand der ›Internationale Jugendrat in Großbritannien‹ aus Vertretern einiger englischer Verbände und den führenden Repräsentanten der Emigrationsgruppen. Eine Bestandsaufnahme weist bei weitem nicht nur Kommunisten im Jugendrat aus; daß er aber weitgehend identisch mit dem internationalen vorbereitenden Ausschuß für die Londoner Konferenz war, die politische Intentionen Moskaus realisierte, rückt die sowjetkommunistische Taktik der Tarnung des Jugendrates mit Nichtkommunisten wie eine Steuerung durch Moskau über Kommunisten in Schlüsselpositionen in den Blickpunkt.

Die erste größere Aktivität des ›Internationalen Jugendrates in Großbritannien‹ richtete sich auf die Erfassung weiterer Verbände. Dazu diente die am 14. und 15. November 1942 einberufene internationale Jugendkonferenz in London, an der rund 400 Delegierte aus 29 Ländern teilnahmen.

Die durch den Antifaschismus bedingte zeitweilige Eintracht zwischen Kommunisten und Nichtkommunisten sollte die Voraussetzung zum Aufbau einer neuen angeblich überparteilichen Weltorganisation sein. Bezeichnend dafür ist, daß auf der Konferenz der britische Handelsminister Sir Stafford Cripps ebenso anwesend war wie die Botschafter der USA, der UdSSR, Chinas und der Präsident der tschechoslowakischen Exilregierung, Benesch.

Tatsächlich vereinbarte die Konferenz die Gründung eines ›Weltjugendrates‹. Er bekam die Aufgabe, alle demokratischen Jugendverbände der Welt zur Mitarbeit in der Jugendbewegung einzuladen. Ein Programm wurde konzipiert, das in einem wesentlichen Teil sieben Grundrechte der Jugend fixierte:

1. das Recht auf Arbeit,
2. das Recht auf Ausbildung,
3. das Recht auf Erholung,
4. das Recht auf Erziehung,
5. das Recht auf Gesundheitspflege,
6. das Recht, sich in Organisationen zusammenzuschließen,
7. die Gleichberechtigung der Geschlechter.

Es ist natürlich keine Frage, daß auch aktuelle Fragen des antifaschistischen Kampfes in London besprochen wurden. Damit war eine neue internationale Jugendbewegung unter kommunistischer Führung ins Leben gerufen. Nach Moskaus Volksfront-Vorstellungen bot sie ein wesentlich bunteres politisches Spektrum, als es die KJI je gehabt haben konnte.

Neben der Aufgabe der Konsolidierung des Weltjugendrates unter der kommunistischen Leitung und der permanenten Werbung neuer Organisationen in der Welt startete der Weltjugendrat noch während des Krieges die ›Weltjugendwoche‹ vom 21. bis 28. März 1943. Ihr Sinn war die Mobilisierung der antifaschistischen Jugend in der Welt, durch neue, größere Anstrengungen den Krieg zu einem raschen Ende zu führen. Eine zweite internationale Jugendkonferenz fand im Juli 1943 in Mexiko-City statt. Rund 300 junge Menschen, Delegierte von ca. 90 Jugendorganisationen aus 14 Ländern, nahmen teil.

Unmittelbar nach Kriegsende ging das Bestreben des Weltjugendrates auf die Gründung einer festen Weltjugendorganisation mit weltumspannender Bedeutung, in der – wie im Jugendrat oder in den bald nach Brechung der Faschistenherrschaft gegründeten Jugendverbänden in Italien und Frankreich – die Kommunisten die Schalthebel bedienten. Sie bereiteten auch die entscheidende Konferenz vor, die dann vom 31. Oktober bis zum 10. November 1945 in London tagte: es war die erste ›Weltjugendkonferenz‹, besucht von 437 Delegierten und 148 Beobachtern aus 63 Ländern. Auf dieser Konferenz wurde schließlich, und das war ihr Hauptzweck, der ›Weltbund der Demokratischen Jugend‹ ins Leben gerufen – nach Einfluß und personeller Besetzung der wichtigsten Positionen durchaus als Nachfolgeorganisation der KJI zu bezeichnen, angelegt im Sinne der Direktiven des VII. Kominternkongresses von 1935. Trotz des Übergewichtes der Kommunisten wurde – wie 1942 – nach außen stark auf Überparteilichkeit gehalten, wie z. B. die Engländerin Kitty Hookham, dann Sekretärin des Bundes und nicht eingeschriebene Kommunistin, zum Ausdruck bringt: »Die anwesenden Delegierten sind Flieger, Matrosen, Soldaten, Helden der alliierten Armeen [...] Sie sind Katholiken, Protestanten, Baptisten, Methodisten, Presbyterianer, Unitarier, Hindus, Mohammedaner und Juden. Sie sind Konservative, Liberale, Sozialisten, Kommunisten und Genossenschaftler [...]« Und so unmittelbar nach dem Krieg gelang es den Kommunisten tatsächlich, den Schein der Überparteilichkeit zu wahren, denn sowohl der König von England als auch der Präsident der USA, der tschechische Staatspräsident Benesch, Regierungsmitglieder von England und anderen Ländern schickten dem Kongreß ihre Grußbotschaften.

Und entsprechend dem Schein der Überparteilichkeit waren

die programmatischen Erklärungen relativ unverbindlich gehalten. In der Gründungsurkunde des WBDJ steht: »Dieser Weltbund [...] ist eine Organisation der Jugend, geeint in ihrer Entschlossenheit, sich für Frieden, Freiheit, Demokratie, Unabhängigkeit und Gleichberechtigung überall in der Welt einzusetzen«; und das Statut legt fest: »Im WBDJ vereinigen sich Jugendorganisationen verschiedener Länder, politischer Auffassungen, religiöser Glaubensbekenntnisse und verschiedener Tätigkeitsformen, die auf der Grundlage der Gleichberechtigung und in gegenseitiger Achtung ihrer Unabhängigkeit ihre Bemühungen für eine bessere Befriedigung der Interessen der Jugend und für ihren Beitrag zu den gemeinsamen Idealen der Demokratie, der Freundschaft und des Weltfriedens koordinieren wollen!«

Zu den Zielen des WBDJ heißt es in der Verfassung des Weltbundes der Demokratischen Jugend:

»Die Ziele des Bundes sind:

a) Bemühungen um inniges internationales Verständnis und Zusammenarbeit unter der Jugend auf den Gebieten von Wirtschaft, Politik, Erziehung, Kultur und Sozialwesen, unter Würdigung der Verschiedenheiten von Ideen und nationalen Besonderheiten; die Leistung des größtmöglichen Beitrages zur Ausrottung des Rassismus in allen seinen Formen; die Leistung tätiger Beihilfe für die Regierungen in ihren Bemühungen um Frieden und Sicherheit und in der Erziehung der kommenden Generation im Geiste der Demokratie sowie der Hebung des Lebensstandards der jungen Generation.

b) Wirken für gute Erziehungs-, Arbeits- und Freizeitbedingungen und für die Entwicklung kultureller, erzieherischer und sportlicher Betätigung für jeden Jugendlichen.

c) Das eindringliche Bestehen auf der Schaffung freier und freiwilliger Zusammenarbeit und Verbindung von Jugendorganisationen auf nationaler Grundlage angesichts des augenblicklichen Mangels einheitlicher nationaler Jugendausschüsse.

d) Mit all seiner Kraft darauf zu bestehen, die jüngere Generation mit den Ideen und Verantwortlichkeiten der Weltbürgerschaft vertraut zu machen.

e) Die Interessen der Jugend in internationalen Angelegenheiten und Organisationen zu vertreten und, so immer möglich, Fragen bezüglich der Interessen der Jugend zur Kenntnis solcher Organisationen zu bringen; die Aufmerksamkeit der öffentlichen Weltmeinung auf die dringenden Nöte der Jugend zu lenken; engstmöglichen Kontakt mit anderen Organisationen, die ähnliche Ziele verfolgen, aufrechtzuerhalten und die Unterstützung hervorragender Persönlichkeiten des öffentlichen Lebens zu suchen.«[164]

[164] Gründungsurkunde und Statut des WBDJ, s. Anhang, Dokumente 13 und 14.

Erst bei näherem Hinsehen entdeckt man in den unverfänglichen Formulierungen den Pferdefuß des Versuches zur Infiltration der nichtkommunistischen Jugendverbände. So beziehen sich Selbstverständnis wie Zielsetzungen des WBDJ allein auf den Westen und die damaligen kolonialen Länder, da (1) die autoritär strukturierten Staatsjugendverbände der Ost-Staaten prinzipielle Diskussionen und demokratische Entwicklungen hemmten, und (2) nach parteiamtlich verordnetem Selbstverständnis in den ›sozialistischen‹ Ländern keine Wünsche mehr offen waren.

Den größten Zuwachs erhielt der WBDJ in der Folgezeit durch Jugendorganisationen der asiatischen, afrikanischen und südamerikanischen Länder, die durchaus nicht nur kommunistisch waren. Vielmehr ist es auf die reaktionäre Politik einiger Westmächte zurückzuführen, daß – mitunter nach langem Verbot politischer Betätigung der Jugend – bei Erkämpfung der Unabhängigkeit kommunistische wie nichtkommunistische Jugendverbände zum WBDJ strömten. Mehrere Jugendorganisationen aus dem Westen dagegen traten aus dem WBDJ nach Einsicht in seine sowjetische Abhängigkeit aus und formierten sich schon 1949 in der World Assembly of Youth (WAY).

Aus allem ergibt sich eine noch deutlichere Gewichtsverlagerung zugunsten des sowjetischen Einflusses, der sich auch in programmatischen Erklärungen mehr und mehr niederschlug. Schon 1950 verlor der WBDJ seinen Konsultativstatus bei der UNESCO, und ein Jahr später verwies Frankreich das Sekretariat des WBDJ des Landes. Heute ist Budapest der Sitz des Sekretariats.

Letzten Endes hat der laut Programm für Selbständigkeit der Völker eintretende WBDJ die Aggression der Sowjetunion zur Niederschlagung der ungarischen Revolution ebenso gebilligt wie die Besetzung der CSSR und die Zerstörung der Ansätze zu einem menschlichen Sozialismus. Dennoch – eine Vergleichszahl mag das rapide wie große Anwachsen des WBDJ verdeutlichen: Der erste Weltjugendkongreß, die laut Verfassung des Weltbundes höchste Körperschaft, wurde 1945 in London von Delegierten und Beobachtern aus 63 Ländern besucht. 1955 tagten in Warschau bereits Vertreter und Beobachter aus 114 Staaten.

Dem Auftrag gemäß richtet sich die Arbeit des WBDJ auf die Organisierung internationaler Aktionen. Die bedeutendsten davon sind zweifellos die sogenannten ›Weltspiele der Jugend und Studenten für Frieden und Freundschaft‹; ihre Durchführung wurde vom Exekutivkomitee des WBDJ am 14. Februar 1946 beschlossen. Sie fanden seither neunmal statt, siebenmal in ›sozialistischen‹ Staaten, zweimal in neutralen. Ihr

Ablauf, aus dem sich Sinn und Zweck des Festivals zeigen sollen, sei in einer kurzen Darstellung aufgezeigt.

Der WBDJ tritt bei den Weltfestspielen nicht direkt als Organisator oder Veranstalter auf. Vielmehr hält er sich – wie der Mitträger des Festivals, der gleichfalls kommunistische Internationale Studentenbund (ISB, Sitz Prag) – zurück und legt zur Tarnung Wert darauf, »in den Internationalen Komitees, die die Weltfestspiele vorbereiten, [...] gleichberechtigt mit vielen anderen internationalen und nationalen Organisationen sowie hervorragenden Persönlichkeiten aus verschiedenen Ländern mit unterschiedlichen politischen Ansichten« zusammenzuarbeiten.[165] Er behält jedoch stets die Zügel in der Hand[166], ebenso wie in den Nationalen Vorbereitungskomitees, die in den einzelnen Ländern die Vorbereitungen für Zusammenstellung, Fahrt, Programm usw. ihrer Delegationen treffen.

[165] Autorenkollektiv, Vereint mit ..., a.a.O., S. 68.
[166] Diese Tatsache ist am Beispiel des Wiener Festival expliziert, s. S. 107 f dieses Bandes.

9. Die Weltjugendfestspiele von Prag bis Warschau (1947 bis 1955)

Das I. Weltjugendfestival fand vom 20. Juli bis 17. August 1947 in Prag statt. Sein besonderes Merkmal war die Tatsache, daß es zum ersten Mal nach dem Weltkrieg die Jugend aus aller Welt zusammenführte: 17 000 Jugendliche aus 72 Ländern trafen sich mit 80 000 tschechischen Gastgebern in diesen knappen drei Wochen.

Die Eröffnung sah 50 000 Menschen im Stadion, als die Delegationen, an der Spitze die Spanier, Griechen, Indonesier und Vietnamesen, einmaschierten. Ein vielseitiges und buntes Programm rollte ab. 44 Volkskunstgruppen, 18 Chöre, 12 Theatergruppen, 5 Ballettgruppen, 7 Orchester und 108 Solisten und weitere 13 verschiedene Kulturgruppen veranstalteten mehr als 120 kulturelle Abende mit den nationalen Programmen der einzelnen Länder, mit Volkskunstveranstaltungen, Tanzabenden und Filmvorführungen (insgesamt wurden 147 Filme aus 22 Ländern gezeigt). Demgegenüber nehmen sich die ca. 45 politischen Versammlungen bescheiden aus, doch dafür waren sie thematisch eindeutig. Der politische Akzent des Festivals lag auf einer entschiedenen Gegnerschaft gegen den Marshall-Plan.

Da bei vielen Teilnehmern und Delegationen auch aus dem Ostblock der Marshall-Plan keineswegs nur für ›imperialistisch‹ gehalten wurde, sondern ebenso Hoffnungen auf den schnellen wirtschaftlichen Aufschwung der eigenen Länder barg, schieden sich die Geister innerhalb des WBDJ zum ersten Male, und zahlreiche Austritte westlicher Jugend- und Studentenverbände aus dem WBDJ und dem ISB folgten.

1200 Teilnehmer des Festivals besuchten das von den Nazis zerstörte Dorf Lidice. Nach einer Feierstunde wurde der Tag für Aufbauarbeiten des Dorfes genutzt, an denen sich Jugendliche aus aller Welt beteiligten.

Die II. Weltfestspiele erlebte Budapest in der Zeit vom 14. bis 28. August 1949. Unter der Losung ›Jugend vereinige Dich! Vorwärts für einen dauerhaften Frieden, Demokratie, die nationale Unabhängigkeit und eine bessere Zukunft der Völker!‹ trafen sich 10 400 junge Menschen aus 82 Ländern, knapp 50 Prozent aus den Staaten des Ostblocks, reichlich die Hälfte aus dem Westen und den Kolonialländern. Allerdings waren 84 Prozent Delegierte von Jugendorganisationen, die mehr oder weniger mit dem Sowjetkommunismus sympathisierten. Schätzungsweise 48 000 Ungarn begingen die Tage mit den Gästen.

Die relativ geringe Teilnehmerzahl hat ihren politischen Hintergrund: außer vielen Austritten westlicher Jugendorganisationen aus dem WBDJ und dem ISB hatte die Berlin-Blockade den Sympathiepegel in der Welt für die UdSSR und den Sowjetkommunismus stark absinken lassen. Nicht zuletzt aus der Brisanz, die in einer verschärften Proklamierung der umstrittenen sowjetischen Politik auf dem Festival gelegen hätte, ist die allgemein gehaltene Festival-Losung zu verstehen.

Zum ersten Mal nahm eine deutsche Delegation an den Festspielen teil. Die inzwischen auf 840 000 Mitglieder (ohne die jüngeren ›Jungen Pioniere‹) angewachsene FDJ entsandte 750 Teilnehmer nach Budapest, die am 12. Oktober vom Ostbahnhof zu einer Fahrt nicht ohne politische Delikatesse aufbrachen, denn erstmals nach dem Kriege überfuhr eine deutsche ›Touristengruppe‹ die tschechoslowakische Grenze. Ein Autorenkollektiv, bestehend aus Horst Brasch, Oskar Fischer, Werner Lamberz und Klaus Jeutner[167], schildert die Erwartung der deutschen Delegation: »Wie wird es sein, wenn sie, junge Deutsche, diese Grenze überschreiten, über die vor noch gar nicht langer Zeit deutsche Soldaten in Panzern und auf Lastwagen, mit Kanonen und Gewehren rollten?«[168] Die Versuchung liegt nahe zu bemerken, daß es danach nur 19 Jahre gedauert hat, bis 1968 Soldaten aus dem ›friedliebenden deutschen Staat‹ mit Panzern unfriedlich in die Tschechoslowakei einbrachen.

Trotz der allgemeinen Notlage war Budapest mit Konsumgütern vollgestopft worden. Ein anderes FDJ-Autorenkollektiv bemerkt voll Staunen über dieses ›Wunder‹: »Es gibt nichts, was man in einer Straße vergeblich suchen müßte. Ein völlig friedensmäßiges Bild. Gebrauchsgegenstände, Luxuswaren, Kleidung und Lebensmittel.«[169]

Wieder überwog unter den Veranstaltungen der kulturelle Teil, der allerdings stark von kommunistischen Zielsetzungen der aktuellen Politik durchsetzt war. In 112 dieser Darbietungen und Meetings bildeten die Schwerpunkte der griechische Bürgerkrieg, der Sieg Mao Tse Tungs in China und der Indonesien-Konflikt.

Die Eröffnung der Festspiele mit dem Einmarsch der Delegationen erfolgte am 14. August um 16 Uhr vor dem Führer der

[167] Horst Brasch war später Vizepräsident des Nationalrats der Nationalen Front und Staatssekretär im Kultusministerium. Oskar Fischer war Sekretär des WBDJ von 1951 bis 1955 und später Botschafter der DDR. Werner Lamberz war Sekretär des WBDJ von 1955 bis 1959 und wurde Kandidat des SED-Politbüros. Klaus Jeutner war Redaktionssekretär der Zeitschrift *Weltjugend*.
[168] Vereint mit . . ., a.a.O., S. 77 f.
[169] Zentralrat der FDJ (Hrsg.), Wir waren in Budapest, Berlin (Ost) 1949, S. 12.

ungarischen KP, Matyas Rakosi, im UTE-Stadion. An der Spitze des Zuges marschierte der Komsomol, angeführt von seinem Generalsekretär N. A. Michailow, riesige umkränzte Stalin-Bilder mit sich tragend. Ähnlich umjubelt betrat die chinesische Jugend mit Mao- und Tschu Deh-Bildern das Stadion. Die FDJ betont zu diesem Zeitpunkt die Einheit Deutschlands. In der von ihrem Zentralrat herausgegebenen Broschüre ›Wir waren in Budapest‹ umjubeln sie »Blaue Fahnen der FDJ, eine der Falken und das Schwarz-Rot-Gold der unteilbaren Deutschen Demokratischen Republik, zu der sich die Jugendlichen bekennen, die hier vorbeiziehen, für die sie kämpfen. Es ist die Jugend ganz Deutschlands, die einig ist im Kampf um den Frieden, um die Einheit und Unabhängigkeit ihrer Heimat.«[170]

Das Festival war charakterisiert durch Ergebenheitsbekundungen an die Sowjetunion. Den Berichten der FDJ ist zu entnehmen, daß eine Art kultisches Fest für Stalin und – in gehörigem Abstand – für den Gastgeber Rakosi stattfand. »Man atmete die Luft eines befreiten friedliebenden Volkes«, heißt es in einem FDJ-Bericht.

Am letzten Tag versammelten sich die Teilnehmer zu einer Demonstration, die ›dem Frieden‹ schlechthin galt. Vorbei am Opernhaus marschierte der Zug, von dessen Balkon die Sekretäre des WBDJ und des ISB, Guy de Boisson und Josef Grohmann, und natürlich Matyas Rakosi die Jugendlichen grüßten. Auf dem Heldenplatz fand an diesem Tag die Abschlußkundgebung statt. Die Hauptrede hielt der Generalsekretär des Komsomol, N. A. Michailow, der den Führungsanspruch des Sowjetkommunismus wie folgt formulierte: »Die Weltfestspiele haben bewiesen, daß alle diejenigen, die sich der Sache der Demokratie und des Friedens geweiht haben, mit großer Begeisterung auf die Sowjetunion blicken. Die Weltfestspiele haben die große Bewunderung und Achtung der ganzen fortschrittlichen Menschheit für unseren weisen Führer und Lehrer, den großen Stalin, zum Ausdruck gebracht. Die sowjetische Jugend, die im Geiste von Lenin und Stalin erzogen wurde, war zu jeder Zeit in den ersten Reihen der demokratischen Jugend der Welt. Die Generation, die von Stalin erzogen wurde, wird fortfahren, das Banner des proletarischen Internationalismus in die Zukunft zu tragen, und wird entschlossen und konsequent die Ideale des Friedens und der Völkerfreundschaft verteidigen.«[171]

Es muß ein Blick auf die FDJ geworfen werden. Innerhalb des Jubelchores fällt sie durch ihr besonders devotes Musterschülerverhalten auf. Sie erfüllt ein Übersoll an ›Eljen Stalin‹-Ru-

[170] Ebd., S. 9.
[171] Ebd., S. 41 f.

fen und Ergebenheitsbekundungen. Die russischen Darbietungen erfahren künstlich-atemloses Bestaunen: »Hier tanzt eine freie Jugend. Unbeschwert und glücklich wirbelt sie in farbenprächtigen Trachten über die Bühne. Szenen aus dem Leben des großen Sowjetvolkes«, woraus folgt: »An der Spitze der Jugend der Welt steht der Komsomol!«[172] Und im nachhinein noch werden bleibende Eindrücke von Budapest wie dieser vermittelt: »Immer wieder konnten wir erleben, mit welcher Liebe und Verehrung die jungen Delegierten auf die Sowjetunion blicken, denn sie wissen, daß die sozialistische Sowjetunion den Kampf um den Frieden mit der größten Konsequenz führt. Daher — darüber waren sich alle Delegierten einig — hat die Sowjetunion in der Friedensfront und der ruhmreiche Lenin-Stalinsche Komsomol im Bund der Demokratischen Jugend die führende Rolle inne. Heute noch klingt uns das stürmische ›Eljen Stalin, eljen á Komsomol‹ in den Ohren.«[173]

Lohn dieser Anbiederungen soll die Befriedigung eines beinahe krankhaften Anerkennungsbemühens sein. Sorgfältig werden tatsächliche und mit dichterischer Freiheit reportierte ›Eljen Pieck‹-Rufe registriert, und die Einbildung treibt Blüten des Eigenlobs: »In Budapest aber hatte die neue, die um den Frieden kämpfende demokratische Jugend (der DDR, E. B.) die Freundschaft, ja sogar die Liebe und das Vertrauen der demokratischen Weltjugend errungen.«[174]

Das bis dahin größte und aufwendigste Festival beging Ost-Berlin vom 12. bis 19. August 1951. 26 000 Teilnehmer aus 104 Ländern mischten sich mit rund 2 Millionen Jugendlichen aus der DDR. Etwa 35 000 waren aus der Bundesrepublik gekommen, zum Teil unter angeblich hochdramatischen Umständen. Harry Thürk läßt in seinem Buch ›In allen Sprachen‹, das im FDJ-Verlag ›Neues Leben‹ erschien, Westdeutsche berichten: »Wir waren nachts über die Werra geschwommen [. . .] Ja, wir mußten bei Nacht und Nebel über die Grenze [. . .] Aber auch dort lagen haufenweise die Polizisten vom Kanonen-Lehr im Wald, und sie haben uns dreimal zurückgeschickt [. . .] Und beim viertenmal klappte es. Die Werra ist vielleicht zehn oder zwölf Meter breit in dieser Gegend. Wir mußten das Gepäck zurücklassen, weil die Polizei uns sah, als wir am Ufer standen, aber da war es schon zu spät. Wir waren im Wasser, und sie schossen wohl ein paarmal hinterher, aber erreichen konnten sie uns doch nicht mehr. Es sind die reinsten Verbrecher, die Lehr angeheuert hat.«[175]

[172] Ebd., S. 28.
[173] Ebd., S. 45.
[174] Ebd., S. 44.
[175] Harry Thürk, In allen Sprachen, Berlin (Ost) 1953, S. 67.

Es scheint, daß Thürk hier in propagandistischer Absicht einen Türken gebaut hat. Aber etwas anderes macht diesen Text, wie auch den folgenden aus dem Buch ›Vereint mit 87 Millionen‹, so beklemmend. Dessen FDJ-Autoren konnten damals noch nicht wissen, daß ihr Kommentar von 1961 ab unter entgegengesetzten Vorzeichen auf DDR-Bürger und ihre Polizei zutreffen würde: »Dann kommen die 35 000 aus Westdeutschland. Heimlich, bei Nacht und Nebel haben sie die Zonengrenze überschritten, gejagt von einem Großaufgebot der Lehrpolizei mit Hunden und Schützenpanzern.«[176]

Das III. Festival stand unter der Losung: ›Jugend – einig im Kampf für den Frieden – gegen die Gefahr eines neuen Krieges‹. Dieses Thema deckte die engeren politischen Inhalte der Festspiele: den Erfolg der chinesischen Revolution 1949, die Verurteilung der Korea-Politik der Vereinten Nationen sowie hauptsächlich den Versuch zur Aufwertung der im Oktober 1949 gegründeten DDR. Deutlich sollten die Existenz zweier deutscher Staaten und der Unterschied zwischen dem friedliebenden Arbeiter- und Bauernstaat und der Bundesrepublik als einer kriegslüsternen Amerika-Kolonie demonstriert werden.

Der Einmarsch in das Walter-Ulbricht-Stadion begann um 13.10 Uhr mit der Delegation Albaniens. Vor Ulbricht, Grotewohl, Reimann und Berlinguer, dem ehemaligen Präsidenten des WBDJ und heutigen KPI-Chef, dauerte die traditionelle Zeremonie bis 15 Uhr. Dann kündigte ein Fanfarenstoß die Eröffnungsrede Berlinguers an. Luftballons und Brieftauben meldeten darauf den Beginn des Festivals. In den folgenden Tagen fanden ca. 200 Treffen zwischen den Delegationen statt. 32 Konzerte lockten 26 000 Zuschauer, 131 deutsche Volkskunstprogramme 460 500, 51 internationale kulturelle Wettbewerbe 33 500. Im Mittelpunkt des Veranstaltungskalenders wie immer die Nationalprogramme: 259 Aufführungen sahen ca. 2,2 Millionen Zuschauer, davon das sowjetische im Friedrichsstadt-Palast, das koreanische im Deutschen Theater, das indische in der Komischen Oper, das tschechoslowakische in der Werner Seelenbinder-Halle und das chinesische in der Staatsoper. Im nachhinein gespenstisch der Bericht Thürks: »Schon klatschten wir begeistert in die Hände, und schon erklingen dort vorn die Nationalhymnen Chinas, der Deutschen Demokratischen Republik und der Sowjetunion, das gesungene Symbol einer festen und ehrlichen Freundschaft für immer.«[177]

Wieder fällt in der Konfrontation des vordergründigen Jubels mit der geschichtlichen Wirklichkeit die innere Verlogenheit

[176] Vereint mit . . ., a.a.O., S. 81 f.
[177] Thürk, In allen Sprachen, a.a.O., S. 105.

des stalinistischen Kommunismus auf, ein Eindruck, den der in Berlin prächtig blühende Personenkult unterstreicht. Stalin geht in Thürks Bericht nie ohne ein verherrlichendes Adjektiv daher: er ist »der große Stalin«[178], der kaum noch auf Erden weilt, sondern schon Mythos wird: »Das Gewissen und der Glaube der friedlichen Menschen – das ist Stalin! Die leuchtende Sonne, aller Völker, aller Nationalitäten – das ist Stalin!«[179] Wie Kinder an das Christkind einen Wunschzettel, so schreiben die jungen Kommunisten eine Botschaft an Stalin: »Heute abend haben wir unsere Namen unter die Botschaft an Stalin gesetzt. Mecklenburger und Rheinländer, Berliner und Hamburger, die vom Max und die aus dem westfälischen Kohlenpott werden sie unterschreiben. Wir aber taten es heute abend. So sauber haben wir noch nie unsere Namen geschrieben, denn sie gehen an Stalin! [...] Der große Stalin wird diese Botschaft der Jugend hören, und es wird ein gewaltiger Ruf sein.«[180]

Die obligatorischen Verbeugungen vor der Sowjetunion nehmen kein Ende. Man nutzt den Einmarsch der Komsomolzen zur Verherrlichung der Russen: »Die Freunde aus dem Land, in dem die kühnsten Träume und Sehnsüchte der Menschheit Gestalt angenommen haben, betreten das Stadion. Die Jugend der Sowjetunion marschiert ein! [...] Unbeschreiblich ist der Jubel. Unbeschreiblich die Zahl der Rufe, die den Freunden zueilen. Unbeschreiblich der Eindruck, den diese Delegation macht, die Gefühle, die sie bei allen auslöst, als sie in straff ausgerichteten Reihen mit sicherem Schritt in das Stadion einmarschiert. Jeder spürt, das sind die Erbauer des Kommunismus. Und jeder weiß, hier marschieren Freunde, die die gewaltigsten Maschinen der Welt bedienen [...], Helden, die jeden Feind vernichten, der versucht, den blühenden Garten, zu dem diese Jugend ihr Land gemacht hat, zu schänden.«[181] Selbst ein simples Fußballspiel gegen Dynamo Moskau wird »das herrlichste Fußballspiel, das seit Jahren ausgetragen wurde«, und für das Nationalprogramm reichen nicht einmal mehr Superlative, da fehlt die Sprache: »Es ist unmöglich, einen Maßstab zu finden, denn diese Schau der sowjetischen Kultur ist mit den bisherigen Maßstäben nicht zu messen. Es ist eine Kunst, die in einem Lande erblüht ist, das der Weltkultur in den letzten dreißig Jahren Kunstwerke schenkte, wie sie kein anderes Volk schuf.«[182] Im russischen Leben werden »die Träume zur Wirklichkeit und die Märchen zur Wahrheit«, es ist »ein Leben von Glück und Freude verklärt«[183].

[178] Ebd., S. 11.   [179] Ebd., S. 133.
[180] Ebd., S. 22.
[181] Ebd., S. 27 f.
[182] Ebd., S. 55.
[183] Ebd., S. 57 f.

Nicht nur am Personenkult, den Jubelphrasen und kitschigen Verherrlichungen der UdSSR entlarvt sich die Verlogenheit des Dogmatismus, auch die veränderte politische Landschaft deckt die Zweifelhaftigkeit einer Politik auf, die parteidiktatorisch die undemokratische blinde Zustimmung zu ihren Beschlüssen fordert.

Dogmen wie: es ist unbestreitbar, daß »in den westlichen Ländern die Löhne der Arbeiter sinken, daß die Menschen sich nicht einmal die Waren kaufen können, die sie zum nackten Leben benötigen«[184], sind von jedermann zu falsifizieren. Damit wird auch jede Kritik über das »Ausmaß der Unterdrückung der Menschen in den Ländern des Westens«[185] und über die »menschenunwürdigen Verhältnisse [. . .], die der Kapitalismus schafft«[186], zur leeren, dogmatischen Pflichtübung, statt Fazit einer Analyse zu sein.

Unerträglich wird die FDJ-Berichterstattung vom Berliner Festival schließlich, wenn Thürk in alter deutscher Überheblichkeit dem Ausland Zensuren verpaßt. Einem Norweger wird in den Mund gelegt: »Ihr müßt nicht denken, daß die Jugend überall solche Möglichkeiten hat wie bei euch. Unser Land ist eine [. . .] amerikanische Kolonie.«[187] In Italien herrscht »die Prügelmiliz de Gasperis«[188]; ein Isländer soll geklagt haben: »Jetzt ist Island so etwas wie eine amerikanische Kolonie, und das Leben ist so, daß keiner mehr von uns studieren kann«[189], und in »Finnland, so erzählten die beiden mir, hat die Hälfte der Jugend keinen richtigen Beruf, und die jungen Arbeiter bekommen so wenig Lohn in den Fabriken, daß sie davon kaum leben können. Aber das ist noch viel gegen das, was die Landarbeiter bekommen. Sie verdienen noch nicht einmal die Hälfte von dem Lohn der Fabrikarbeiter«[190].

Aus den Tagen des Festivals ragen heraus der erstmals am 9. August 1951 durchgeführte ›Tag der jungen Mädchen‹, der eine ständige Einrichtung für die Weltorganisation geworden ist, und der der FDJ-Aktivität vorbehaltene 12. August, der ›Tag des Kampfes gegen die Remilitarisierung Westdeutschlands‹. Die Absicht der großen Demonstration: »An diesem Tag wird die deutsche Jugend in einem gewaltigen Aufmarsch vor Augen führen, daß sie die verbrecherischen Pläne der anglo-amerikanischen Kriegstreiber und ihrer deutschen Lakaien verhindern wird.«[191] Doch auf solche Weise war sie

[184] Ebd., S. 36.
[185] Ebd., S. 44.
[186] Ebd., S. 42.
[187] Ebd., S. 43.
[188] Ebd., S. 53.
[189] Ebd., S. 89.
[190] Ebd., S. 92.
[191] Wir waren . . ., a.a.O., S. 48.

eben nicht zu verhindern: »Endlos fluten die blauen Kolonnen über den Platz. Ein neues Bild: Sportler in ihrem bunten Dreß, reifenschwingend, ihre Geräte mit sich tragend – Bewegung gewordene Lebensfreude. Und wieder neue Kolonnen in Blau. Ihre Transparente künden von hervorragenden Produktionserfolgen. Mehr als 6 Millionen Tage Planvorsprung hat die Jugend der DDR bis zu dem Weltfestspielen erarbeitet.«[192]

Der Tag endete auf dem Marx-Engels-Platz unter einem hoch über den Menschen schwebenden angestrahlten Stalin-Bild mit einer Rede Honeckers: »Uns scheint, daß die Stunde, in der das deutsche Volk mit seinen Feinden abrechnet, nicht mehr allzufern ist, und Mörder an der deutschen Jugend so behandelt werden, wie es Mördern zukommt!«[193]

Der 15. August brachte schwere Zwischenfälle in Westberlin. Während des gesamten Festivals waren täglich 80 000 bis 90 000 Jugendliche, in der Mehrheit FDJ-Angehörige, nach Westberlin gegangen und hatten sich dort von den aufgebauten Küchen verpflegen lassen. Versuche der Volkspolizei, die Übergänge zu schließen, waren auf den energischen Widerstand der West-Berliner gestoßen. Wie Heinz Lippmann, damals Stellvertreter des FDJ-Chefs Honecker und heute Publizist in der BRD, berichtet, löste diese »Fahnenflucht« heftige Kritik der SED-Führung an Honecker aus. Oelßner, Dahlem, Jendretzky und andere warfen ihm vor, der FDJ nicht zum sozialistischen Bewußtseinsstand verholfen und die Weltfestspiele ohne Rücksicht auf die Risiken und nur »um sich in den Vordergrund zu spielen«[194] organisiert zu haben. Aus dieser seiner Zwangslage traf Honecker Entscheidungen, die Lippmann so schildert: »Angesichts dieser harten Kritik entschloß sich Honecker zur Flucht nach vorn. Er wollte das Überwechseln von FDJlern nach Westberlin mit allen Mitteln verhindern und vielleicht auch durch eine dramatische Aktion die Kritik von sich ablenken. Seine Idee war einfach! ›Der Reuter-Magistrat hat uns eingeladen. Wir werden kommen. Aber nicht, wie er sich das vorstellt, einzeln oder in Gruppen, sondern in geschlossenen Formationen, mit unseren blauen Hemden und unseren Fahnen werden wir in die Westsektoren marschieren. Dann werden wir sehen, was sie unternehmen . . .‹ Honecker rechnete offensichtlich mit Zusammenstößen, die er propagandistisch ausnutzen könnte. Dann würde der Westen die Besuche der FDJler in Westberlin stoppen [. . .] Alle Warnungen, daß eine solche Aktion blutig enden könne, wischte er beiseite.«[195]

Die Befürchtungen trafen ein. Die West-Berliner Polizei

[192] Vereint mit . . ., a.a.O., S. 82.
[193] Thürk, In allen Sprachen, a.a.O., S. 153.
[194] Heinz Lippmann, Honecker. Porträt eines Nachfolgers, Gütersloh 1971, S. 132.
[195] Ebd.

konnte es nicht zulassen, daß Marschsäulen von 5000 und 10 000 FDJlern West-Berlin sozusagen einnähmen. Ob allerdings die fürchterlichen Prügeleien, die Hunderte z. T. schwer verletzten, nötig waren, den Einmarsch der Jugendlichen zu verhindern, bleibt dahingestellt. Die Aktion hatte für Honecker propagandistisch nun den ›Erfolg‹, daß die FDJ schreiben konnte: »An der Grenze des demokratischen Sektors jedoch hört für Menschen mit solchen (Friedens-, E. B.) Wünschen die Freiheit auf. Ein paar Schritte weiter sind nur noch Generale und Nazibonzen frei, Kriegsgewinnler und Kriegshetzer. Gegen den Frieden liegen dort jederzeit alle Waffen vom Polizeiknüppel über die Pistole bis zum Wasserwerfer bereit. Und so war es auch an diesem Tage. Während die Westberliner Bevölkerung ihre Sympathie für die jungen Friedenskämpfer zum Ausdruck brachte, hetzte Reuter seine abgerichteten Terrorbanden, Sturmpolizei und Schlägerkolonnen auf die deutsche Jugend. – Das Ganze wurde ein grauenhaftes Gemetzel, bei dem 413 Freunde so schwer verletzt wurden, daß sie zum Teil sogar in Lebensgefahr schweben.«[196]

Naturgemäß standen der Festzug und die Abschlußkundgebung am 19. August auf dem Marx-Engels-Platz im Zeichen der Schlägereien. Honecker ließ sich die propagandistische Ausnutzung der Zwischenfälle nicht entgehen: »Das ganze deutsche Volk blickt mit Liebe und Verehrung auf die mehr als hunderttausend deutschen Mädchen und Jungen, die am 15. August in dem zur Zeit noch unter dem Zepter der Reuter-Clique stehenden West-Berlin durch ihre mutige Demonstration für den Frieden bewiesen haben, daß keine Sektorengrenzen und Sperrgebiete die deutsche Jugend daran hindern können, den Frieden bis zum äußersten zu verteidigen [. . .] Aber die Liebe des deutschen Volkes und seiner Jugend zu diesen tapferen jungen Friedenskämpfern ist untrennbar verbunden mit dem glühenden Haß gegen jene entmenschten Horden, die mit Knüppeln, Revolverknäufen, Schlagwaffen und Überfallwagen wie Amokläufer unter den friedliebenden Mädchen und Jungen wüteten, die mit fröhlichen Liedern und Freundschaftsrufen auf den Lippen nach West-Berlin kamen, um sich dort mit friedliebenden Menschen über die Erhaltung des Friedens auszusprechen.«[197]

Dagegen ging Grotewohl in seiner Rede zum Abschluß der Spiele auf die Zwischenfälle gar nicht ein, ein Zeichen, daß die Beurteilung von Honeckers Flucht nach vorn in der SED-Führung durchaus ambivalent war.[198]

[196] Thürk, In allen Sprachen, a.a.O., S. 171.
[197] Lippmann, Honecker, a.a.O., S. 134.
[198] Die Rede Grotewohls in: Zentralrat der FDJ (Hrsg.), In Deutschlands junger Garde. 50 Jahre Arbeiterjugendbewegung, Berlin (Ost) 1955, S. 329/336.

Den Beschimpfungen des Westens entsprachen die Lobhude-
leien auf die UdSSR und insbesondere Stalin. Honecker schloß
seine Rede zum Stalin-Aufgebot mit den Worten: »Lang lebe
der Bannerträger des Friedens und Fortschritts in der Welt,
der beste Freund des deutschen Volkes, Josef Wissariono-
witsch Stalin.«[199] Grotewohl ernannte Stalin ebenfalls zum
»Bannerträger des Weltfriedenslagers«[200]. N. A. Michailow,
der Generalsekretär des Komsomol, ließ seinen Diktator hochleben: »Genossen und Freunde! Die sowjetische Jugend, die
vom Genossen Stalin erzogen ist, hat ihre Treue zur Sache des
Internationalismus, der Freundschaft und des Friedens zwischen den Völkern wiederholt unter Beweis gestellt. Ihr
braucht nicht daran zu zweifeln, daß die sowjetische Jugend
unter der Führung des Genossen Stalin auch in Zukunft ihre
Verpflichtungen in der Sache des Kampfes für den Frieden und
für das Glück der Jugend in Ehren erfüllen wird.
Es leben die jungen Anhänger des Friedens in aller Welt! Es
lebe der Frieden und die Freundschaft zwischen den Völkern!
Es lebe der Inspirator des Kampfes für den Frieden, der große
Führer und Lehrer der gesamten fortschrittlichen Menschheit,
der beste Freund der Jugend – Genosse Stalin!«[201]
Den Abschluß des Abends bildet das feierliche Gelöbnis der
Jugend für den Kampf um den Frieden, vorgesprochen von
Enrico Berlinguer.

Zur Gastgeberstadt der IV. Weltjugendfestspiele 1953 war
zunächst Warschau ausersehen. Doch nach Stalins Tod fand
Polen den Mut zur Absage, in Anbetracht der hohen Kosten,
die auf den Staat zugekommen wären. So wurden die Spiele
in das noch ärmere, damals aber noch den Sowjets ergebene
Rumänien verlegt.
Das nationale westdeutsche Komitee zur Vorbereitung der
Spiele trat am 17. Mai 1953 in Stuttgart zusammen. Ganz
im Geiste des Ost-Berliner Festivals informierte das Sekretariat des Zentralbüros der FDJ-West in Düsseldorf noch über
die Absichten und Ziele des Bukarester Treffens: »Mit der
Vorbereitung der IV. Weltfestspiele für Frieden und Freundschaft wird die westdeutsche Jugend, vereint mit ihren Brü-
dern und Schwestern in der Deutschen Demokratischen Republik, die verbrecherischen Pläne der Zwangsrekrutierung
durchkreuzen.« Es wandte sich u. a. auch gegen die »soziale
Verelendung der Jugend«, doch wurden die elitär-kämpferi-
schen Töne, die nie Resonanz gefunden hatten, auch schon von
milderen durchbrochen, die auf Gewinnung einer breiteren

[199] Lippmann, Honecker, a.a.O., S. 135.
[200] Deutschlands junge Garde, a.a.O., S. 330.
[201] Thürk, In allen Sprachen, a.a.O., S. 188/189.

Basis zielen: »Die Vorbereitung der IV. Weltfestspiele kann nicht Angelegenheit einer Jugendorganisation allein sein. Sie ist die Sache aller jungen Deutschen, die Frieden und Freundschaft wollen und ihre Heimat lieben. Darum helft mit, daß sich in der Vorbereitung des Freundschaftstreffens der Weltjugend vor allem die Freundschaft und Gemeinschaft der Jugendlichen der verschiedenen Anschauungen, Organisationen und sozialen Schichten in Westdeutschland festigt und vertieft.« Das ändert natürlich nichts an der führenden Rolle der Kommunisten: »Die Freie Deutsche Jugend in Westdeutschland als Mitglied des Weltbundes der Demokratischen Jugend wird die Tätigkeit dieses Komitees mit ihrer ganzen Tatkraft unterstützen.«[202]

Vom 2. bis 16. August 1953 trafen sich in Bukarest rund 30 000 Teilnehmer aus 111 Ländern mit täglich 30 000 rumänischen Jugendlichen. Ein umfangreiches Programm sah 198 Treffen der Delegationen, 17 Treffen der Jugend aus den verschiedenen Berufen, sechs Studententreffen, ein religiöses Treffen und ein Treffen der Jugend der fünf Großmächte, also China inbegriffen. Zu den 544 kulturellen Darbietungen fanden sich über 2,5 Millionen Zuschauer ein. Herausgehoben werden müssen die Bukarester Sportveranstaltungen: 4366 Aktive aus 54 Ländern unterboten fünf Welt- und 93 nationale Rekorde.

Die versöhnlicheren Töne der FDJ-West signalisierten ein etwas weniger kaltes politisches Klima. In der Tat wirkten sich der Tod Stalins und das unter Malenkow in der Sowjetunion einsetzende Tauwetter schon auf das Festival aus, zwar noch nicht in Form eines ›neuen Kurses‹, doch im Tenor der Angriffe gegen den Westen. Sie wurden wesentlich differenzierter vorgetragen, und besonders auffallend war, daß sich die Vertreter der Ostblockstaaten zurückhielten und den kommunistischen Delegierten aus dem Westen die Rolle der Konfronteure zugeschoben wurde.

Aber auch Bukarest liefert ein Beispiel für die Problematik und die Vergänglichkeit des parteidiktatorisch verordneten Jubels. Emil Zatopek, der tschechoslowakische Olympiasieger und seinerzeit Aushängeschild des ›sozialistischen Lagers‹, wurde in Bukarest von der FDJ noch irdischen Sphären enthoben: »Der große Meister ging lächelnd spazieren [. . .]«[203] Während der Olympischen Spiele 1972 in München gab Zatopek, der während des Prager Frühlings offen für Dubček eingetreten war, ein Interview, in dem es auf die Frage nach seinem Leben heute sinngemäß hieß: Bitte, ich möchte nichts Politisches sagen. Ich bin heute einfacher Arbeiter . . .

[202] Flugblatt der FDJ-West
[203] Vereint mit . . ., a.a.O., S. 85.

Statt des IV. wurde das V. Festival vom 31. Juli bis 14. August 1955 in der Hauptstadt Polens veranstaltet. Wieder waren es ca. 30 000 Teilnehmer, diesmal aus 115 Ländern, die das umfangreiche Programm aus 547 kulturellen Veranstaltungen, das Filmfestival mit 116 Spiel- und 108 Dokumentarfilmen aus 25 Ländern und den Sportteil, bei dem 14 571 Teilnehmer das Sportabzeichen des Festivals errangen, absolvierten. Wer alle Veranstaltungen besuchen wollte, hätte dazu 728 Tage benötigt.

Das V. Festival stand, was das kommunistische Lager betrifft, ganz im Zeichen des Tauwetters. Außenpolitisch ging der Kurs auf die Koexistenz-Politik; nicht lange nach dem Festival wurde der ›Geist von Genf‹ beschworen. Entsprechend hieß die Parole allgemein: ›Nieder mit dem Haß für immer!‹

Die Teilnehmer wurden nicht in einen starren Programmrahmen gesteckt, es war ihnen sogar möglich, eigene Initiativen zu entwickeln. Zahlreiche westdeutsche Besucher des Festivals wallfahrteten zum Geburtshaus Frederic Chopins nach Zelazowa Wola, wo sie Chopin-Freunde aus Frankreich, Finnland und Ägypten trafen.

Dagegen lag die ›Nacht der Partisanen‹ auf der antifaschstischen Generallinie der Festivals. In den Wäldern von Jablonna, einem Wirkungsfeld polnischer Partisanen gegen die Hitler-Armee, trafen sich die Widerstandskämpfer gegen den Faschismus aus aller Welt an nächtlichen Lagerfeuern.

10. Das VI. Weltjugendfestival (Moskau 1957)

Es stand von vornherein fest, daß die Sowjets es sich nicht nehmen lassen würden, das VI. Weltjugendfestival in Moskau zum Festival der Superlative zu gestalten. Die konkreten Vorbereitungen gehen auf den August 1956 zurück, als das Internationale Vorbereitende Komitee (IVK), dem Jugendvertreter aus 59 Nationen angehörten, gebildet wurde. Dem Förderkreis der ›Vätergeneration‹ gehörten aus der Bundesrepublik Prof. Leo Weismantel, Prof. Franz Paul Schneider, Prof. Aufhauser und Ernst Rowohlt an.

In seinem Buch ›Tagebuch einer skandalösen Reise‹[204] gibt Prof. Weismantel geradezu klassische Beweise dafür, wie ein im Grunde unpolitischer deutscher Professor von den Sowjetrussen für politische Zwecke eingespannt werden konnte. Seine Aufzeichnungen seien deshalb hier etwas stärker reflektiert.

Aus der Tatsache, daß in das Internationale Vorbereitende Komitee für die Festspiele »freie Persönlichkeiten aller Völker und Länder, aller politischen Auffassungen, aller Weltanschauungen und Religionen eintraten«[205], folgert er kühn: »Jede Möglichkeit einseitiger, politischer, weltanschaulicher Lenkung war daher ausgeschlossen.«[206] Völlig ernst nimmt er ebenfalls eine Stelle aus der Grundsatzerklärung über die VI. Weltjugendfestspiele vom 14. bis 16. August 1956: »Wir bestätigen, daß die Weltfestspiele allen Kräften der Jugend offen stehen, unabhängig von ihrer Weltanschauung, Rasse, Konfession und Nationalität. Keine politische, philosophische oder religiöse Richtung darf bei den Weltfestspielen vorherrschen.«[207] Weismantel übersieht dabei vollständig, daß die wesentlichsten Entscheidungen nicht vom IVK, sondern von der Ständigen Kommission getroffen wurden, in der die weltanschauliche Balance keineswegs der im IVK entsprach.[208] Prof. Weismantels Lebenserfahrungen prädestinierten ihn freilich für die von den Kommunisten ihm angetragene Funktion. Von den Nazis wurde der Autor der ›Vaterländischen Spiele‹ anfangs unter den Kreis der ihnen genehmen Schriftsteller aufgenommen, bis sie merkten, daß Weismantel ihnen mit

[204] Leo Weismantel, Tagebuch einer skandalösen Reise, Jugenheim/Bergstraße 1959.
[205] Ebd., S. 74.
[206] Ebd.
[207] Ebd.
[208] S. das Beispiel Wien-Festival, S. 107 f dieses Bandes.

christlich-katholischer Überzeugung entgegentrat. 1933 zum ersten Mal verhaftet, wurden seine Bücher später auf den Index gesetzt. Seine zweite Verhaftung 1944 und die anschließende Gestapo-Haft brachten ihm beinahe den Tod. In dieser Zeit hatte er entscheidende Begegnungen mit deutschen Kommunisten, die er schildert und deren Schicksalhaftigkeit dabei intensiv durchleuchtet: »Wie käme ich dazu, jene Schicksalsgemeinschaft zu verraten, die damals sichtbar wurde!«[209] Möglicherweise also durch diese Erlebnisse, verstärkt dann durch die zutiefst unwahre Ostpolitik Adenauers, deren allzu simple Grundlage ein primitiver Antikommunismus war, der auch vor Unwahrheiten, Verzerrungen und Diffamierungen gegenüber kommunistischen Ländern nicht zurückschreckte und weniger Manipulierbare abstoßen mußte, bezog Prof. Weismantel eine durchaus scharfsichtige kritische Haltung zum Westen, während er diese kritische Distanz zum Osten nicht bewahrte. Die Lügen in der Selbstdarstellung des Westens und die ideologisch-plumpen Berichte über die Ost-Staaten in westlichen Gazetten genügten ihm offensichtlich als Beweis für eine Einteilung in verderbt und sauber. So fehlt seiner völlig richtigen Feststellung, daß der »Konformismus«, dessen man die Jugend etwa der Oststaaten beschuldigt, [. . .] gerade in einer erschreckenden Form bei uns selbst vorhanden ist und [. . .] terroristische Formen (an-)nimmt«[210], das kritische Pendant ebenso wie seiner berechtigten Kritik an der »freien Welt«[211], der eine folgende Kritik am Sowjetkommunismus wohl angestanden hätte.

Für die Vorbereitungen in der BRD gibt es anhand der Aufzeichnungen Prof. Weismantels ein umfassendes Bild. Er gehörte auch dem nationalen vorbereitenden Komitee für die bundesrepublikanische Festivaldelegation an, das sich nach Gründung des IVK konstituierte. Ihm oblag vor allem die Zusammenstellung eines deutschen Beitrages für das Gesamtprogramm, während Prof. Schneider den reisetechnischen Teil organisierte. Im März 1957 fuhren Mitglieder des vorbereitenden Komitees der BRD (ohne Prof. Weismantel) nach Moskau zwecks Information über das Programm und den Stand der Vorbereitungen sowie zur Absprache über den deutschen Beitrag. Mitte Mai 1957 kamen die Mitglieder des deutschen Komitees in Frankfurt/Main zusammen und trafen Entscheidungen für ein deutsches Kulturprogramm. Alle hierauf entwickelten Vorstellungen wurden später, wie Weismantel kundtut, in Moskau akzeptiert.

Prof. Weismantel stellte für Moskau zwei Ausstellungen zusammen, eine Ausstellung Frankfurter Bildender Künstler

[209] Weismantel, Tagebuch, a.a.O., S. 253.
[210] Ebd., S. 76.   [211] Ebd., S. 122 f.

und eine »kunstpädagogische Ausstellung« mit »über 500 Tafeln und eine Sammlung von Kinderarbeiten«[212]. Die deutschen Behörden gaben für die Zusammenstellung eines repräsentativen deutschen Programms keinen Zuschuß.

Treffpunkt für alle Festival-Teilnehmer aus den westlichen Ländern war Ost-Berlin. In den Tagen nach dem 15. Juli trafen dort die Delegationen aus Frankreich, Belgien, Holland, England, Irland, den USA und der BRD ein. Um die offenen 1250 Plätze der BRD-Delegation hatten sich nach Weismantels Angaben rd. 12 000 junge Menschen beworben. 1280 trafen schließlich in Ost-Berlin ein, wiederum nach Weismantel trotz behördlichen Terrors gegen Festivalteilnehmer, denn am 18. Juli wurde publik, daß die Karlsruher Bundesanwaltschaft gegen Mitglieder und Helfer des IVK aktiv geworden war. Sein scharfer Kommentar dazu ist berechtigt, ein solcher Zugriff zeugt von einer geradezu manischen Kommunistenfurcht ohne Vertrauen in die Kraft der Demokratie. Weismantel klagt an: »Handlungen der Torheit rächen sich! Es ist schwer zu begreifen, wie derartige Vorfälle in einem gesunden Kulturstaat überhaupt möglich sind. Die Vorstellungen, daß Persönlichkeiten des geistigen und öffentlichen Lebens wie der katholische Theologe Professor Aufhauser von der Universität München oder Professor Dr. Schneider von der Universität Würzburg oder der Verleger Ernst Rowohlt oder ich Tarnpositionen der in der Bundesrepublik Deutschland verbotenen KPD oder FDJ sein könnten, sind nur in einem Lande möglich, dessen politische Verhältnisse einen geradezu erschreckenden Krankheitszustand aufweisen.«[213]

Die Behinderung der westdeutschen Delegation durch die eigene Bürokratie ging sogar so weit, daß die völlig harmlosen Ausstellungsstücke Prof. Weismantels erst einmal festgehalten wurden. Unnötigerweise wurden durch diese Maßnahmen Delegationen, denen bei weitem nicht nur Kommunisten angehörten, gegen die Bundesrepublik aufgebracht, wie den »Telegrammen aus aller Welt« zu entnehmen war: »– nicht nur aus Moskau, – aus Afrika, – Südamerika, aus allen Ländern der Erde bricht eine Empörung los gegen dies Deutschland.«[214]

Am 21. Juli reiste Ernst Rowohlt mit dem Blauen Expreß vom Ostbahnhof nach Moskau. Am 23. ging auch der erste der drei Sonderzüge für die 1280 Teilnehmer der Bundesrepublik ab, und am Abend des gleichen Tages fuhr Prof. Weismantel, ebenfalls im Blauen Expreß, los in die Festivalstadt. Seine Kommentare zum nun handgreiflich bevorstehenden Ereignis

[212] Ebd., S. 94.
[213] Ebd., S. 110.
[214] Ebd., S. 129 f.

unterstreichen seine unpolitische Haltung. In seiner – nach allen Erfahrungen begreiflichen und von Einsichtigen überhaupt artikulierten – Sehnsucht nach der ›menschlichen‹, der brüderlich-friedvollen Welt stellt sich Weismantel auf einen von den konkreten Verhältnissen der Welt vollkommen gelösten idealistischen Standort: »Ich sage gar nichts vom Osten, ich kenne ihn nicht! Ich optiere weder für den Osten noch für den Westen! Ich optiere für eine völlig andere Welt, für eine, die heraufsteigt, so wie die alte untergeht!«[215] Ebenso abstrakt betont er an anderer Stelle: »Wir optieren weder für den Osten noch für den Westen! Wir sehen die ganze Menschheit in den Strudeln der Umbrüche, – und aus allen Völkern der Erde macht sich die Jugend auf, das zu suchen, was die Alten verspielten: *Den Frieden!* Wir suchen Frieden für Deutschland und die Welt! Wir mißtrauen den Mächten der Unfähigkeit!«[216] Weismantels treibende Kraft ist allein christliches Gewissen, dessen Impulse er allerdings nicht in machbare politische Aktion, nicht einmal in einen rationalen politischen Standort transformieren konnte. Sehr deutlich geht das aus seinem empörten Aufstand gegen eine heuchlerische westdeutsche Politik in den fünfziger Jahren hervor und seinen Folgerungen daraus. Er klagt an: »Nur mit politischer Wechselfälscherei könnte man uns irgendeiner Verbindung mit den Ideologen und der politischen Praxis des Kommunismus beschuldigen. Unser Widerstand gegen Ihre Politik, meine Herren, ist kein Überlaufen zum Kommunismus, es ist eine Erhebung des christlichen Gewissens gegen eine Politik, in der nach unserer Auffassung Christus verraten wird!«[217] Leider erwartet Weismantel auf diese Empörung hin zu viel von der anderen Seite: »Es ist nur eine Gefahr, die über Euch lauert: 1280 Jugendliche unseres Landes könnten nach Moskau reisen und selbst überprüfen, ob Eure Politik auf Lüge aufgebaut ist oder auf Wahrheit. Darum ist unser Tun für Euch gefährlich! Und darum dieser politische Spuk!«[218]

Die von Weismantel implizierte Gewißheit, Moskau sei der Gegenpol zur Lüge des Westens, ist ebenso gefährlich wie seine Kritik am Westen berechtigt ist. Gefährlich vor allem deshalb, weil während der Festtage in Moskau auch mit Sicherheit nur ein verzerrtes Bild vom sowjetischen Alltag zu gewinnen war.

Eröffnungstag des Festivals war der 28. Juli. Ein großer Platz, etwa 20 Kilometer vom eigentlichen Eröffnungsort, dem Lenin-Zentralstadion im Stadtteil Lushniki, entfernt, war der

[215] Ebd., S. 117.
[216] Ebd., S. 299.
[217] Ebd., S. 126.
[218] Ebd.

Treffpunkt der Delegationen. Bulganin eröffnete das Festival vor 103 000 Zuschauern knapp: »Ich heiße die Jugend der Welt willkommen! Ich eröffne das VI. Festival!«

Nach Fanfarenstößen und mit Blumen hereinmarschierenden Mädchen, weiter allegorischen Darstellungen der fünf Erdteile und einem Meer von Fahnen erschien als erste Delegation die Gruppe der Australier. FDJ und westdeutsche Teilnehmer marschierten getrennt ein, wie sie auch getrennt untergebracht waren. Die DDR-Gruppe war aufwendig ausgestattet, sie zog u. a. eine stilisierte Weltkugel auf einem Wagen ins Stadion. Freundlich begrüßt wurde die bundesrepublikanische Jugend, wenn sie auch vergleichsweise bescheiden ausgerüstet war. Ihr gehörten Mitglieder folgender Jugendverbände an: Mitglieder aus der Gewerkschaftsjugend; Mitglieder der Sozialistischen Jugend Deutschlands – ›Die Falken‹; Mitglieder der Naturfreundejugend; Mitglieder der Deutschen Jugendgemeinschaft; Mitglieder der Volksheimjugend; verschiedene Studentenorganisationen und Ausschüsse; verschiedene kulturelle und sportpflegende Gemeinschaften. Das größte Aufsehen machten die Chinesen mit akrobatischen Darbietungen und ihrem riesenhaften Drachen, der bizarre Bewegungen vollführte. Nicht geringer natürlich das Furore, das die russische Delegation auslöste, als sie am Schluß des Feldes einmarschierte.

Dazwischen eine heute besonders aktuelle Begebenheit, die selbst Weismantel kurz an seiner Friedens-»Konzeption« irre werden läßt, denn »sie erfüllte uns mit beklemmender Sorge und ließ die Angst aufsteigen, der schöne Traum könne zu leicht zerreißen!«[219] »Da waren die Ägypter und dann die Israelis! [...] Als so die Israelis kamen und an den Ägyptern vorüberzogen, schwenkten die Ägypter das riesige Bild Nassers und riefen den Israelis mit leidenschaftlichen Gebärden zu: ›Wir kommen wieder! Wir kommen wieder!‹«[220]

Daß Weismantel in diesem Zusammenhang von einem »schönen Traum« spricht, wenn er den Frieden beschwört, ist sehr aufschlußreich, wenn er auch nicht in der Lage ist, daraus Konsequenzen zu ziehen. Er bleibt unverbindlich und politisch abstrakt: »Diese Leidenschaft zu bändigen wird Pflicht und Aufgabe der Völker von Stund an sein!«[221] Nein, die Euphorie einer Feststimmung reicht als Basis für eine stabile politische Friedenslösung nicht aus! Sie vermittelt keine politische Dauer.

Nach dem Einmarsch sprachen Vertreter der fünf Erdteile, Charles Bresland für Australien/Neuseeland, der Inder Chin-

²¹⁹ Ebd., S. 192.
²²⁰ Ebd.
²²¹ Ebd.

tamoni Panigraschi für Asien, Roger Fereira für Amerika, Komfort Teja für Schwarz-Afrika und Antoine Haumont für Europa, kurze, manifestartige Begrüßungsworte auf den Frieden. Sodann der Präsidiumsvorsitzende des obersten Sowjet, Kliment Woroschilow. Seine programmatische Rede war geprägt von den Auswirkungen des XX. Parteitages vom Februar 1956 mit der Verurteilung Stalins durch Chruschtschow. Er versuchte, die militärische Intervention vom Oktober 1956 gegen den ungarischen Reformkommunismus herunterzuspielen und hielt sich an die offizielle Linie der sowjetischen Politik auf Koexistenz. Woroschilow erklärte u. a.: »Sie sind zum Festival aus allen Ländern mit einer unterschiedlichen sozialen und politischen Ordnung gekommen, mit unterschiedlichen Überzeugungen, Glaubensbekenntnissen und Anschauungen. Und wir begrüßen Sie so, wie Sie sind, wir sind der Ansicht, daß jedes Volk das Recht hat, sein Leben so aufzubauen, wie es das wünscht: Wir haben unsere Ideen und Anschauungen niemals irgend jemanden aufgezwungen und beabsichtigen nicht, dies zu tun!«[222]

Der Schluß seiner Rede geriet ihm fast poetisch: »Liebe Freunde! In Ihrem Festesschmuck und Ihren Nationaltrachten, mit Ihren Mienen haben Sie das Moskauer Stadion in einen wunderbaren leuchtenden Blumenstrauß verwandelt. Und blickt man auf Sie, so drängt es einen zu sagen, daß in unserem alten Moskau, auf unserer Erde in diesem Jahr zum zweitenmal der schöne Lenz seinen Einzug gehalten hat.

Von ganzem Herzen wünsche ich Ihnen, unsere jungen, lieben Gäste, die 15 Festivaltage gut und mit großem Nutzen zu verbringen. Ich wünsche Ihnen die besten Erfolge bei der Durchführung des VI. Weltfestivals der Jugend und Studenten. Teure und liebe Freunde!

Wachen Sie über den Frieden, vereinigen Sie Ihre jungen Kräfte zu seinem Schutz, zur Festigung der Freundschaft und des wechselseitigen Verstehens zwischen allen Völkern, kämpfen Sie für eine bessere Zukunft der ganzen Menschheit!

Es lebe die Jugend – der herrliche Frühling der Menschheit! Es leben alle Völker, die ihre jungen Vertreter zum VI. Weltfestival entsandt haben!

Es lebe und gedeihe der Weltfriede!«[223]

Damit waren die Festspiele eingeleitet. Die bis dahin größte Teilnehmerzahl, 34 000 Delegierte aus 136 Nationen, dazu 120 000 sowjetische Besucher, waren Teilnehmer oder Zeugen einer unvergleichlichen Show. 25 812 kamen aus Europa, 3571 aus Asien, 1041 aus Lateinamerika, 337 aus Nordamerika, 2592 aus Afrika und dem Mittleren Osten, 269 aus Australien

[222] Ebd., S. 196.
[223] Ebd., S. 197.

und Ozeanien, hinzu kommen 500 Gäste. 1012 ausländische Journalisten berichteten in 62 Ländern vom Ablauf des Geschehens. 500 Begegnungen der Delegierten, 24 Treffen der Jugend gleicher Berufe mit 8000 Delegierten fanden statt, 1872 Sportler aus 47 Ländern traten zu Wettkämpfen an.

Aber nicht nur in der Sprengung der bisher gekannten Dimensionen nimmt das Moskauer Festival eine neue Stellung ein, sondern auch in dem Bestreben, das Woroschilow anzeigte: eine liberale Haltung Sowjetrußlands nach innen und außen zu proklamieren.

Ferner stand das Moskau-Festival im Zeichen ideologischer Aufweichung. Oft tauchen Fragen auf nach dem Sinn des ungarischen Einmarsches und den Möglichkeiten, den Sozialismus auf verschiedenen Wegen aufzubauen. Heftig wird der die Sowjets scharf verurteilende Bericht der UN über Ungarn diskutiert.

Diese Probleme umgeht Weismantel bezeichnenderweise völlig; er widmet sich professoral mehr den friedvollen ›schönen Dingen‹, die allerdings nach dem Bestreben der Gastgeber auch den Großteil des Festivals ausmachen. Eine Reihe von rauschenden Festen zieht vorbei. Am Tag der Mädchen gibt es im großen Saal des Armeetheaters eine Festvorstellung, die von Carla Caponi eröffnet wird. Im Anschluß daran findet eine Modenschau statt, die in ein großes Fest im Haus der Armee und in den Außenanlagen mündet. Bemerkenswert der Gala-Abend der UdSSR, ebenfalls im großen Saal des Theaters der Sowjetarmee, der bei Weismantel Reflexionen über Gesundes und Dekadentes in der Kunst auslöst: »Die volkskünstlerische Substanz ist trotz rascher Industrialisierung der gewaltigen Länderflächen fast noch unberührt – bei uns ist alles in Auflösung begriffen, zum Teil schon in völligen Verfall übergegangen.«[224]

Der ›Ball im Kreml‹ mit 12 000 Gästen war ein exklusives gesellschaftliches Ereignis nur für die Festivalgäste. Um allen Teilnehmern seinen Besuch zu ermöglichen, wurde er wiederholt. Weismantel zeichnet das folgende Bild: »Der große Festsaal im alten Zaren-Palast, der bei repräsentativen Festen den Mittelpunkt solcher gesellschaftlicher Ereignisse abgibt, war viel zu klein, all die Gäste zu fassen. Man hatte den ganzen Kreml geöffnet. Auf den Plätzen vor und zwischen den Palästen und Kathedralen, in den westlichen, dem Kremlhügel vorgelagerten Gärten, sah man Podien errichtet für Musikkapellen, Stände mit Eßwaren und Getränken – auf der großen Festwiese aber standen lange Tischreihen, an denen nun wirklich Tausende Platz nehmen konnten. Die Bewirtung geschah durch kalte Büfetts – riesige Tische, die mit Speisen

224 Ebd., S. 208.

und Getränken bedeckt waren, kaltem Braten, Geflügel, russischen Eiern, Kaviar, russischen Weinen und Sekten – daneben standen Berge von Tellern, lagen Bestecke – man konnte hinzutreten und sich bedienen.«[225]

Der Abend schloß mit einem gewaltigen Feuerwerk. Wichtig und bezeichnend für den neuen, weicheren Kurs der UdSSR war die Begegnung junger Christen, die allerdings eine – schwache – Tradition seit dem III. Festival hatte. Für Moskau war eigens im britischen Festivalkomitee eine eigene Kommission aus Christen mehrerer Konfessionen gebildet worden, die vom damaligen Metropoliten der russisch-orthodoxen Kirche Unterstützung zu ihrem Vorhaben bekam. Der Ort Sagorsk, rund 70 Kilometer von Moskau entfernt, war Schauplatz der Zusammenkunft, eine Klosterstadt mit einer berühmten Kathedrale, der zweite Sitz des Metropoliten von Moskau, des Patriarchen von Rußland, damals Alexej Simanski, der selbst zu dem Treffen erschien.

Die Gruppe aus der Bundesrepublik entwickelte eine ganze Reihe von Aktivitäten. Im Mittelpunkt stand ihr Gala-Abend im ›Zentralen Kindertheater‹ vor 3000 Gästen. Nach den dreistündigen Darbietungen hielt Leo Weismantel eine Rede auf den Frieden und die Verständigung, an deren Schluß er Schiller und Beethoven beschwor. Die Rede wurde noch in der Nacht von Radio Moskau ausgestrahlt. Die mitwirkenden Akkordeon-Gruppen fanden regen Beifall und wurden im Verlauf des Festivals oft um Teilnahme an Darbietungen gebeten.

18 Freundschaftstreffen zwischen der westdeutschen Gruppe mit ausländischen Delegationen wurden arrangiert: mit der Sowjetjugend, mit Indern, Engländern, Polen, Tschechoslowaken, Italienern, Franzosen, Japanern, Afrikanern und Südamerikanern, der Freien Deutschen Jugend und Chinesen. Letztere sprachen eine Einladung zu einer Chinareise an die deutsche Delegation aus, der sieben Teilnehmer unter Führung eines protestantischen Geistlichen von Moskau aus für mehrere Wochen nachkamen.

Von den Veranstaltungen mit politischen Inhalten seien das Treffen der jungen Parlamentarier und die Kundgebung gegen den Atomtod genannt. Das Treffen der jungen Parlamentarier bestritten ca. 150 Teilnehmer, Abgeordnete aus Griechenland, Brasilien, Bulgarien, Chile, Ceylon, Japan, China, Finnland, Polen, Syrien, England, Indien, Ägypten, der DDR, Ungarn und der UdSSR. Alle waren sich einig in der Absicht, sich in den Parlamenten für die Abrüstung und das Verbot der Kernwaffen einzusetzen.

Die Kundgebung gegen den Atomtod war äußerst eindrucks-

[225] Ebd., S. 262.

voll. Sie fand auf dem rund eine halbe Million Menschen fassenden Manege-Platz statt, wo jener durch Schrecken berühmte Stein vom 6. August 1945 aus Hiroshima aufgestellt war, auf dem sich der Mensch abgezeichnet hat, der im Augenblick der Atombombenexplosion und ihrer Hitzewelle den mit seinem Körper abgedeckten Teil des Steines vor dem Schmelzen bewahrte. Ein damals am Leben gebliebenes Mädchen, Hisako Nagata, 1945 zehn Jahre alt, sprach ergreifende Worte, die in eine Gedenkminute mündeten. Eine schließlich aufgelassene Friedenstaube löst das Jugendlied aus, die von Schostakowitsch komponierte Hymne des Jugend-Weltbundes.

11. Das VII. Weltjugendfestival (Wien 1959)

Bei den Beratungen über den Ort der VII. Weltfestspiele drängten insbesondere Delegierte aus den Entwicklungsländern auf eine Metropole diesseits des Eisernen Vorhangs. Daß sich die Delegierten der Entwicklungsländer mit ihrer Forderung durchsetzen konnten, hat seinen Grund in der sowjetischen Taktik: es konnte eine Demonstration von Selbstbewußtsein und Stärke gestartet sowie die Aktivierung der Kommunisten des Gastlandes betrieben werden.

Die ›VII. Weltspiele der Jugend und Studenten für Frieden und Freundschaft‹ fanden daher vom 26. Juli bis zum 4. August 1959 in Wien statt. Schon am 18. Dezember 1957 wurde – ebenfalls in Wien – auf einer vorbereitenden Konferenz des WBDJ ein Initiativkomitee gegründet. Seine wichtigsten Aufgaben waren ein offizieller Antrag an die österreichische Regierung um Durchführung der VII. Weltfestspiele und die Einberufung einer Konferenz zur Konstituierung des neuen ›Internationalen Vorbereitungskomitees‹. Die österreichische Regierung genehmigte den Antrag durch einstimmigen Ministerratsbeschluß, ein Entscheid, der zweifellos für das neutrale Land außenpolitisch opportun und darüber hinaus verfassungsrechtlich zwingend war.

Die konstituierende Konferenz für das IVK wurde zum 24./ 25. März 1958 in Stockholm einberufen. Auf ihr vertraten 130 Delegierte und Beobachter, darunter rund 100 Kommunisten und Sympathisanten von Kommunisten, 54 Länder. Die Jugendverbände der BRD überließen die Weltjugendfestspiele einmal mehr den sowjetfreundlichen Festivalprofis Werner Weismantel und Helmut Rödl, einem ehemaligen FDJ-Funktionär. Auch die österreichischen Jugendverbände hielten sich fern. Nur Vertreter der kommunistischen Freien Österreichischen Jugend (FÖJ) waren in Stockholm vertreten. Dem dort gegründeten IVK gehörten jedoch nicht ausschließlich Kommunisten an.

Wie zuvor oblagen die Vorbereitungen des Festivals weniger dem ungefügen Internationalen Vorbereitungskomitee als vielmehr seiner ›Ständigen Kommission‹. Ihre Zusammensetzung beweist den totalen Einfluß des Sowjetkommunismus auf die Festspiele, für die wiederum Neutrale nur zur demokratischen Dekoration dienen sollten. In der ›Ständigen Kommission‹ arbeiteten: Valentin P. Vdovin, Sekretär des Zentralkomitees des sowjetischen Jugendverbandes Komsomol; Bruno Bernini, Mitglied des Zentralkomitees des italienischen kommunistischen Jugendverbandes, Präsident des WBDJ; Jean Garcias, ein französischer Kommunist spanischer Herkunft, der Sekretär der ›Ständigen Kommission‹; Werner Lamberz, Sekretär des Zentralrats der FDJ, Mitglied und Sekretär des Exekutivkomitees des WBDJ und heute Kandidat des SED-Politbüros; Jiri Pelikan, damals Mitglied des Zentralkomitees des tschechoslowakischen kommunistischen Jugendverbandes und Präsident des kommunistischen ›Internationalen Studentenbundes‹ (ISB) – Pelikan zählt heute zu den führenden Köpfen der tschechoslowakischen reformkommunistischen Emigration; Ho Hsi Chuan, Leiter der Vereinigung der Jugendverbände Chinas, Mitglied und Sekretär des Exekutivkomitees des WBDJ; der Bulgare Ljubumir K. Dramaljew, 1. Sekretär des ISB; und Edelberto Bahamonde, Funktionär der ›radikalen Jugend‹ Chiles und hauptamtlicher Funktionär der WBDJ-Zentrale in Budapest.

Da in Österreich zum ersten Male in der Geschichte der Weltfestspiele die Organisation nicht vom gastgebenden Staat und staatlichen Jugendverbänden übernommen wurde, KPÖ und FÖJ den in Österreich anfallenden technischen Problemen andererseits gar nicht gewachsen sein konnten, mußte ein spezielles Komitee für diese Arbeiten gebildet werden. Es nannte sich ›Österreichisches Organisationskomitee‹. Seine Zusammensetzung belegt ein weiteres Mal den totalen Einfluß des Kommunismus auf das Festival: unter Vorsitz von Prof. Walter Hollitscher, Mitglied der Kommunistischen Partei Österreichs (KPÖ) und Absolvent der Maxim-Gorki-Schule in Charkow, arbeiteten die Sekretäre Karl Reiter, der FÖJ-Vorsitzende; Oskar Reichenberger, ZK-Mitglied der KPÖ; Margarete Schütte, KPÖ-Mitglied und Vorsitzende des ›Bundes Demokratischer Frauen Österreichs‹. Drei österreichische Firmen in kommunistischem Besitz teilten sich in die verwaltungstechnischen Vorbereitungen: die ESTATE GmbH, das Reisebüro Josefstadt und die Metros GmbH. Rechtsberater des Komitees war Dr. Heinrich Dürmayer, Absolvent der Moskauer Lenin-Akademie, von 1945 bis 1947 Leiter der Wiener Staatspolizei.

Die Finanzierung schließlich rundet das Bild eines kommunistisch beherrschten Festivals ab. Von den rund 4,5 Millionen Dollar Kosten für das Festival dürften nur knapp eine Million von den Teilnehmern aufgebracht worden und etwa 3,5 Millionen aus den Kassen der Ostblockstaaten geflossen sein. Unmittelbar vor Beginn der Festspiele, am 25. Juli 1959, benannte sich die ›Ständige Kommission‹ in das ›Internationale Festivalkomitee‹ um, das nun während der Spiele die Leitung innehatte. Zu seinem Präsidenten wurde der WBDJ-Präsident Bruno Bernini ernannt.

Eröffnet wurde das Festival am Sonntag, dem 26. Juli 1959, mit dem traditionellen Einmarsch ins Stadion. 18 000 Teilnehmer aus 112 Ländern, darunter 1093 aus der Bundesrepublik, 1000 aus der DDR, 1100 aus der UdSSR, 2070 aus der Tschechoslowakei, 1130 aus Italien und 920 aus Frankreich, die überwiegende Mehrheit aus den Entwicklungsländern (und keineswegs alle Kommunisten), gestalteten ein buntes Programm bis in die Nacht. Brieftauben stiegen als Friedenssymbole in die Luft. Am Ende der Veranstaltung stand ein riesiges Feuerwerk.

Die österreichische Regierung gab sich äußerst zurückhaltend. Im Stadion waren von amtlicher Stelle lediglich Sektionschef Chaloupka und der sozialdemokratische Wiener Vizebürgermeister Slawik vertreten. Während Chaloupka die Anwesenden kurz begrüßte, interpretierte Slawik die in Österreich gewonnenen demokratischen Rechte und Freiheiten, womit er keineswegs den ungeteilten Beifall der Teilnehmer erhielt.

Das Programm des Wiener Festivals bestand wie bei den Weltfestspielen zuvor zum größten Teil aus kulturellen und sportlichen Veranstaltungen mit Tausenden von Zuschauern. Die politischen Treffen dagegen blieben relativ gering und fanden überdies in kleinen Sälen vor jeweils höchstens einigen Hundert Teilnehmern statt. Dabei versuchten die Kommunisten noch, Grundsatzdiskussionen über Fragen einer möglichen Vielfalt der Wege zum Sozialismus möglichst zu vermeiden. Nur Jugoslawien und Polen – die letzteren trugen das Selbstbewußtsein des Warschauer Oktobers 1956 zur Schau – machten dabei eine Ausnahme, weshalb sie von besonderem Interesse für die neutralen Delegierten, insbesondere auch aus den Ländern der Dritten Welt waren.

Lediglich zwei Massenveranstaltungen politischer Natur ragen heraus: die ›Feier, gewidmet der Freundschaft und Solidarität mit der Jugend der kolonialen Länder und der Länder, die in jüngster Zeit ihre Unabhängigkeit erlangten‹, und die ›Feier für den Frieden und die Freundschaft zwischen den Völkern, gegen Atomwaffen, für Abrüstung und friedliche Koexistenz‹. Aber hier ging es weniger um ernsthafte politische Diskussionen als um politische Shows, die, wie die Themen anzeigen, als Zielgruppe die zahlreichen Besucher aus den Ländern der Dritten Welt ansprechen sollten, wie überhaupt der politische Teil des Programms dem Kapitel ›Antikolonialismus‹ gewidmet war. Dabei lieferte für die Delegierten aus den Entwicklungsländern insbesondere der damals noch während den Unabhängigkeitskampf des algerischen Volkes wirksame Propagandaargumente der Kommunisten gegen den Westen. Hier bot sich anschaulich der kapitalistische Kolonialismus, demgegenüber sich die Kommunisten als Freunde der Kolonialvölker bezeichnen konnten. Auch der Bericht der Jugend der lateinamerikanischen Staaten, der in Anklagen gegen den US-Imperialismus gipfelte, mit der Begründung, die USA exportierten ihr Kapital lediglich, um damit die Völker Südamerikas auszubeuten, tat seine Wirkung.

Dennoch darf angenommen werden, daß für die farbigen Delegierten die Alternative zum kapitalistischen Imperialismus nicht einfach sowjetischer Kommunismus hieß. Möglicherweise haben auch hier die Niederschlagung der ungarischen Revolution oder — insbesondere für die Asiaten — die Intervention der chinesischen Armee in Tibet desillusionierend gewirkt.

Vielleicht ist die Passage aus den Erläuterungen eines afrikanischen Jugendfunktionärs während einer Pressekonferenz vom 3. August 1959 symptomatisch für die Haltung der farbigen Delegierten; angesichts der offensichtlichen propagandistischen Bemühungen der Kommunisten um sie umriß er seinen Standort: Es werde viel gesprochen von Kommunismus und Antikommunismus und von den beiden Weltblöcken. Für die Afrikaner sei die Frage Kommunismus oder Antikommunismus heute völlig gegenstandslos, sie interessiere nicht. Ob Kommunist oder Antikommunist, sei völlig gleichgültig. Man appelliere nur an alle Menschen in der Welt, den Afrikanern bei ihrer Befreiung zu helfen. Die Fragen der Journalisten nach vielen Nebensächlichkeiten beweise eine »Trockenheit der Herzen.«[226]

Die rund 1100 Teilnehmer starke Delegation aus der BRD setzte sich zu etwa 40 Prozent aus Kommunisten, zu ca. 20 Prozent aus Sympathisanten mit dem sowjetkommunistischen System, zu rund 25 Prozent aus Touristen und Beobachtern und zu 15 Prozent aus Gegnern der Orthodoxen zusammen, vereint unter der wenig konkreten Formel ›Frieden und Freundschaft‹. Zu letzteren zählte insbesondere die 19köpfige Gruppe des Liberalen Studentenbundes, der sich auf seiner Delegiertenkonferenz vom 15. bis 18. Mai 1959 in Weinheim (Bergstraße) entschlossen hatte, auf dem Festival »unsere freiheitliche Auffassung in allen Fragen der Politik und Gesellschaftsordnung zu vertreten [...] Es ist insbesondere zu vermeiden, daß die gesellschaftlichen Verhältnisse in Deutschland allein und einseitig von den Funktionären der FDJ dargestellt werden. Nur durch eine offizielle Teilnahme am Festival können alle organisatorischen und technischen Möglichkeiten für eine wirksame Vertretung der freiheitlichen demokratischen Ideen voll ausgeschöpft werden.«[227]

[226] Zit. n. Joseph Scholmer, Die Weltjugendfestspiele, Beilage zu Das Parlament, B. 28/68 v. 10. 7. 1968, S. 15.   [227] Ebd., S. 12.

Es erscheint in der Tat politisch reifer, als Teilnehmer innerhalb der offiziellen Delegation in den Seminaren und Diskussionen aktiv den eigenen Standpunkt vor den zahlreichen Jugendlichen aus aller Welt zu vertreten, als diese der kommunistischen Propaganda zu überlassen, wo ihnen mit Hilfe westdeutscher Kommunisten und deshalb um so glaubhafter ein völlig verzeichnetes Bild von den deutschen Staaten vermittelt wird. Es war allerdings wegen der geringen Teilnehmerzahl dem LSD nicht immer möglich, der Propaganda wirksam zu begegnen; er konnte nur beschränkt agieren.

Wo er jedoch vertreten war, kam es überall zu Auseinandersetzungen mit FDJ-Funktionären. Um Fragen der Deutschlandpolitik ging es zwischen Hans Modrow, damals 1. Sekretär der FDJ-Bezirksleitung Berlin, und dem LSD-Delegierten Dr. Haferland. Die LSD-Mitglieder der westdeutschen Delegation zwangen Karl Heinz Schröder zur Richtigstellung, als er eine anläßlich eines Freundschaftstreffens zwischen den beiden deutschen Delegationen am 27. Juli 1959 verfaßte Resolution an die Beobachtergruppen aus beiden Teilen Deutschlands bei der damals tagenden Genfer Konferenz sandte. Hochschulprobleme standen in Auseinandersetzungen während des Seminars ›Die Probleme der Demokratisierung und Reform des Hochschulwesens‹ an, wo der LSD wiederum mit Modrow zusammenprallte. Weil der LSD hier – wie auch bei anderen Gelegenheiten – von der Diskussionsleitung bei der Worterteilung benachteiligt wurde, kam es zu einer grundsätzlichen Kontroverse mit der Festivalleitung, die in der Drohung des LSD, das Festival zu verlassen, gipfelte. Erst am 3. August 1959, einen Tag vor Abschluß des Festivals, kam es zu einer gemeinsamen Erklärung von LSD und der Studentenkommission der Festivalleitung, in der die »zeitweiligen Benachteiligungen« festgestellt und bedauert und eine »vertrauensvolle Zusammenarbeit« in Aussicht gestellt wurden. Es kann nicht verwundern, daß die rührige Gruppe des LSD von den wenig diskussionsgewohnten Kommunisten als Störenfried angesehen wurde.

Der Verband Deutscher Studentenschaften (VDS) nahm in Wien noch nicht offiziell am Festival teil, weil er sich durch seine ›Seeshaupter Beschlüsse‹ von 1951, nach denen der VDS nicht zusammen mit der FDJ auftreten werde, gebunden fühlte. Immerhin aber waren etwa 120 Vertreter des VDS als Zuschauer in Wien.

Auch der Bundesjugendring war beim Wiener Festival offiziell nicht vertreten. Doch auch er hatte eine Beobachter-Delegation nach Wien entsandt.

Von den Jugend- und Studentenorganisationen Österreichs nahm lediglich die kommunistische ›Freie Österreichische Jugend‹ offiziell am Festival teil. Die ›Sozialistische Jugend Österreichs‹ reagierte auf die Einladung des Vorbereitungskomitees zu einer Beteiligung in Wien mit einem offenen Brief vom 24. März 1958, gesandt an die Stockholmer Konferenz. Darin lehnt sie es ab, »an Veranstaltungen des ›Weltbundes der demokratischen Jugend‹ teilzunehmen, weil dieser ›Weltbund‹ ein eindeutiges Propagandainstrument der kommunistischen Partei der Sowjetunion ist [...] die Sozialistische Jugend Österreichs bekennt sich aber zum internationalen Gespräch der Jugend aller Länder und sie unterstützt alle Bemühungen, die Kriegsgefahr zu bannen. Sie glaubt aber nicht, daß Propagandaveranstaltungen für einen Machtblock geeignete Mittel dafür sind, und glaubt auch nicht, daß es einen Beitrag in dieser Richtung bedeutet, wenn man durch Sport- und Volkskunsttreffen über die wirklichen Probleme hinwegtäuscht. Die Sozialistische Jugend Österreichs bejaht die Notwendigkeit einer internationalen Demonstration der Jugend, die die wirkliche Forderung der jungen Menschen der ganzen Welt mutig ausspricht, und die unter anderem für folgende Parolen eintreten müßte: Friede und Entspannung durch allgemeine, gleichzeitige und vollständige Abrüstung; internationale Kontrolle der Abrüstung, Einstellung der Atombombenversuche in Ost und West; für das Selbstbestimmungsrecht der Völker und gegen wirtschaftlichen und politischen Kolonialismus; Freiheit für die Völker, die unter faschistischer oder kommunistischer Diktatur schmachten; Solidarität mit dem Freiheitskampf der ungarischen, algerischen und der Jugend aller Länder, die für ihre Unabhängigkeit kämpft; freie politische Betätigung für jeden Menschen frei von Not und Unterdrückung; Freilassung der politischen Häftlinge, Bildung freier, von Staat und Unternehmer unabhängiger Gewerkschaften, auch in Kolonien und Volksdemokratien, Grenzen auf für alle Zeitungen und Bücher; gegen jede Zensur von Zeitungen, Büchern, Filmen und Radio; Aufhebung von Paß- und Visazwang in der ganzen Welt; Aufhebung aller gesetzlichen und administrativen Einschränkungen für Jugendreisen; Recht der Jugend in allen Ländern, sich zu demokratischen Jugendbewegungen zusammenzuschließen; berufliche Ausbildung und Arbeit für alle jungen Menschen; Lehr- und Lernfreiheit für die Jugend aller Länder. Diese Forderungen stellen nach unserer Meinung entscheidende Wünsche und die Sehnsucht der Jugend der Erde dar. Die Sozialistische Jugend Österreichs fordert den Vorbereitungskongreß für die VII. Weltjugend-Festspiele auf, sich für die angeführten Parolen auszusprechen und gleichzeitig abzulehnen, daß internationale Treffen der Jugend unter der Kontrolle und Leitung einer Weltmacht stehen. An einer Jugenddemonstration mit diesen Zielen würde sich auch die Sozialistische Jugend mit Begeisterung beteiligen und gerne ihre Kraft der Vorbereitung leihen.«[228]

Ähnliche Überlegungen bestimmten den Beschluß der im österreichischen Dachverband, dem Bundesring, zusammengeschlossenen österreichischen Jugendorganisationen sowie der Hochschülerschaft. Sie gründeten mehrere Arbeitsgemeinschaften, die während der Festspieltage Aufklärung der neutralen Gäste des Festivals über seine Hintergründe und Ziele betreiben sollten, so die ›Arbeitsgemeinschaft Sommerkurs‹ der Jugend des Malteserordens in Österreich, die Arbeitsgemeinschaft ›Junges Leben‹ aus ÖVP-nahen Jugendorganisationen, das ›Internationale Forum‹ der österreichischen jungen Sozialisten und Gewerkschafter. Obwohl ihre Aktivitäten, mit denen sie auf das Festival einwirkten, zum wahrscheinlich größten Teil aus ausschließlich österreichischen Initiativen entstanden sind, wurden auch diese Aktionen nachträglich durch einen 1968 aufgedeckten Skandal belastet. An der Tatsache, daß die Weltfestspiele von Anfang an Arbeitsgebiete östlicher Geheimdienste waren, kann kein Zweifel bestehen. 1968 wurde bekannt, daß auch der CIA bei Aktionen gegen das Wiener Festival über die IUSY mit erheblichen Mitteln beteiligt war.[229]

Die Delegation aus der DDR umfaßte drei Gruppen: eine politische mit etwa 550 Mitgliedern (Funktionäre der Partei, Aktivisten aus Industrie und Landwirtschaft und Studenten und Oberschüler – zu dieser Gruppe müssen auch die 40 bis 50 SSD-Angehörigen gezählt werden), eine etwa 150köpfige Sportlergruppe und die letzte mit etwa 300 Mitwirkenden bei kulturellen Veranstaltungen. Alle Delegierten waren intensiv auf das Festival vorbereitet worden, besonders auf der Jugendhochschule Bogensee.

Es war in Wien für westliche Besucher kaum möglich, mit Mitgliedern der FDJ ins Gespräch zu kommen oder umgekehrt. Z. B. war ihr Zeltlager im Wiener Wald bewacht, so daß niemand das Lager unkontrolliert betreten konnte. In der Stadt traten die Delegierten nur gruppenweise mit verantwortlichen Leitern auf, und bei offiziellen Angelegenheiten waren sowieso SSD-Angehörige anwesend.

Die politische Aufgabe der FDJ-Delegation entsprach der Generallinie des Festivals: kommunistische Beeinflussung der Delegierten aus den Entwicklungsländern. Insbesondere mit ihnen fanden ›Freundschaftstreffen‹ statt, bei denen die DDR sich als der einzige friedliebende, antikolonialistische deutsche Staat präsentierte und zu Besuch oder Studium einlud.

[228] Ebd., S. 16 f.
[229] Der Spiegel 31/1968.

Selbstverständlich waren westdeutsche und DDR-Delegation gemäß der Zwei-Staaten-Theorie voneinander getrennt gehalten und mit jeweils eigener Leitung in Wien. Die DDR-Delegation stand offiziell unter Leitung von Konrad Neumann, doch dürfte der eigentliche Leiter der Mann im Hintergrund, Erich Glückauf, damals Leiter des Ostberliner Arbeitsbüros der KPD beim ZK der SED, gewesen sein. Und er war wohl auch in erster Linie für die Leitung der westdeutschen Delegation zuständig, die nach außen hin aus Prof. Dr. Klara Faßbinder, Prof. Leo Weismantel, Ernst Rowohlt, Pfarrer Herbert Mochalski, Prof. Bernhard Wosien sowie den beiden vom Moskauer Festival her bekannten FDJ-Funktionären Helmut Rödl und Karl Heinz Schröder bestand.

Die dominierende Rolle Glückaufs wurde während eines Freundschaftstreffens der beiden Delegationen am 27. Juli 1959 deutlich, als er auch den Westdeutschen hinsichtlich ihres Verhaltens zu nichtkommunistischen österreichischen Jugendverbänden Anweisungen gab, die den Ratschlägen von Frau Prof. Faßbinder klar widersprachen.

Die Wiener Bevölkerung ignorierte das Festival genauso wie die österreichische Presse, mit Ausnahme der kommunistischen Zeitungen natürlich. Sowohl die Erinnerung an die russische Besatzungszeit als auch an die Niederwerfung des ungarischen Aufstandes von 1956 durch russische Panzer dürften die Gründe für die österreichische Reserve gegen die Festspiele gewesen sein. Für die Veranstalter des Festivals war der Presseboykott so deprimierend, daß die Festivalleitung des öfteren protestierte und der De-facto-Pressekonferenzleiter Jean Garcias von einer Verletzung der Grundsätze der demokratischen Freiheit sprach. Sogar der sowjetische Botschafter Lapins sprach in dieser Sache bei der österreichischen Bundesregierung vor, allerdings ohne Erfolg.

Damit aber war eine der erklärten Absichten des Festivals, in einem kapitalistischen Land über das Schauspiel der Weltverbrüderung unter kommunistischen Vorzeichen die Anhängerschaft zu vermehren, noch ärger als die Infiltration der Delegationen aus der Dritten Welt, gescheitert.

12. Das VIII. Weltjugendfestival (Helsinki 1962)

Nach einer Pause von drei Jahren fanden die VIII. Weltjugend-festspiele vom 28. Juli bis 6. August 1962 in Helsinki statt. Schon die erste der üblichen vorbereitenden Konferenzen zu Konstituierungen des IVK, seiner Ständigen Kommission usw. brachte einen handfesten Krach mit dem finnischen Studenten-verband SYL, weil er zu dieser Tagung im September 1960 nach Stockholm nicht eingeladen war. SYL erklärte, angesichts seiner Nichtbeteiligung an den internen Angelegenheiten auch nicht bei den organisatorischen tätig werden zu wollen. Der ablehnenden Haltung des SYL zum Festival schloß sich später die Dachorganisation der finnischen Jugendverbände SNE an. Noch schärfer forderte sie die Abhaltung der VIII. Welt-jugendfestspiele in einem anderen Land.

Doch ungerührt von diesen oppositionellen Stimmen der be-troffenen Gastgeberjugend fiel im Februar 1961 endgültig die Entscheidung des Internationalen Vorbereitenden Komitees für Helsinki und den genannten Zeitraum. Dieses IVK zeigt in seiner Zusammensetzung, daß die kommunistische Prä-dominanz ungebrochen war. Die Spitze im IVK bildeten ge-standene kommunistische Funktionäre wie der schwedische Kommunist O. I. Andersson, Vorsitzender des Redaktions-kollegiums der IVK-Zeitschrift *Festivaali*, die in 1 285 000 Exemplaren kostenlos verteilt wurde; Ritva Arvelo, Mitglied der finnischen KP; Bedrich Baroch, Vertreter des tschechischen kommunistischen Jugendverbandes im Sekretariat des WBDJ; die spanische Kommunistin Maria Theresa Cabello, Mitarbei-terin im Generalsekretariat des WBDJ; L. K. Dramaljew, Sohn des bulgarischen Botschafters in der DDR, Mitglied des ISB-Sekretariats, der bereits beim Wiener Festival mitgearbeitet hatte; Christian Echard, langjähriger Funktionär der Kommu-nistischen Jugend Frankreichs und Generalsekretär des WBDJ seit 1957; Thamos Michael Jala, ehemals Funktionär der Kom-munistischen Jugend Kanadas; Boris I. Konowalow, Vertreter des Studentenrates im Komitee der Jugendorganisationen der UdSSR; Jiri Pelikan, seit 1948 Präsident der Zentralunion der tschechoslowakischen Studenten, Präsident des ISB von 1953 bis 1963, an der Vorbereitung des Wiener Festivals aktiv be-teiligt; Dr. Djayeng Suroso, Leiter des indonesischen Kommu-nistischen Jugendverbandes; Wladislaw G. Shewshenko, lang-jähriger aktiver Mitarbeiter im Komitee der sowjetischen Ju-

gendorganisationen, tätig gewesen bei der Vorbereitung der
5., 6. und 7. Weltfestspiele; Piero Pieralli, Funktionär des italienischen Kommunistischen Jugendverbandes, seit August
1959 Präsident des WBDJ und damit Nachfolger von Bruno
Bernini.

Von 157 Teilnehmern an Tagungen des IVK waren allein 117
Funktionäre oder Mitarbeiter kommunistischer Parteien oder
Organisationen, 29 des WBDJ und sieben des ISB. 45 waren
bekannt aus den Vorbereitungen früherer Festivals oder anderer Massenveranstaltungen des WBDJ oder des ISB.

Die endgültige Entscheidung des IVK für Helsinki löste in
Finnland eher noch heftigere Proteste gegen das Festival aus,
als sie SYL und SNE vorgebracht hatten. Presse und Jugend
verhielten sich – bis auf die kommunistischen – entschieden
ablehnend. Ein Vertreter der ›Akademischen Sozialdemokratischen Vereinigung‹ kommentierte:

»Wenn man uns gefragt haben würde, ob wir das Festival
unterstützen, so würden wir eine motivierte Antwort gegeben
haben. Wir unterstützen den Frieden, aber nicht wie die Kommunisten. Wir widersetzen uns dem Krieg, aber nicht wie die
Kommunisten ausschließlich imperialistischen Kriegen, sondern auch antikolonialistischen Kriegen, antimilitaristischen
Kriegen und Bürgerkriegen. Wir unterstützen Gleichberechtigung – aber nur, wenn der eine nicht gleichberechtigter ist als
der andere [. . .] Widersetzen wir uns dem Festival? Die Sozialdemokratie ist eine internationale Bewegung. Der Widerstand gegen den internationalen Kommunismus bildet einen
Teil unserer Gesamttätigkeit. Wir wollen uns nicht unterord-
nen, um kommunistische Themen, kommunistische Diktatur,
zu unterstützen.«[230]

Der finnischen Regierung blieb allerdings unter dem traditionellen politischen Druck aus Moskau nichts anderes, als den
Wünschen des großen Nachbarn zu willfahren. Sie erklärte:
»Es ist nicht vereinbar mit der allgemeinen Praxis und auch
nicht mit unserer Neutralität, zu versuchen, aus politischen
Gründen den Organisatoren des Festivals Schwierigkeiten
zu machen [. . .] Unsere Interessen fordern, daß das Festival
ruhig und reibungslos vor sich geht [. . .] Ich möchte mit
Schärfe unterstreichen, daß alle Versuche, Unruhe und Störun-
gen im Zusammenhang mit dem Festival hervorzurufen, unbedingt verhindert werden. Die Behörden werden Vorsorge
treffen, daß die Ordnung aufrechterhalten wird [. . .]«[231]

Diese Abhängigkeit der finnischen Regierung von Moskau
hatte auch ihr ungleich stärkeres Engagement an das Festival,
als es die österreichische Regierung in Wien demonstrierte,

[230] Zit. n. Scholmer, Weltjugendfestspiele, a.a.O., S. 20.
[231] Ebd., S. 19 f.

zur Folge. Symptomatisch für die erzwungene Gastlichkeit des Landes war die Teilnahme von Regierungsmitgliedern an der Eröffnungsfeier im Olympiastadion von Helsinki. Staatspräsident Kekkonen besuchte am 2. August das Galakonzert der ungarischen Delegation. Damit bewegte sich die finnische Regierung allerdings im Widerspruch zur Bevölkerung der Stadt, die – wie die Wiener – das Festival allgemein ablehnte und vor allem den Sowjets die Einflußnahme auf die innersten finnischen Angelegenheiten, wie sie nicht nur bei der Wahl der Festivalstadt zum Ausdruck kam, verübelte.

An Teilnehmern verzeichnete das VIII. Festival eine erstaunlich geringe Anzahl; nach offiziellen Angaben genau 13 309. Geographisch aufgeschlüsselt waren es 3488 aus den Staaten des Warschauer Paktes, 5800 aus dem westlichen Europa inklusive der 1600 Teilnehmer aus dem Gastgeberland, 995 aus Afrika, 1209 aus Asien, 1171 aus Lateinamerika, 646 aus den nordamerikanischen Staaten, aus Neuseeland und Israel.

Prominente Beobachter des Festivals waren Hugh Williams, der Leiter des UN-Büros in Kopenhagen, und Pierre François, Direktor des Jugendinstitutes der UNESCO.

In Helsinki gab es drei deutsche Delegationen: die der DDR, der BRD und West-Berlins. Das selbständige Auftreten der Westberliner signalisiert den Tatbestand, daß wiederum alle deutschen Delegationen unter kommunistischer Führung standen; ganz selbstverständlich übernahmen sie die seit Chruschtschows Berlin-Ultimatum von 1958 offizielle kommunistische Formel, West-Berlin sei ›eine besondere Einheit auf dem Territorium der DDR‹, eine Formel, die Ulbricht in einem programmatischen Telegramm an die Festivalleitung durch die Festspiele erhärtet wissen wollte: »Heute betreibt die Regierung der westdeutschen Bundesrepublik, in der die gleichen Kräfte den Ton angeben, die für die vergangenen Kriege die Verantwortung tragen, eine noch gefährlichere Politik der Kriegsvorbereitung und des Revanchismus. Damit setzen sich die westdeutschen Ultras in Widerspruch zu den Lebensinteressen der Völker. In ihren Plänen spielt der NATO-Stützpunkt West-Berlin mitten auf dem Territorium der Deutschen Demokratischen Republik eine besondere Rolle, die gegen die Deutsche Demokratische Republik und andere friedliebende Staaten gerichtet ist. Deshalb ist der Abschluß eines deutschen Friedensvertrages und die Umwandlung West-Berlins in eine entmilitarisierte Freie Stadt die vordringlichste Aufgabe.«[232]

Die Vermutung kommunistischer Leitungen in den Westberliner und BRD-Delegationen läßt sich ohne weiteres verifizieren. Die Westberliner Gruppe unterstand offiziell dem Westberliner Ingenieur Wilhelm Friedrich Thiel, dem in Helsinki

[232] Ebd., S. 23.

als Betreuer der FDJ-Funktionär Rudert an die Seite gestellt worden war. Die Delegation war 79 Teilnehmer stark, allein 45 davon gehörten der FDJ an. Organisiert war sie von der an der Humboldt-Universität als Assistentin arbeitenden FDJ-Funktionärin Eva Hausotter.

Es nimmt nicht wunder, daß diese Gruppe den politischen Forderungen aus Ost-Berlin mit Übersoll nachkam. In einer Erklärung, die zunächst durch die Politik des Senats »die Welt an den Rand des Krieges« geführt glaubte, sah sie schließlich ihre Aufgabe in Helsinki darin, »unsere Situation der Jugend aus allen Ländern darzulegen – dies, um mit ihrer solidarischen Hilfe unser zentrales Ziel erreichen zu können: West-Berlin als freie neutrale Stadt«.[233]

Die Reisegruppe aus der BRD war 717 Personen stark. In ihrer Führung finden sich bekannte Namen von den Festspielen zuvor: Rödl, Mochalski, Weismantel und Schröder. In Helsinki wurden sie unterstützt vom ehemaligen Hamburger FDJ-Funktionär Hermann Mädler und Funktionären eines ›Ständigen Komitees der Arbeiterjugend beider deutscher Staaten‹ und der Jugendkommission des SED-Zentralrates.

Der wesentliche Unruhefaktor von Wien in der BRD-Delegation, die Studenten des LSD, fehlten in Helsinki. Sie waren aus Protest ferngeblieben, weil ihr Ostreferent, Dieter Koniecki – übrigens einer ihrer entschiedenen Befürworter der Teilnahme an den Festivals und schon in Moskau und Wien dabei – von der tschechoslowakischen Geheimpolizei in der DDR verhaftet und in einem Geheimprozeß zu einer mehrjährigen Zuchthausstrafe verurteilt worden war.

Die Delegation der DDR umfaßte magere 550 Personen, wesentlich weniger, als zunächst nach einer Meldung der *Berliner Zeitung* vom 9. März 1962 geplant waren. In Helsinki fehlten sowohl das angekündigte Passagierschiff ›Fritz Heckert‹ als auch der Dresdner Kreuzchor, der im Rahmen des Kulturprogramms auftreten sollte. Lediglich die ›Völkerfreundschaft‹ lief ein und legte an einem abgelegenen Kai an, wo sie ständig von SSD-Leuten überwacht wurde.

Reduzierte Teilnehmerzahl wie Sicherheitsmaßnahmen erklären sich aus dem Bau der Berliner Mauer im August 1961. Die ständige Fluchtgefahr seitdem hatte den DDR-Sicherheitsorganen die genannten präventiven Maßnahmen geraten erscheinen lassen, an die sich noch weitere reihten, wie später bekannt wurde. So tauschten sie allein vom Personal der ›Völkerfreundschaft‹ 32 Mann wegen politischer Unzuverlässigkeit aus, allen Delegierten wurden die Pässe abgenommen, und wie in Wien standen sie unter permanenter Beobachtung durch den SSD. Überdies hatte man ihnen erklärt, die finni-

[233] Ebd.

schen Behörden würden jeden ausliefern, so daß eine Flucht ein Schnitt ins eigene Fleisch wäre.

Trotzdem wagten einige die Flucht. Wenigstens acht Versuche gelangen, ein mißglückter Fluchtversuch von Gisela Dittmann am 30. Juli 1962 erregte die Weltöffentlichkeit. Gisela Dittmann wurde von FDJ-Funktionären gewaltsam an ihrem Vorhaben gehindert und anschließend entführt.

Im Programm der VIII. Weltjugendfestspiele dominierte wieder der kulturelle Teil. Bei den politischen Veranstaltungen wurde wie in Wien durch begrenzte Teilnehmerzahl, Kartenvergabe an zuverlässige Kommunisten und durch Diskussionsregie zu reglementieren versucht. Wieder standen im Mittelpunkt des Festivals Fragen der nationalen Unabhängigkeit der Völker der Dritten Welt. Als besondere Attraktion des Veranstaltungskalenders erschien der Kosmonaut Jurij Gagarin auf dem Festival.

Zum Ablauf des Programms ist die relative Zurückhaltung der Kommunisten aus den Ostblockstaaten in den politischen Veranstaltungen zu registrieren, wobei die DDR allerdings eine Ausnahme machte. Insbesondere Gerald Götting, damals Generalsekretär der CDU-Ost und Stellvertretender Vorsitzender des Staatsrats der DDR, fiel durch seine scharfen Angriffe gegen die BRD aus der Rolle. Ihm wurde sogar eigens ein Referat über ›Die nationalen Probleme Deutschlands‹ im Rahmen des Seminars über ›Die sozialen und politischen Probleme der Studentenbewegung‹ eingeräumt, das mit dem Seminarthema schlechthin nichts zu tun hatte.

Trotz der Manipulation in den Seminaren durch die Festspielleitung gelang es einem kritischen Teilnehmer, dem holländischen Studenten W. Beukers, im Studentenseminar über ›Die Rolle der Studenten im Kampf für die nationale Unabhängigkeit und die Lösung der politischen, ökonomischen und sozialen Probleme der kolonialen und unterentwickelten Länder‹ einen Antrag einzubringen, in dem er den Kommunisten den russischen Kolonialismus von 1920 bis 1956 vorhielt. Beukers führte aus: »Während dieses Seminars ist der Begriff ›Kolonialismus‹ nur im Zusammenhang mit den Westmächten gebraucht worden. Wir schlagen Ihnen vor, auch einer anderen Form des Kolonialismus Aufmerksamkeit zu schenken, die bisher noch nicht angesprochen wurde. Nach dem russischen Lexikon ist Kolonialismus die Besetzung eines Landes oder Gebietes durch Imperialisten, verbunden mit der Unterwerfung, brutalen Ausbeutung und manchmal auch mit der Vernichtung der eingeborenen Bevölkerung. Wir glauben, daß dies Dinge sind, die genau dem entsprechen, was sich unter der Sowjetherrschaft zugetragen hat und noch zuträgt.«[234]

[234] Zit. nach ebd., S. 22.

Der Antrag Beukers' wurde von den ausgesuchten Besuchern des Seminars selbstverständlich abgelehnt; dennoch ging die Kontroverse um diesen Punkt weiter, als ein Russe die blutige Unterdrückung des ungarischen Aufstandes mit der simplen kommunistischen Stereotypen erklärte, der Faschismus habe dort sein Haupt erhoben. Ein USA-Delegierter konterte diese immer und überall gegen alle Kritiker des sowjetischen Systems vorgebrachte Standardformel, indem er feststellte: »Es gibt eine UN-Resolution über Ungarn. Sie besagt, daß dort eine von Studenten geführte Revolution stattfand. Es ist nicht faschistisch, dies zu erwähnen. Mogo Slim aus Tunesien hat den Bericht, der die Aktion verurteilte, unterschrieben. Ist er ein Faschist? Pandit Nehru verurteilte sie. Ist er ein Faschist?«[235]
Zu handfesten Krächen kam es, als die Festspielleitung zur Verhinderung weiterer unvorhergesehener freier Diskussionen das Reglement noch verschärfen wollte. Die Delegierten aus dem Senegal drohten mit Abreise, der nichtkommunistische Teil der Ceylonesen – 44 Personen – verließ das Festival unter Protest; unter ihnen der Regierungsoffizielle Hema Dabare, der erklärte: »Wir sind zum Festival gekommen als Vertreter eines Landes, das eine Politik der positiven Neutralität verfolgt und das weder von der einen noch von der anderen Seite in den Kalten Krieg gezogen zu werden wünscht [. . .] Aber seit unserer Ankunft verfolgt uns das ständig zunehmende Gefühl, daß wir hier systematisch für die Politik des Kalten Krieges mißbraucht werden. Die offiziellen Führer unserer Delegation wurden mißachtet, und das Festivalkomitee arbeitete nur mit den kommunistischen Führern in unserer Delegation zusammen. Die Kommunisten traten als die Sprecher für Ceylon auf, sie attackierten und beschimpften die eigene Regierung in vielen Punkten [. . .] Unter diesen Umständen bleibt uns nur die Möglichkeit, das Festival zu verlassen, unseren Protest zu erklären und die Aufmerksamkeit der Welt auf die Art und Weise zu richten, wie die Organisatoren des Festivals den berechtigten Wunsch der Jugend nach Frieden und Freundschaft ausnützen, um die kommunistische Politik voranzutreiben [. . .]«[236]
Wie in Wien kam es auch in Helsinki zu zahlreichen Initiativen nichtkommunistischer Jugendverbände gegen das Festival. Die wirksamste war vielleicht eine Ausstellung des schweizerischen Komitees ›Wahret die Freiheit‹. Sie sollte »über die bewährten Formen menschlichen Zusammenlebens verschiedener sprachlicher und rassischer Gruppen am Beispiel der Schweiz« informieren. Ganz bewußt ging die Ausstellung nicht auf die »Frontstellung Kommunismus – freier Westen«

[235] Ebd.
[236] Zit. nach ebd., S. 23.

aus. Trotz Verbotes durch die Delegationsleitungen auf Wink des Festivalkomitees besuchten rund 2000 Delegierte diese Ausstellung, 10 000 Broschüren über den Inhalt und Sinn der Ausstellung wurden zur Verteilung gebracht. Problematisch waren dagegen eine amerikanische Ausstellung und amerikanische Jazzbands als Teil des ›Gegenfestivals‹ in Helsinki. Wie sich 1968 herausstellte, waren in Helsinki 160 junge US-Antikommunisten, mit 40 000 Dollar vom CIA bezahlt, dabei. Ebenfalls CIA-finanziert arbeiteten 40 Aktive in einer IUSY-Gruppe – ohne daß die meisten jedoch wußten, von wem ihre Aktionen wie der Vertrieb von Anti-Festival-Zeitungen bezahlt wurden. Der ›Falken‹-Sekretär Heinz Lietz war bereits in Helsinki skeptisch gegenüber den geübten Praktiken gegen das Festival und distanzierte sich nach Bekanntwerden des Skandals eindeutig: »Wenn wir das früher gewußt hätten, hätten wir damals nicht mitgemacht.«[237]

Neben den Veranstaltungen des ›Anti-Festivals‹ kam es zu heftigen Anti-Festival-Demonstrationen an den Abenden vom 28. bis 30. Juli 1962, bei denen die Regierung starke Polizeikräfte einsetzen mußte, um den Ablauf des Festivalprogramms zu gewährleisten. Staatspräsident Kekkonen bedauerte diese Zwischenfälle zutiefst und nannte sie ein »beschämendes Verhalten unverantwortlicher Kreise der Jugend in der Hauptstadt«. Er hatte zweifellos recht, wenn er hinter diesen Aktionen primär Reaktionen der finnischen Jugend sah, jedoch sind alle Initiativen gegen das Festival insgesamt durch das unerwünschte Dabeisein des CIA in ein schiefes Licht gebracht worden.

[237] *Der Spiegel* 31/68.

Es herrschte Einigkeit im WBDJ und ISB darüber, an der Idee der Weltfestspiele weiter festzuhalten, d. h. das IX. Festival zu organisieren. Die Fortsetzung ihrer Arbeit lag danach zunächst in der Suche nach einem geeigneten Ort für die nächsten Spiele, ein Vorgang, der dieses Mal noch größere Probleme als jemals zuvor aufwarf.

Nach der Sitzung des WBDJ-Sekretariates am 8. Januar 1964 in Budapest standen auf Vorschlag der sowjetischen Vertreter für die nächsten Festspiele 1965 Accra, Kairo und Algier als Gastgeberstädte zur Diskussion. Die endgültige Entscheidung sollte auf einer WBDJ-Konferenz in Florenz in der Zeit vom 26. Februar bis 1. März 1964 getroffen werden. Das gelang jedoch nicht. Erst während der Gründungskonferenz des auch diesmal wieder als offizieller Veranstalter fungierenden Internationalen Vorbereitungskomitees vom 8. bis 10. September 1964 in Helsinki wurde Algier gewählt, der Zeitpunkt der IX. Spiele für den 28. Juli bis 7. August festgelegt.

In der Vorbereitungszeit kam es zu Spannungen unter WBDJ-Organisationen, die die Einheit der Weltfestspiele in Frage stellten. Der Präsident des WBDJ, Rodolfo Mechini, gab in einer Erklärung am 10. April 1965 ihre Ursache bekannt: »Aufgrund der Haltung Algeriens gegenüber Israel hat das internationale Vorbereitungskomitee beschlossen, daß Israel nicht mehr mit einer Delegation an den Weltjugendfestspielen teilnehmen kann.« In Wien war Israel noch mit 88 Delegierten, in Helsinki sogar mit 110 Teilnehmern vertreten gewesen.

An diesem Beschluß änderte auch eine unterwürfige Bittschrift des israelischen kommunistischen Jugendverbandes an Moskau nichts. Die Sowjets folgten ihrer politischen Linie der Unterstützung der arabischen Staaten gegen Israel. Der Ausschluß der Israelis vom Festival hatte weltweite Proteste zur Folge, und besonders in den USA, Belgien und im französischen Studentenverband wurde gegen den WBDJ-Entscheid Sturm gelaufen.

Eine zweite Kontroverse entstand zwischen den algerischen Vertretern im Internationalen Vorbereitungskomitee und der Führung des WBDJ bzw. des ISB. Sowohl im Weltbund als auch im Internationalen Studentenbund hatten kommunistische Emigranten aus dem Irak, insbesondere Nuri Abdel

Razzaq Hussein als Generalsekretär des ISB, sein Stellvertreter Behnam Petros und der irakische Arzt Rahim Ajina als Verantwortlicher für die kommunistische Jugendpropaganda in den arabischen Ländern im Budapester Sekretariat des WBDJ, führende Positionen inne. Auf ihre Veranlassung wurden arabische kommunistische Exil-Jugendorganisationen nach Algier eingeladen, die für die Algerier wegen der daraus sich ergebenden Belastungen ihrer Beziehungen zu den Regierungen dieser Emigranten unannehmbar waren.

Nur einen guten Monat vor dem geplanten Beginn der IX. Weltfestspiele machte der Sturz der sowjetfreundlichen algerischen Regierung Ben Bella durch Boumedienne am 19. Juni 1965 einen Strich durch die Austragung der Spiele in Algier. Mechini erklärte am 27. Juni 1965 in der italienischen KP-Zeitung *Unita* ihre Vertagung. Der Grund liegt auf der Hand: Der unabhängige Boumedienne konnte, im Unterschied zu Ben Bella, den Sowjetkommunisten und damit dem WBDJ keine Sicherheit für einen Ablauf des Festivals nach ihrer Regie bedeuten.

Die Chinesen dagegen bestanden darauf, das IX. Festival wie geplant in Algier ablaufen zu lassen, denn Boumedienne verhielt sich im sowjetisch-chinesischen Konflikt strikt neutral. Am 4. Juli 1965 verkündete Radio Tirana, das albanische Sprachrohr Chinas, der allchinesische Jugendverband habe die Absage des Festivals scharf verurteilt. Die Chinesen erklärten: »Dieser Beschluß wurde durch die Manipulierung der sowjetischen Delegation hinter dem Rücken des Veranstalterlandes und gegen die Vorbehalte der chinesischen Delegation angenommen.« Sodann rügten sie, die Sowjetdelegierten beim WBDJ hätten ständig die internationale Aktivität der Jugend kontrolliert und ihr den eigenen Willen aufgezwungen.

Aber auch dieses Mal setzten die Sowjets sich durch. Die ›Ständige Kommission‹ unter ihrem Leiter Jean Diard in Paris und das IVK in Tampere (Finnland) beschlossen am 8./9. Juli, das Festival vorerst um ein Jahr zu verschieben. Das IVK gründete eine Arbeitsgruppe zur Bestellung eines neuen geeigneten Festspielortes.

Am 18. Januar 1966 folgte das IVK auf einer Sitzung in Wien dem Vorschlag, die Spiele im September 1966 in Accra, der Hauptstadt Ghanas, durchzuführen. Doch wieder machte der Sturz des Staatschefs, des korrupten Kwame N'Krumah, am 24. Februar 1966 die Festspielpläne für 1966 zunichte. Das SED-Zentralorgan *Neues Deutschland* gab am 27. März 1966 diese neue Behinderung bekannt: »Die Arbeitsgruppe des Internationalen Vorbereitungskomitees für die 9. Weltfestspiele der Jugend und Studenten hat die durch den Militärputsch in Ghana entstandene Lage untersucht und festgestellt,

daß es dadurch unmöglich gemacht worden ist, die 9. Weltfestspiele zum vorgesehenen Zeitpunkt in Accra abzuhalten. Nach
Konsultationen zahlreicher Mitgliederorganisationen des Internationalen Vorbereitungskomitees wurde daher die Ver-
schiebung des Festivals vorgeschlagen.«

Die ›Ständige Kommission‹, Anfang Februar erst nach Accra
übergesiedelt, mußte das Land wieder verlassen. Nach dem
zweimaligen Mißerfolg bestand im WBDJ das verständliche
Bemühen, einen dritten Eklat zu vermeiden, d. h., die Spiele
in ein ›sicheres‹ Land zu vergeben.

14. Das IX. Weltjugendfestival (Sofia 1968)

Im Juni 1966 beschloß die in Sofia tagende Generalversammlung des WBDJ deshalb, die Spiele in Sofia oder Havanna zu veranstalten. Daß schließlich Sofia Festspielort wurde, war ›einstimmiger‹ Beschluß einer Sitzung des IVK vom 26. und 27. Januar 1967 in Wien – ohne die Vertreter Chinas und Kubas. Damit war der Keim zum Unfrieden gesät, denn letztere hatten mit dem Boykott der Weltjugendfestspiele für den Fall gedroht, daß die Spiele nicht nach Havanna vergeben würden. Dennoch wurde Sofia auf einer weiteren Sitzung des IVK nach monatelangen Diskussionen am 28. und 29. November 1967 in der bulgarischen Hauptstadt als Festspielort bestätigt. Zu den Vorbereitungen des Festivals gehörte die Herausgabe des *Informations-Bulletin* seit 1967 durch das IVK und der Zeitschrift *Festival* seit Ende April 1968 in englischer, französischer, spanischer und bulgarischer Sprache. Einen Eindruck von der Verbreitung gibt die Auflage der Nr. 1: 105 000 Exemplare wurden gedruckt, davon 50 000 in bulgarischer, je 25 000 in englischer und französischer und 5000 in spanischer Sprache. Der Leitartikel der 1. Nummer von Rodolfo Mechini, dem Präsidenten des WBDJ, betonte den Schwerpunkt der politischen Aussage der IX. Weltfestspiele; Mechini schrieb über die »Weltkampagne der Solidarität der Jugend mit dem Kampf des vietnamesischen Volkes«, eine Kampagne, die vom 24. März bis zum 24. April 1968 stattgefunden hatte. Die Vorbereitungen am Festspielort selbst wurden durchgeführt von der KP, dem Dimitroff-Komsomol und – wie sich während der Spiele zeigen sollte – von der Geheimpolizei. Die Übergabe der Bauten für die Festspiele erfolgte am 12. Juli 1968 durch den Schirmherr des IX. Festivals, Todor Schiwkoff, in der Sporthalle ›Festival 68‹. Rund 40 Neubauten, darunter 29 Großprojekte, waren erstellt worden. Zu diesen Vorbereitungen Sofias gehörten auch die Beschaffung von 33 000 Flaggen, der Bau von 50 neuen Restaurants, 35 Pavillons, 33 Gemeinschaftsküchen und sechs neuen Hotels.

Ende November 1967 wurde ein internationaler Solidaritätsfonds ins Leben gerufen. Sein Zweck war wie zuvor, Jugendlichen ohne Reisegeld die Teilnahme am Festival zu ermöglichen. Bereits im Mai 1968 stand fest, daß die Zielsumme von 160 000 Dollar überschritten würde und den Delegationen – in erster Linie aus Süd-Vietnam, Angola, Mozambique, Portugiesisch-Guinea, Rhodesien und Guatemala – zukommen könnte.

Damit konnten die Planungen für die Anfahrt nach Sofia beginnen. Als Sammelstellen, von denen die Sonderzüge abfahren sollten, wurden Wien, Ost-Berlin, Triest, Belgrad, Prag, Warschau, Budapest und Varna festgesetzt. Rund 14 000 Delegierte wurden von Schiffen der sowjetischen Marine transportiert; hinzu kamen die Flugreisenden.

Die Vorbereitungen in den einzelnen Ländern waren wieder von den nationalen Vorbereitungskomitees übernommen worden. Nach Angaben Diards bestanden solche in 91 Ländern, darunter auch in Israel, was vor dem Festival – wie es sich vor Algier schon abzeichnete – beträchtlichen Wirbel machen sollte. Am 10. April 1965 hatte Mechini bekanntlich erklärt, kein israelischer Delegierter dürfe am Algier-Festival teilnehmen, selbst ein kommunistischer nicht. Auch für Sofia legte das IVK zunächst fest, daß die drei interessierten israelischen Gruppen nicht teilnehmen könnten, weil sie samt und sonders die »imperialistische israelische Aggression« unterstützt hätten.

Zu einer Revision dieses Beschlusses kam es dann auf der ordentlichen Sitzung der Ständigen Kommission Ende April 1968 in Sofia. Dort wurde die Teilnahme der Gruppe um das Nationale Vorbereitende Komitee Israels gebilligt, allerdings gehörten ihm inzwischen nur Mitglieder der pro-arabischen kommunistischen Jugendorganisation RAKAH an. Die konkurrierende nationalkommunistische Jugendorganisation der MAKI blieb ebenso unter dem alten Teilnahmeverbot wie die zionistischen Pioniere. Gegen den Ausschluß eines Teiles der israelischen Delegation erhob laut Radio Jerusalem vom 1. Juli 1968 insbesondere die tschechische Jugend heftigen Widerspruch, aber auch Frankreich, Skandinavien, die Niederlande und Rumänien, die »keineswegs bereit« seien, »den Nahostkrieg vom Juni 1967 als Folge der sogenannten israelischen Aggression zu betrachten«.[238]

Andererseits liefen nun die arabischen Jugendorganisationen gegen die beschränkte Zulassung von Israelis auf ihrer Tagung vom 6. bis 8. Juli 1968 Sturm. Sie meldeten sehr bündig »to oppose the participation of any Israeli delegation«. Ihr Widerstand war jedoch nicht stark genug, die Teilnahme der RAKAH zu verhindern.

Kuba hatte seine Teilnahme abgesagt. Der eine Grund dafür war in der Enttäuschung über die Nichtberücksichtigung Havannas zu suchen – was keineswegs enttäuschte Eitelkeit der Kubaner war, sondern durchaus die revolutionäre Absage an das nach kubanischer Auffassung unrevolutionäre Festival-

[238] Lt. *Monitor-Dienst* v. 2. 7. 1968.

Konzept. Das leitet über auf den gewichtigeren Grund, für den die ›Organisation für die Solidarität mit den Völkern Afrikas, Asiens und Lateinamerika‹ (OSPAAAL), mit den kubanischen Jugendorganisationen eng verbunden, ausführliches Zeugnis gab, das von Radio Havanna am 24. Juli 1968 mit klarer revolutionärer Absicht verbreitet wurde: »Das Exekutivsekretariat der OSPAAAL erinnert an seine Antwort an das Organisationskomitee der Festspiele, in der es seine Überraschung und Besorgnis zum Ausdruck gebracht hatte, angesichts der Tatsache, daß zum Festival vorwiegend Organisationen und Agenturen der UNO eingeladen worden waren. Bei diesen Agenturen, erklärte das Sekretariat, handele es sich um die UNESCO, FAO, ILO, UNICEF und andere. Die OSPAAAL fügte in ihrem Dokument hinzu, daß die UNO dem amerikanischen Imperialismus diente und noch dient als Instrument zur Entwicklung seiner Aggressionspolitik gegen die Völker. Die OSPAAAL wies darauf hin, daß unter dem Banner der UNO das koreanische Volk im Jahr 1950 angegriffen wurde, die amerikanische Besatzung in Südkorea aufrechterhalten wird, die Unabhängigkeit des Kongo vereitelt wurde und der afrikanische Führer, Patricio Lumumba getötet wurde. Es wird erwähnt, daß die UNO zuließ, daß die amerikanische Regierung 1961 eine Invasion in Kuba und vier Jahre später in der Dominikanischen Republik durchführte [. . .] Die Einladung dieser UNO-Agenturen zum 9. Festival bedeutet freie Bahn für den konterrevolutionären Einfluß, vor dem wir die Jugend bewahren müssen.«

Das Vereinigte Nationale Komitee der Vereinigung der jungen Kommunisten Kubas und des Studentenverbandes (UJC-FEU) erklärte in gleicher Weise trotz der geäußerten Befriedigung über das Leitthema des IX. Festivals, das Vietnam gewidmet war, »daß unter den gegenwärtigen Bedingungen und bei der Art und Weise, die von dem vorbereitenden Komitee der Festspiele angewandt würden, die Möglichkeit zunichte wurde, daß die Spiele zu einem mit der Studenten- und Jugendbewegung vereinbarten Ergebnis würden«.[239] Im gleichen Tenor teilte die lateinamerikanische Studentenorganisation OCCLAE dem IVK seine Nichtteilnahme mit; sie erklärte, daß das Festival »nicht die revolutionären Ziele der Jugend vertritt«.[240]

Die Volksrepublik China hatte einen anderen Grund für ihre Absage an das Sofioter Festival. Der chinesische Jugendverband, der stärkste der Welt, forderte Tausende von Karten an. Zugestehen wollte ihm das IVK aber nur wenige hundert, was China als Affront wertete; es verzichtete auf die Teilnahme in Sofia ebenso wie das verbündete Albanien.

[239] *Radio Havanna* v. 28. 6. 1968.   [240] *Neues Deutschland* v. 12. 7. 1968.

In der Bundesrepublik hatte sich der ›Arbeitskreis Festival‹ mit Sitz in Offenbach schon zur Vorbereitung der Spiele in Algier gebildet. Im Februar 1965 gehörten ihm folgende Verbände an: Liberaler Studentenbund Deutschlands (LSD) / Sozialdemokratischer Hochschulbund (SHB) / Sozialistischer Deutscher Studentenbund (SDS) / Freisinnige Jugend Hamburg / Aktionszentrum unabhängiger und sozialistischer Schüler (AUSS) / Arbeitsgemeinschaft politischer Jugendklub in Nordrhein-Westfalen / Deutsche Jugendgemeinschaft / Arbeitsgemeinschaft Dr. Arno Klönne/Frank Werkmeister. Als Einzelpersönlichkeiten waren vertreten: Pfarrer Herbert Mochalski; Helmut Rödl, ehemals FDJ-Funktionär, jetzt bei der DFU; Otto Botzum von der VVN, Karl Heinz Schröder, Verleger des *elan*; Helmut Schauer, Sekretär des Kuratoriums ›Notstand der Demokratie‹; Werner Weismantel; Bruno Freyeisen; Reiner Abele; Peter Grohmann.

Wie bei den vorangegangenen Festivals war die Bonner Regierung zunächst nicht bereit, Zuschüsse für die Teilnahme am Sofia-Festival zu geben. Noch im Arbeitskreis ›Junge Generation und Politik‹ anläßlich der Tagung des Kuratoriums Unteilbares Deutschland vom 8. bis 10. Dezember 1967 in Berlin lehnte der Staatssekretär im Familienministerium, Barth, die finanzielle Förderung ab. Dort verweigerte er sogar das Placet der Bundesregierung zur Fahrt der Teilnehmer. Er erklärte lediglich, die Teilnahme in Sofia stehe allen Jugendverbänden frei.[241] Der damalige Bundesfamilienminister Dr. Heck erklärte zur Begründung: »Zu kommunistischen Jugendspielen fährt man nicht, dafür gibt's kein Geld.«[242]

Bundesjugendring-Vorsitzender Klaus Flegel, zugleich Chef der Sozialistischen Jugend – ›Die Falken‹, der mit Bundesjugendring-Verbänden die Teilnahme in Sofia plante, vermochte über seinen Parteivorsitzenden und Außenminister Willy Brandt den damaligen Bundeskanzler Kiesinger zu einer Revision des alten Standpunktes zu bewegen. Es lag zweifellos auf der Linie der neuen deutschen Ostpolitik, die Spiele nicht zu ignorieren, sondern bei ihnen präsent zu sein und offensiv die eigene Position in den Diskussionen zu vertreten.

Nachdem Heck »klein beigeben und zahlen« mußte[243], beantragte der Arbeitskreis Festival (AKF) Zuschüsse für 235 Teilnehmer aus den Verbänden, die sich diesem nationalen Vorbereitungskomitee unter der Federführung des ehemaligen FDJ-Funktionärs und *elan*-Verlegers Karl Heinz Schröder angeschlossen hatten.

[241] *Jugendpolitischer Dienst* v. 15. 12. 1967, S. 3.
[242] *Der Spiegel* 38/1968.
[243] Ebd.

Im Rahmen des AKF fuhren nach Sofia: Deutsche Jungdemo-
kraten (DJD), der SDS, der SHB, der LSD, die HSU, die Sozialistische Deutsche Arbeiterjugend (SDAJ), die Freigeistige
Jugend Hamburg, die Arbeitsgemeinschaft Politischer Jugend-
klubs aus Nordrhein-Westfalen, das AUSS, die Arbeitsgemeinschaft ›Pläne‹, die Deutsche Jugend-Gemeinschaft, die
Vereinigung der Verfolgten des Naziregimes, die DFU, das
Jugendmagazin *elan* und die Deutsche Friedensgesellschaft/
Internationale der Kriegsdienstgegner (DFG–IDK). Zwölf
Mitglieder des VDS fuhren mit ihrem Vorsitzenden Pätzold
wie die 20köpfige DGB-Jugend unter der Leitung von Kersten
mit dem AKF im Status einer Beobachtergruppe. – Diese
Gruppen waren damals eindeutig in zwei Lager zu teilen:
einerseits die Liberalen bis zu den kritischen Linken, andererseits die auf den Sowjetkommunismus orientierten Verbände,
vertreten durch SDAJ, kleine FDJ-abhängige Gruppen und die
orthodoxe Fraktion innerhalb des SDS. Von den 220 Teilnehmern der AKF gehörten etwa 150, maximal 180 zu den
letzteren.
Über die politische Vergangenheit der AKF-Leiter Karl Heinz
Schröder und Helmut Rödl wie über die Zielsetzung der Weltfestspiele waren sich die unabhängigen Gruppen völlig klar.
Dennoch war es für sie keine Frage, zur Darstellung ihrer
eigenen politischen Vorstellungen in Sofia dabeizusein. Eine
Majorisierung im AKF durch die pro-sowjetkommunistischen
Gruppen wurde dadurch ausgeschlossen, daß alle Beschlüsse
im AKF einstimmig gefaßt werden mußten. Dadurch war
Schröder zu einem ausgleichenden Verhalten gezwungen,
wollte er den AKF nicht auffliegen lassen. Es gelang den Verbänden der Neuen Linken sogar, ihre Berliner Landesorganisationen in die AKF-Gruppe aufzunehmen, nachdem die Berliner in Helsinki entsprechend der kommunistischen These
vom besonderen Status West-Berlins noch unter eigener
Fahne als eigenes Land hatten auftreten müssen.
Die Heterogenität des AKF machte ihn als propagandistisches
Instrument weitgehend untauglich; was blieb, war lediglich
ein in der Vorbereitung gut funktionierender ›technischer
Apparat‹. Zu seinen wenigen politischen Äußerungen gehörten ein Aufruf des AKF selbst und der Aufruf des IVK, die
von allen Gruppen innerhalb des AKF gebilligt wurden. Er-
wähnenswert und symptomatisch für die faire Arbeit im AKF
ist die schriftliche Fixierung der Abmachungen über die Referenten für die Festival-Seminare.
Innerhalb der Gruppen des AKF gab es allerdings nicht nur
gegensätzliche politische Auffassungen; tatsächlich war in
manchen Fragen auch eine gemeinsame Plattform für alle
AKF-Gruppen gegeben. Übereinstimmung bestand allgemein

in den Fragen der aktiven Ablehnung der NPD und der Notstandsgesetze, in der Anerkennung der DDR und der Oder-Neiße-Grenze, in der mehr oder weniger scharfen Verurteilung der US-Aggression in Vietnam und der atomaren Bewaffnung der Bundeswehr. Unterschiedliche politische Standpunkte vertraten die Orthodoxen und die unabhängigen Linken in der Beurteilung der inneren Situation in der DDR, in der Haltung zum ›Prager Frühling‹, in der Beurteilung der Strategie der Neuen Linken in der BRD und z. T. in der Einschätzung von Ursache und Gefahr des Neofaschismus in Westdeutschland.

Organisatorisch-technisch dem AKF angeschlossen, sonst aber als völlig eigenständige Gruppe fuhr die Gruppe des DBJR, der sich die Jungsozialisten angeschlossen hatten, nach Sofia. Da die Jungdemokraten im AKF vertreten waren, fehlte von den Verbänden des RPJ nur die Junge Union.

Zur Mitfahrt entschlossen sich von den 17 autonomen Verbänden des DBJR mit sieben Millionen Mitgliedern zehn Organisationen. Diese zehn bekannten sich zur Erklärung vom November 1967, als die Entscheidung für Sofia gefällt wurde. Darin heißt es: »Der Deutsche Bundesjugendring, als Zusammenschluß der großen demokratischen Jugendverbände und aller Landesjugendringe der Bundesrepublik Deutschland [...] will zu den IX. Weltfestspielen, zusammen mit den Deutschen Jungsozialisten, als größter parteipolitischer Jugendorganisation, eine repräsentative Delegation entsenden. Wir begrüßen, daß die IX. Weltfestspiele der Jugend und Studenten jungen Menschen unterschiedlichen Glaubens, unterschiedlicher Weltanschauung, Nationalität und Rasse eine Möglichkeit geben, über die brennendsten Probleme unserer Zeit zu diskutieren [...] Wir verurteilen jeden kriegerischen Angriff und jeden Mord [...] Unsere Solidarität gilt dem leidenden Volk von Vietnam [...] Wir erklären uns solidarisch mit allen jungen Menschen in der ganzen Welt, die gegen Kolonialismus und Neonazismus, für Demokratie und Selbstbestimmung, nationale Befreiung und Unabhängigkeit kämpfen. Wir treten ein für eine europäische Friedensordnung, für normale Beziehungen zwischen allen Staaten, für jeglichen Gewaltverzicht sowie für eine allgemeine, totale und kontrollierte Abrüstung. Wir ziehen aus der Vergangenheit die Lehren und wenden uns entschieden gegen jedes Wiederaufleben militaristischer, nationalistischer oder totalitärer Tendenzen. Wir wollen uns im Sinne dieser Erklärung an den IX. Weltfestspielen der Jugend und Studenten in Sofia beteiligen, um dort unsere Auffassungen im Geiste der Zielsetzungen für Solidarität, Frieden und Freundschaft zu diskutieren [...] Wir fordern die sofortige Einstellung der

Bombenangriffe auf Nordvietnam durch die Amerikaner, die unverzügliche Beendigung aller Kriegshandlungen und die sofortige Aufnahme von Friedensverhandlungen aller Beteiligten, um dem vietnamesischen Volk den langersehnten Frieden und das Selbstbestimmungsrecht zu geben.«

Unterzeichnet wurde diese Erklärung von der Arbeitsgemeinschaft der Evangelischen Jugend Deutschlands, dem Bund der Deutschen Katholischen Jugend, der Deutschen Schreberjugend, der Jugend des Deutschen Alpenvereins, der Naturfreundejugend Deutschlands, dem Ring Deutscher Pfadfinderbünde, dem Ring Deutscher Pfadfinderinnenbünde, der Jugend der DAG, der Solidaritätsjugend Deutschlands und der Sozialistischen Jugend Deutschlands – ›Die Falken‹. Stimmenthaltung übten die Deutsche Sportjugend, das Deutsche Jugendrotkreuz, die Deutsche Beamtenbund-Jugend, die Deutsche Wanderjugend, der Bund der Deutschen Landjugend und die Deutsche Jugend des Ostens. Sie stießen sich insbesondere an der Forderung nach Beendigung des Bombardements auf Nordvietnam, wie aus der Erklärung der Deutschen Beamtenbund-Jugend hervorgeht. Diese stellte fest, »daß die Beamtenbund-Jugend dem Teil der DBJR-Erklärung nicht zustimmen könne, in dem die USA zur sofortigen Einstellung der Bombenangriffe auf Nordvietnam aufgefordert werden. Dieser einseitigen Verurteilung der Amerikaner glaubt sich die DBBJ nicht anschließen zu können, weil sie der differenzierten politischen Problematik nicht gerecht werde.«[244]

Die DJO hatte ihre Vorbehalte gegen das Festival schon Ende 1967 angemeldet und ihre Teilnahme von der Möglichkeit der Teilnahme interessierter israelischer Jugendverbände abhängig gemacht. Kurz darauf löste sie auch noch eine scharfe Kontroverse mit dem SDS aus. In einer Rede von Patock für die DJO heißt es zum Beispiel: »In jüngster Zeit hat sich in der Bundesrepublik im jugendpolitischen Raum ein Wandel vollzogen. Die Saat der linken Nihilisten, die ich hier nicht namentlich zu nennen brauche, hat Früchte getragen. Die Schüler des Professor Marcuse und anderer haben ihre Lektionen gut gelernt.« In derselben Rede maßte sich die DJO an, wozu niemand sie legitimiert hatte: »Wir werden stellvertretend für die Jugend der ost- und südosteuropäischen Völker ihre Stimme in der freien Welt wahrnehmen, bis sie selbst ihre Stimme in dem Konzert der freien Welt wieder erheben können. Das ist für uns eine Verpflichtung und – wenn man so will – auch eine Wiedergutmachung.«[245] Mit solchen Erklärungen stellte sich die DJO selbst ins Abseits; an ihre Festivalteilnahme war schon Anfang 1968 nicht mehr zu denken.

[244] *Jugendinformationsdienst* Nr. IX/18 v. 30. 4. 1968.
[245] DJO-Flugblatt

Die genaue Zusammensetzung der Reisegruppe des DBJR war schließlich wie folgt:

Arbeitsgemeinschaft der Evangelischen Jugend Deutschlands	31 Teilnehmer
Bund der Deutschen Katholischen Jugend	30 Teilnehmer
Sozialistische Jugend Deutschlands – Die Falken	26 Teilnehmer
Naturfreundejugend Deutschlands	23 Teilnehmer
Ring Deutscher Pfadfinderbünde	17 Teilnehmer
Jugend der Deutschen Angestellten-Gewerkschaft	10 Teilnehmer
Ring Deutscher Pfadfinderinnenbünde	1 Teilnehmer
Solidaritätsjugend Deutschlands	1 Teilnehmer

Von den Landesjugendringen nahmen teil:

Hessischer Jugendring	7 Teilnehmer
Landesjugendring Niedersachsen	5 Teilnehmer
Landesjugendring Berlin	3 Teilnehmer
Landesjugendring Baden-Württemberg	2 Teilnehmer
Bayerischer Jugendring	2 Teilnehmer
Landesjugendring Rheinland-Pfalz	2 Teilnehmer
Landesjugendring Bremen	1 Teilnehmer
Landesjugendring NRW	1 Teilnehmer
Hamburger Jugendring	12 Teilnehmer

Ferner gehörten der Delegation sechs Mitarbeiter der Geschäftsstelle des DBJR, fünf der Pressekommission des DBJR und fünf Dolmetscher an. Zusammen mit den 28 Jungsozialisten hatte die DBJR-Gruppe eine Stärke von 218 Personen.

Auch die DBJR-Gruppe plante ihre Auftritte in den Veranstaltungen. Als Referenten sah sie in Absprache mit der AKF-Gruppe folgende Redner für die Diskussionen vor: Dr. Adolf Dietz (Bund der Deutschen Katholischen Jugend) in der Tribüne ›Jugend und Politik – Engagement und Disengagement‹; Manfred Rexin (Falken) in ›Europäische Sicherheit – Die europäische Sicherheit und der Weltfrieden sowie Möglichkeiten eines Beitrages der Jugend und Studenten‹; Prof. Dr. Peter Landau (Jusos) in ›Nationalismus – Neonazismus – Der Kampf für die Demokratie gegen die reaktionären volksfeindlichen Regime und gegen die faschistischen Diktaturen‹; Kurt Sprenger (Naturfreundejugend) in der Diskussionsrunde ›Prinzipien und friedliche Koexistenz. Die Achtung der Prinzipien und friedlichen Koexistenz der Staaten mit verschiedenen sozialen Systemen, ob groß oder klein, auf Selbstbestimmung, Gleichberechtigung, Souveränität und territoriale Integrität jedes Landes, der Nichteinmischung in die inneren Angelegenheiten der Völker‹; Dr. Norbert Thurow (Bund der Deutschen Katholischen Jugend) in ›Probleme des Nahen

Ostens – Treffen der Jugend über Probleme des Nahen Ostens, israelische Aggression und die imperialistischen Machenschaften gegen die nationale Befreiungsbewegung dieser Gebiete und des Mittelmeerraumes‹, und schließlich Dr. Peter Pott (Bund Deutscher Pfadfinder) in ›Recht der Jugend und Studenten – Die Rechte der Jugend und der Studenten auf eine aktive Beteiligung am politischen Leben, auf Wahlrecht und Wählbarkeit auf freien Zusammenschluß in ihren eigenen Organisationen‹.[246]

Zu ersten Kontroversen zwischen dem DBJR und dem IVK kam es noch vor Aufbruch der Delegation nach Sofia. Am 17. Juli 1968 hatte das Organ der KP Bulgariens, die in Sofia erscheinende *Rabotnitschesko Delo*, einen Kommentar seines Ostberliner Korrespondenten Nentscho Hranow veröffentlicht, in dem es nach kurzer Vorstellung des DBJR hieß: »Es darf aber nicht vergessen werden, daß nach Sofia unter den Delegierten aus der BRD auch Leute kommen, die ganz andere Ziele (als die Festival-Ideen, E. B.) verfolgen. Vor allem bereiten sie sich vor, die neue ›Ostpolitik‹ der Regierung zu popularisieren, ideologisch die sozialistischen Staaten anzugreifen, die Vertreter der DDR zu isolieren. Darum sparen einflußreiche Regierungsfunktionäre – Anhänger der bekannten Theorien des ›Brückenschlags zu den sozialistischen Staaten‹, der ›Verführung von Osteuropa‹ usw. – keine Ratschläge über engere Kontakte zu den Delegationen und besonders zu den Vertretern der sozialistischen Staaten, über aktive Teilnahme an den ideologischen Diskussionen, um ihre Vorstellungen über die ›bourgeoise Demokratie‹ zu vertreten. Unseren Lesern sind die Enthüllungen über die gegen die Weltjugendfestspiele gerichteten Beziehungen des Generalsekretärs der Sozialistischen Jugendinternationale, Haekkerup, bekannt. Die westdeutsche Zeitung ›Die Tat‹ behauptet offensichtlich nicht unbegründet, daß an der Finanzierung einzelner Gruppen aus der BRD, direkt oder indirekt, und zwar nicht aus Liebe zu den Festivalideen, bekannte Regierungsdienststellen beteiligt sind. Manche Kreise in der BRD bereiten für das Festival viele Drucksachen und besonders Broschüren vor, die die ›neue Ostpolitik‹ loben. Die ›Falken‹ sind bereit, ihre Hauptpropagandamaterialien, übersetzt in viele Sprachen, unter dem Titel ›Unsere Einstellung‹ zu verteilen. Es ist klar, daß die gescheiterte alte Taktik der Verneinung dieses großen Jugendforums und der Frontalangriff gegen das Festival nun nach einem neuen strategischen Plan mit dem Ziel abgeändert worden ist, Gift gegen die Solidarität der Jugend zum Festival zu verspritzen.«[247]

[246] Alle Angaben lt. *j.p.d.* v. 23. 7. 1968.
[247] *j.p.d.* v. 12. 8. 1968.

Auch der Sekretär des nationalen Vorbereitungskomitees Bulgariens, Peter Mladenoff, äußerte auf einer Pressekonferenz am 23. Juli 1968 in Sofia laut Mitteilung der bulgarischen Nachrichtenagentur *BTA* den Verdacht, »CIA und der westdeutsche Geheimdienst beabsichtigen, einige der Organisationen des Deutschen Bundesjugendringes für ihre Zwecke zu benutzen [...] Zigtausende von Pamphleten und anderes Propagandamaterial sind bereits mit Geldern der Geheimdienstorgane gedruckt worden. Ein gewisser Teil der Delegierten erhielt Sonderausbildung, wie man die Delegationen anderer Länder beeinflussen könne. Dem Vernehmen nach sollen die Hauptoperationen von den sogenannten ›Stoßtrupps‹ durchgeführt werden. Die Teilnehmer an diesen ›Trupps‹ sollen angeblich aus Mitgliedern der neofaschistischen Jugendorganisationen und Emigranten aus den sozialistischen Ländern rekrutiert werden.«

Durch diese Pressemeldungen war die Teilnahme der DBJR-Delegationen »ernsthaft in Frage gestellt worden«.[248] Erste überraschte Reaktionen bezeichneten die Meldungen als »erlogen« und »völligen Blödsinn«.[249] Empört protestierte dann der Bundesjugendring offiziell beim bulgarischen Komitee in einem Telegramm vom 24. Juli mit folgendem Wortlaut: »Der Deutsche Bundesjugendring protestiert entschieden gegen die von Ihnen lt. BTA und UPI erhobenen Vorwürfe anläßlich Ihrer Pressekonferenz am 23. Juli 1968. Wir fordern Aufklärung darüber, daß der westdeutsche Geheimdienst einige Organisationen des Deutschen Bundesjugendringes für seine Zwecke benutzen soll, Prospektmaterial mit Geheimdienstgeldern gedruckt werden soll, daß Stoßtrupps mit Sonderausbildung gebildet wurden und welche neonazistischen Jugendorganisationen und Emigranten unserer Delegation angeblich angehören sollen.

Wir empfinden diese Unterstellung als schwerwiegende Beleidigung und unerträgliche Belastung im Hinblick auf unsere Teilnahme an den IX. Weltjugendfestspielen unter dem Motto ›Solidarität, Frieden und Freundschaft‹. Erwarten umgehend Antwort, da Pressekonferenz in Frankfurt (Main) am 26. 7. 1968, 10 Uhr, stattfindet.«

Peter Mladenoff kabelte umgehend und rechtzeitig zurück, er bedaure, »daß durch die Presse Mißverständnisse entstanden sind«. Dann korrigierte er die Meldung und erklärte: »Wir haben auf der Pressekonferenz unsere Besorgnis darüber zum Ausdruck gebracht, daß Geheimdienste, die bisher das Anti-Festival finanzierten und organisierten, auch dieses Mal versuchen, Einfluß auf am Festival teilnehmende Organisationen

[248] DBJR-Presse vom 28. 7. 1968.
[249] ppp v. 24. 7. 1968.

zu nehmen.« Schließlich gab Mladenoff seiner Freude Ausdruck, die Teilnehmer aus der BRD, eingeschlossen die DBJR-Gruppe, begrüßen zu können.²⁵⁰

Dem Bundesjugendring genügte die Antwort Mladenoffs. Allerdings erwies sich in Sofia, daß seine Äußerungen während der Pressekonferenz doch deutlich gegen den DBJR gerichtet waren, sein Telegramm also Beschönigungen enthielt, um die DBJR-Delegation von einer Absage abzuhalten. Nach dem Stenogramm hatte Mladenoff gesagt: »Wir sind im Besitz von zuverlässigen und verifizierten Angaben unserer ausländischen Freunde darüber, wie der CIA und die Spionagedienste von Westdeutschland bemüht sind, gewisse Organisationen des Deutschen Bundesjugendringes zu benutzen [...] Mit Geldern, die durch Organe der Spionagedienste zur Verfügung gestellt wurden, sind mehrere zehntausend Broschüren und anderes Propagandamaterial gegen das Festival gedruckt worden, um Einfluß auf die Delegationen ausüben zu können. Diese Broschüren sind an bestimmte Personen verteilt worden, die Mitglieder von Gruppen sind, die mit dem bestimmten Ziel gebildet wurden, diese Tätigkeit zu verrichten [...] Ein Teil der zu rechtsgerichteten Organisationen zählenden Delegierten haben von den Spionagezentren der deutschen Bundesrepublik eine Vorbereitung und spezielle Hinweise darüber erhalten, wie die Kontakte zu den Delegationen der anderen Länder herzustellen sind, um jene gegen die Festival-Ideen und die Bewegung der fortschrittlichen Jugend zu beeinflussen. Besondere Anstrengungen sollen unternommen werden, um die aus den neuerer Zeit befreiten Ländern kommenden Jugendlichen gegen die Delegationen der sozialistischen Länder aufzuhetzen, wie auch Zwietracht und Streit zwischen die Delegationen der sozialistischen Länder zu säen, z. B. zwischen die tschechoslowakische Delegation und die Delegation der DDR, die rumänische und die bulgarische Delegation usw. Diese Aktionen sollen durch besondere Rollkommandos durchgeführt werden. Es unterliegt keinem Zweifel, daß diese Kommandos aus deklassierten Elementen neofaschistischer Jugendorganisationen und verräterischen Emigranten sozialistischer Länder rekrutiert worden sind. Mehrere Dutzend der gleichen ›Teilnehmer‹ am Festival sind in Spezialkursen für den Zweck geschult worden, subversive Aktionen in Sofia zu organisieren. Ihre Schulung wurde von Ausbildern der CIA und der westdeutschen Spionagedienste unter größter Geheimhaltung vorgenommen [...]«²⁵¹

Die DBJR-Leitung tat nach Bekanntwerden dieses Wortlauts in Sofia das wahrscheinlich Klügste, als sie die Angelegenheit herunterspielte und das Telegramm Mladenoffs als Dementi

²⁵⁰ DBJR-Presse vom 28. 7. 1968.   ²⁵¹ j.p.d. v. 12. 8. 1968.

seiner Pressekonferenzäußerungen zu betrachten sich entschied.

Der Telegrammwechsel schlug sich noch in der kurzen Rede vor dem Abflug nach Sofia nieder. Klaus Flegel, der Vorsitzende des DBJR, betonte noch einmal die Unrichtigkeit aller Verdächtigungen: »Wir kommen nicht als ferngesteuerte Pressure group der Bundesregierung, nicht als Kreuzritter und Missionare, sondern als Menschen, die ihre Meinung zu diesem Lande haben und die ihre Meinung vertreten werden.«[252] Die Angelegenheit schien tatsächlich ausgeräumt, als die Reisegruppe des DBJR am 27. Juli 1968 auch von Vertretern des bulgarischen Festivalkomitees und des Jugendverbandes, der Dimitroff-Komsomolzen, begrüßt wurde.

Das Programm beinhaltete traditionell die politischen, sportlichen, kulturellen und wissenschaftlichen Veranstaltungen. Die einzelnen Tage standen wie immer unter verschiedenen Themen:

28. 7. Feierliche Eröffnung.

29. 7. Tag der Solidarität der Jugend mit dem heldenhaften Kampf des vietnamesischen Volkes und der vietnamesischen Jugend gegen die Aggression des amerikanischen Imperialismus.

30. 7. Hier war auf Betreiben insbesondere der FDJ eine Programmänderung vorgenommen worden. Danach hieß es: Tag gegen den Neonazismus in Westdeutschland.

31. 7. Tag der Solidarität der Jugend mit den Völkern im Kampf um nationale Befreiung, nationale Unabhängigkeit, Frieden, Demokratie und sozialen Fortschritt.

1. 8. Tag der Freundschaft mit der Jugend und der Bevölkerung Bulgariens.

2. 8. Tag der jungen Mädchen.

Der 3. 8. war nicht als ›Tag‹ deklariert, er stand unter dem Thema: ›Die Jugend und die Entwicklung der revolutionären, patriotischen und nationalen Traditionen der Völker der ganzen Welt.‹

4. 8. Tag der Verteidigung der Menschenrechte.

5. 8. Tag der Manifestation für den Kampf um den Frieden und gegen Atomwaffen – Jahrestag von Hiroshima und Nagasaki.

6. 8. Schlußtag.

Noch vor der Eröffnung des Festivals ereigneten sich zwei weitere Zwischenfälle, diesmal zwischen den Veranstaltern und der tschechischen Delegation. *BTA* informierte am 30. Juli: »Am 26. Juli trafen an dem Grenzposten bei Kalotina an der bulgarisch-jugoslawischen Grenze etwa 30 Jugendliche aus

[252] *Frankfurter Allgemeine* v. 27. 7. 1968.

der Tschechoslowakei ein. Den Jugendlichen, die ein verwahrlostes Aussehen hatten, folgte ein Lastwagen mit einer fahrbaren Küche. Sie erklärten, sie seien unterwegs zu den Festspielen. Auf die Bitte der Offiziere der Grenzwache, ihre Festspielausweise vorzuzeigen, erwiderten sie, sie besäßen keine derartigen Ausweise, aber sie wollten den Festspielen als Touristen beiwohnen. Es wurde ihnen in höflicher Weise erklärt, daß ihnen nicht gestattet werden könne, in einem solchen Aufzug nach Bulgarien zu kommen. Man schlug ihnen vor, ihr Äußeres in der nächsten bewohnten Ortschaft in Ordnung zu bringen. Sie lehnten dies jedoch kategorisch ab und setzten bzw. legten sich auf den Bürgersteig und die Asphaltstraße und behinderten damit den Verkehr. Auf die Aufforderung, sich zu entfernen, antworteten sie mit groben Angriffen und belegten die Beamten mit Schimpfworten und nannten sie u. a. sogar ›Faschisten‹.«

Zum Aussehen der Jugendlichen heißt es in der Meldung an anderer Stelle ausführlicher, sie »waren schmutzig, sie trugen lange und ungekämmte Haare, ihre Gesichter waren seit Wochen nicht gewaschen, ihre Kleider waren schmierig«.

In dieser Meldung ist manches verzerrt und sogar falsch dargestellt. Die Gruppe war ein Teil der offiziellen tschechischen Delegation, der zu Fuß nach Sofia marschierte. Das mag zu einem etwas abenteuerlichen Aussehen geführt haben – ein Grund, sie deshalb nicht einzulassen, konnte das aber doch unmöglich sein.

Völlig unrichtig ist die Behauptung, die Beamten seien höflich mit den Jugendlichen umgegangen; sie haben sie vielmehr regelrecht verprügelt. Die bulgarischen Behörden gaben keinem der tschechischen Proteste über die Einreiseverweigerung nach, und selbst das Eingreifen des Prager Außenministers änderte nichts daran, daß die jungen Tschechen umkehren mußten.

Der zweite Zwischenfall ereignete sich ebenfalls an der jugoslawisch-bulgarischen Grenze. Willkürlich hielten bulgarische Grenzkontrollen einen tschechischen Lkw mit einem »Teil der notwendigen Ausrüstung für die tschechoslowakische Delegation« fest. Fahrzeug und Ladung waren »zollmäßig ordnungsgemäß abgefertigt«. Einzige Begründung der Bulgaren war die »Abwesenheit der zuständigen bulgarischen Zollbeamten«.[253] Zweifellos handelte es sich um einen Versuch der orthodoxen Bürokratie, Schikanen gegen das Land auszuüben, das aufgebrochen war, die im Sozialismus involvierten demokratischen Rechte und Freiheiten aus der sowjetkommunistischen Deformation des sozialistischen Gedankens zu befreien und zu verwirklichen.

[253] *Radio Prag* v. 27. 7. 1968.

Die gleiche Frontenbildung zwischen orthodoxen Sowjetkommunisten und kritischen Sozialisten, die sich bei diesen ersten Behinderungen abzeichnete, durchzog das gesamte Sofia-Festival.

Daß sich zur Gruppe der kritischen Linken auch die jugoslawische Delegation schlagen würde, ließ bereits die selbstbewußte Reaktion der Studenten der Universität Ljubljana auf die Behinderungen der Tschechen ahnen. Sie forderten die jugoslawischen Festivalteilnehmer auf, ihre weitere Teilnahme in Sofia zu überprüfen, und stellten gegen die orthodoxen Kommunisten offen die Frage, ob Bulgarien als Gastgeberland fähig sei, den demokratischen Ablauf der Spiele überhaupt zu gewährleisten.[254] Die Aufteilung der Festspielteilnehmer in zwei ideologische Lager wurde bei der Eröffnung des Festivals in anschaulicher Weise sichtbar. Die Grußbotschaften von Breschnew, Kossygin und U Thant, durchweg die Solidarität der Völker und den Frieden beschwörend, konnten nicht verhindern, daß es schon beim Einmarsch zu ersten Zwischenfällen kam. Der gemeinsame Nenner aller Gäste in Sofia, Solidarität mit dem vietnamesischen Volk und die Verurteilung der USA, war zu schmal, um alle offenen Fragen zwischen den kritischen Sozialisten und dogmatischen Kommunisten abzudecken. Der Chef der rumänischen Delegation, Jugendminister Jon Iliescu, sprach angesichts dieser Verhältnisse im Bereich sozialistischer Theorie und Politik von einer »komplizierten internationalen Situation«.

Der traditionelle Einmarsch ins Stadion verzögerte sich um eine Stunde; der Grund lag allerdings nicht wie in Moskau im herzlichen Empfang durch die Sofioter Bürger, sondern in Zwischenfällen während des Umzugs durch die Stadt. Die bulgarische Geheimpolizei, unterstützt von den sowjettreuen westdeutschen Teilnehmern, balgte sich mit den kritischen Linken der BRD um Mao- und Trotzki-Bilder, mit den Tschechoslowaken um das Bild ihres Parteivorsitzenden Dubček. Iranischen Studenten, die bei den Westdeutschen Schutz gesucht hatten, wurden in gleicher Weise Fahnen, Transparente und Bilder entrissen. Die undemokratischen, in ihrer Form rüden Vorfälle brachten die linken Bundesrepublikaner so in Harnisch, daß sie sich eine Zeitlang weigerten, weiter zu marschieren, was die besagte Verzögerung verursachte.

Ein Blick auf die westdeutschen Delegationen beim Einmarsch zeigt ein weiteres Mal die ideologische Zerklüftung unter den Teilnehmern des Festivals. Die rund 500 Jugendlichen verteilten sich auf fünf Blöcke: auf KP-Treue, also SDAJ mit sowjetkommunistischem Anhang, auf die kritische Linke mit Ausnahme des SDS, auf den SDS, auf die Delegation des

[254] *upi* und *Süddeutsche Zeitung* v. 1. 8. 1968.

DBJR und schließlich auf die geschlossen auftretenden Falken. Und wie getrennt marschiert wurde, so machten auch ihre Transparente differente Aussagen. SDAJ und auch SDS forderten mit aller Härte ›Amis raus aus Vietnam‹, der LSD sprach sich für die Kulturrevolution gegen bürokratische und autoritäre Strukturen aus, die Jungdemokraten brachten den Krieg in Biafra ins Spiel. Auch der DBJR wollte Freiheit mit Selbstbestimmung für Vietnam, bekundete seine Solidarität mit dem vietnamesischen Volk und forderte die USA zum Frieden auf. Des weiteren ging es ihm um Rüstungsabbau und ein atomwaffenfreies Europa, er wandte sich gegen Kolonialismus und Neonazismus und stellte fest: ›Jugend will keine Grenzen‹.

Um die bei aller verbalen Lautstärke der Ostblockländer gegen den Krieg der Amerikaner in Vietnam immer vermiedene kraftvolle Willensbekundung vor den amerikanischen Botschaften auch in Sofia durch den als Jubelzug gedachten Delegiertenumzug zu verhindern, war die amerikanische Botschaft hermetisch abgeriegelt. Als der verspätete Zug schließlich ins Vasil Levski-Stadion einmarschierte, gelang es dem SDS, ein bis dahin versteckt gehaltenes Spruchband zu entrollen, auf dem gefordert wurde, was die Festival-Regisseure gerade zu vermeiden suchten. Dort stand: SDS-Solidaritätsdemonstration US-Botschaft, 29. 7., 16 Uhr. Ferner verteilte ein Teil der SDS-Delegierten ein Flugblatt, auf dem in vier Sprachen die Demonstration begründet und deutlich das Unbehagen an der Vietnam-Politik der ›sozialistischen Staaten‹ ausgedrückt wurde. Es hieß darin: Solidarität mit der vietnamesischen Revolution bedeutet heute nicht allein materielle Hilfe oder bloß moralischen Protest. Angesichts des Betruges der Pariser Verhandlungen und der verschärften US-Aggression muß das Festival, um nicht unglaubwürdig zu werden, demonstrativ ein Zeichen seiner kämpferischen Solidarität setzen. Am 21. Oktober 1967 hat die Belagerung des Pentagon den entschlossenen Protest gegen die imperialistische Politik der USA durch die amerikanische Bevölkerung selbst bewiesen. Das Festival darf nicht bei bloß verbalen Protesten stehenbleiben. Montag, 29. Juli 1968, 16 Uhr Demonstration vor der US-Botschaft.

Wegen des Transparentes und der Flugblätter kam es innerhalb des SDS zum Konflikt. Die sowjettreue Fraktion im SDS distanzierte sich – ebenfalls per Flugblatt – »von dem Flugblatt des Bundesvorstandes und der von ihm geplanten direkten Aktion vor der amerikanischen Botschaft«, weil man »nicht mechanisch Demonstrationsformen, die unter den Bedingungen des Kampfes in den kapitalistischen Ländern entstanden sind, auf das Festival übertragen« könne.

Opposition gegen den Dogmatismus zeigten auch die Tschechoslowaken. Sie standen nahezu geschlossen hinter dem Reformkommunismus Dubčeks. Mit ›Dubček‹- und ›Svoboda‹-Rufen sowie ›Sofia erwache‹ erschreckten sie die Bulgaren, und dem freundlich winkenden Schirmherrn des Festivals, KP-Chef Schiwkoff, riefen sie entgegen: »Unsere Demokratie ist unsere Sache!« Schiwkoff verschwand — irritiert oder verärgert — aus der Stadionloge. Auf die später gestellte Frage, was sie mit ihrem ›Sofia erwache‹ gemeint hätten, entgegneten die Nachfahren Schwejks, es sei »alles so still gewesen . . .«

Die Veranstalter irrten sich, wenn sie glaubten, ein Festival alten Stils machen zu können. Die Diskrepanz zwischen dem verbalen Kraftakt des WBDJ-Präsidenten Rodolfo Mechini in der Eröffnungsrede am 28. Juli und der Aktion des SDS am nächsten Tag zerstörte die trügerische politische Harmonie. Mechini erklärte mit wohlgesetzten Worten: »Mit flammenden Herzen empfangen wir Euch, Mädchen und Jungen, Patrioten und Kämpfer aus Vietnam. Vietnamesische Brüder! Mit Stolz und Bewegung bestätigen wir hier, in diesem Festival und vor der ganzen Welt, unsere gemeinsame Verpflichtung, Schulter an Schulter zusammen mit Euch im Kampf für Unabhängigkeit und Frieden zu stehen, zu Euch zu stehen im Kampf gegen die amerikanische Aggression, für Frieden, zu Euch zu stehen im Namen des Sieges von Vietnam. Das heldenhafte Vietnam ist heute mit uns!«

Am nächsten Tag, dem 29. Juli, standen Mechinis Genossen Schulter an Schulter mit der bulgarischen Polizei und einem großen Aufgebot als Arbeiter verkleideter Geheimpolizei vor der durch quergestellte Lastwagen, Seilsperren u. a. hermetisch abgeriegelten amerikanischen Botschaft in Sofia, um die kritische Linke aus Westdeutschland von einem machtvollen Protest gegen den Vietnam-Krieg abzuhalten. SDAJ und die orthodoxe Fraktion des SDS hatten eine eigene Kette gebildet und verprügelten ihre Delegationsfreunde aus dem AKF.

Daß den Veranstaltern nicht gelungen war, diese Massenschlacht von vornherein durch Gegenmaßnahmen zu verhindern, lag nicht an der Überraschung über die Aktion. Nicht nur kurzfristig im Stadion bei der Eröffnung, schon in Frankfurt während einer Sitzung des AKF hatte SDS-Vorsitzender Karl Dietrich Wolff dem AKF-Vorsitzenden Schröder Aktionen wie diese angekündigt, und Schröder hatte vergeblich versucht, K. D. Wolff auf Inaktivität festzulegen. Wovon man in Sofia überrascht wurde, war augenscheinlich das Ausmaß der Demonstration.

Den vereinten Orthodoxen war es nach den heftigen Prügeleien gelungen, die Demonstranten abzudrängen. Diese versammelten sich aufs neue vor dem Dimitroff-Mausoleum. K. D. Wolff und der VDS-Vorsitzende Björn Pätzold verschafften sich ein Megaphon und protestierten vor rund 2000 Menschen gegen die einseitige Auswahl der Delegierten, gegen die Abwesenheit der Chinesen, Kubaner und insbesondere auch der UNEF-Führer, die zu den Initiatoren der Pariser Mai-Unruhen von 1968 gehörten.

Wieder griffen Polizei und verkleidete Geheimpolizei ein. Mit Gewalt lösten sie auch diese Demonstration auf. Unmittelbar nach diesen turbulenten Ereignissen wurde der Gebäudeblock der westdeutschen Delegation von Polizisten umstellt; sie drangen in die Unterkünfte ein, Gäste der Westdeutschen wurden scharfen Kontrollen unterzogen. Als Argument für die verletzenden Maßnahmen wurden ›Sicherheitsvorkehrungen‹ vorgeschützt. Ferner wurde behauptet, Wolff habe mit den Aktionen des SDS das Gastrecht verletzt. Der teils geschützte, teils unter Kuratel gestellte SDS-Vorsitzende soll geantwortet haben, er sei Sozialist und deshalb überall, auch in Bulgarien, zu Hause.

Die SDAJ und die Dogmatiker der AKF-Gruppe versuchten nach den Vorfällen des 29. Juli, K. D. Wolff in die Bundesrepublik abzuschieben. Eine Abstimmung innerhalb der Delegation, an der aber offensichtlich fast ausschließlich Jugendliche der orthodoxen Gruppe teilgenommen hatten, war mit 100 Stimmen bei 10 Enthaltungen dafür. Die Vollstreckung dieses Beschlusses scheiterte am Veto linker AKF-Mitglieder, insbesondere des LSD, da alle Entscheidungen im AKF einstimmig getroffen werden mußten. In dieser Situation bestätigte sich die Richtigkeit der Mitarbeit der kritischen Linken im AKF vollauf.

Ein weiterer Beweis für diese realistische politische Haltung war die Tatsache, daß es in Sofia nie zu einer Solidarisierung der Kommunisten im AKF mit der FDJ kam. Der AKF wurde in Sofia stets durch seinen Arbeitsausschuß repräsentiert, dem neben Schröder auch Frank von Auer (LSD), K. D. Wolff und meistens Lüder (DJD) angehörten. Selbst eines der üblichen ›Freundschaftstreffen‹ zwischen der Delegation des AKF und der FDJ, an dem übrigens auf Forderung der FDJ K. D. Wolff nicht teilnehmen durfte, fand nicht den üblichen herzlich-zeremoniellen Rahmen. So gab es die verständlichen Solidarisierungen von FDJ und orthodoxen SDSlern und der SDAJ nur punktuell, z. B. bei den Maßnahmen gegen Wolff. Dabei mußte Schröder sich jeden Engagements enthalten, wollte er nicht die höhere Aufgabe, die Einheit des AKF, gefährden.

Die Aktivität des SDS löste wütende Attacken im kommunistischen Lager aus. Zerstörte doch die »politische Scharlatanerie«, von der *Neues Deutschland* am 31. Juli 1968 schrieb,

die gepflegte Fassade des Festivals. Der *SPD-Pressedienst* vom
7. August zielte völlig zutreffend den neuralgischen Punkt des
Unfriedens an, wenn er notierte:

»Das Jugendfestival in Sofia hat seinen Veranstaltern keine
Freude bereitet. Es sollte wieder einmal, wie schon so oft, eine
machtvolle Demonstration der Freundschaft der Jugend in
aller Welt sein. Früher war das meist geglückt, von einigen
kleinen Pannen abgesehen. Man schwor sich in Massende-
monstrationen ewige Freundschaft, ließ den Frieden hochleben
und tanzte sich durch die Delegationen der Nationen hindurch,
kannte aber nur einen Feind – den Kapitalismus und die Reaktion. Man hatte auch immer genügend ›Vertreter der westlichen Jugend‹ zur Hand, die eifrig bekundeten, bei ihnen zu
Hause sei das Chaos, und der Militarismus sowie der Faschismus warteten darauf, die in jeder Beziehung friedliche Sowjetunion oder das sozialistische Lager überfallen zu können.
Diesmal war das alles anders. Die Delegationen aus den sozialistischen Lagern gerieten sich in die Haare, Linke und
Rechte beschimpften sich, und sogar beim Tanzen kam es zu
heftigen Diskussionen darüber, ob ein Reformist mit einer
fortschrittlichen Delegierten die Runde drehen dürfe oder
nicht [...]
Alle diese Vorgänge auf dem Jugendfestival 1968 sind symptomatisch. Sie zeigten, daß die Jugend der Welt heute gegen
die Etablierten auftritt. Dabei wird kein Unterschied gemacht
zwischen den Etablierten im Westen und denen im Osten.
Selbst die perfektionierteste Organisation vermochte in Sofia
nicht zu verhindern, daß die Gegensätze zwischen den einzelnen Lagern offen zutage traten.
Die Veranstalter werden dies bestimmt bedauern und für die
Zukunft dafür Sorge tragen, daß ein nächstes Festival nur
Besucher hat, die stramm auf dem vorgezeichneten Weg marschieren. Aber wird es jemals wieder einen vorgezeichneten
Weg geben? Wir bezweifeln das. Die Fronten sind längst ins
Rutschen geraten. Der Kommunist aus Warschau ist nicht
mehr der gleiche Kommunist wie der aus Prag; vom Kommunisten aus Moskau und Peking ganz zu schweigen. Der Linke
aus Ostberlin will von dem Linken aus Frankfurt/Main nichts
wissen; er betrachtet ihn sogar als Verräter.
So gesehen war das Festival der Jugend in Sofia ein getreues
Spiegelbild der Entwicklungen in der politischen Landschaft
des Osten und des Westen. Die vermeintlich festgefügten
Blöcke zeigen tiefe Risse; hüben und drüben.«
Die Attacken von SDAJ, FDJ usw. machten allen vollends klar,
was die aufmerksamen Kritiker aus Erfahrung längst wußten:
im Westen wie im Osten fürchtet sich die Bürokratie vor der
politischen Auseinandersetzung. Beide stempeln ihre Kritiker

zu Utopisten in der Absicht, die eigene Position zu festigen. Wenn sie nach Sicherheit und Ordnung rufen, meinen sie allein die Sicherung der eigenen Macht. Es trifft den Kern, wenn die *Süddeutsche Zeitung* von einer »Internationale des Bürokratismus« spricht, oder wenn Fritz Richert in der *Stuttgarter Zeitung* vom 8. August 1968 unter dem Titel ›Etablierte aller Länder, vereinigt euch!‹ reflektiert: »Nehmen wir nicht an, die Herrschaftsformen im Ostblock seien erstarrt, sie seien überlebt – muß es uns dann nicht in Erstaunen setzen, wenn wir genauso reagieren wie die Bonzokratien?« Gegen diese selbstkritischen Überlegungen stand eine konservative Presse, die sich hämisch über den angeblichen ›Reinfall‹ des SDS freute. Sie konstruierte ihn, indem sie unterstellte, die kritische Linke sehe die kommunistischen Staaten »als eine Vorform der höchsten Vollendung«[255]. Sie bewies damit mangelnde Differenzierungsfähigkeit – was ein intellektuelles Problem wäre –, vielleicht aber sogar Ignoranz, deren Wurzel in der konservativen Ideologie zu suchen wäre.

Geistige Enge war es auch, die den Dogmatikern des Ostens die Auseinandersetzung mit ihren Kritikern von links so schwer machte, daß sie mit Polizei statt mit Argumenten antworteten. Bis dahin waren die Fronten abgesteckt; die Propaganda war auf den kapitalistischen Westen eingeschossen – doch nun ging es gegen einen sozialistischen Gegner, der mit Marx gegen das orthodoxe Establishment anging. Die parteioffiziellen Kommentare waren bezeichnend und drückten Hilflosigkeit aus. Am 31. Juli schrieb *Neues Deutschland*, »sich wild gebärdende Gruppen« hätten versucht, »die Einheit des Festivals zu untergraben«. K. D. Wolff gäbe »mit seinem unverschämten Auftreten« der reaktionären Presse »Gelegenheit [. . .] Schauermärchen über das Festival zu verbreiten«. Diese Interpretation zeigt, daß den Dogmatikern jedes Organ dafür, daß es auch politische Spontaneität gibt, verlorengegangen ist. Aus demselben Grunde unterstellte auch Mladenoff den unabhängigen Linken, sie stünden im Dienst des imperialistischen Spionagedienstes[256], und *Radio Moskau* dokumentierte sein Unverständnis in folgendem Kommentar: »Der Triumphmarsch des Festivals in Sofia fegte auch diejenigen linken Schreier hinweg, die sich in ultrarevolutionären Phrasen gefielen und versuchten, einen Keil in die Reihen der demokratischen Jugend zu treiben. Eines dieser Großmäuler – Karl Dietrich Wolff –, er kam übrigens ebenfalls aus Westdeutschland, leitete seine Reden mit der Forderung nach uneingeschränkter Diskussionsfreiheit ein und schloß sie mit der Androhung eines Antifestivals in Sofia. Die Schreier der pe-

[255] *Augsburger Allgemeine* v. 31. 7. 1968.
[256] *AFP* v. 23. 7. 1968.

kingfreundlichen Richtung vom Typ Wolffs sind ein gefunde-
nes Fressen für die bourgeoise Propaganda. Nicht zufällig
bringen heute die Agenturen UPI, REUTER und AFD ins De-
tail gehende Beschreibungen aller Auftritte Wolffs während
des Festivals. Nicht zufällig befand sich der Ritter der dem-
agogischen ultrarevolutionären Phrasen im Lager derer, die
ein Antifestival anstrebten. So sieht die Logik des politischen
Kampfes aus [. . .]«[257]

Der erste Satz dieses Moskauer Kommentares war eine glatte
Falschmeldung, die dadurch nicht richtiger wurde, daß die Ost-
presse sie monoton wiederholte. So war es reines Wunsch-
denken, wenn die *Junge Welt* vom 31. Juli 1968 schrieb, daß
»die Aktion des SDS-Vorstandes keine Resonanz bei den anderen Festivaldelegationen und bei den Einwohnern der bulgarischen Hauptstadt fand«. Denn sowohl bei den Tschechen
als auch bei den Rumänen, den Jugoslawen und bei einem
Teil der Farbigen gab es zum Teil lebhafte Zustimmung. Die
Sofioter Bürger beobachteten die Ereignisse mit Staunen.

Die Vielfalt in der westdeutschen Argumentation war in Sofia
ein Politikum. Sie wirkte als Initialzündung. Damit war es,
wie die Wiener *Presse* vom 7. August meinte, »zur Zersetzung der sowjetkommunistischen Zwangseinheit« gekommen.
Von »Blockdisziplin« wolle die Jugend auch im Osten bald
nichts mehr wissen.

In der unterschiedlichen Berichterstattung aus Ost und West
spiegeln sich die unterschiedlichen Erwartungen vom Festival
hüben wie drüben. Die unabhängige Linke wollte vor allem
ein politisches Festival. Erdmann Linde, seinerzeit als SHB-
Vorsitzender in Sofia, hatte »mehr Diskussionen«, dafür
»weniger Show« erwartet – genau aber diese ist auf dem
Festival Voraussetzung für ein »harmonisches Freundschaftstreffen«; nur sie kann den Pluralismus der Meinungen, auch
den sozialistischen, überlagern.

Als die politische Note des Festivals, eingebracht durch die
westdeutsche unabhängige Linke, nicht mehr zu verhindern
war, versuchten die Offiziellen, die Veranstaltungen zu mani-
pulieren. Als Mittel der Regie dienten gezielte Kartenausgabe
für Seminare, Verhinderung von öffentlichen Diskussionen,
fertige Rednerlisten und einstudierte Abläufe. Dem zu entgehen verlangten die Linken Hörsäle für eigene Veranstaltungen, die ihnen zögernd, aber in beschränktem Maße zugestanden werden mußten. Doch auch bei solchen im Stil von
Teach-ins veranstalteten Diskussionen versuchten die Kommunisten, die Fäden des Ablaufs in die Hand zu bekommen.
Beim Versuch der Umfunktionierung eines Treffens der Linken
durch sowjetische Delegierte, die das Präsidium übernehmen

[257] *Radio Moskau* v. 7. 8. 1968.

und nach einer vorbereiteten Rednerliste das Wort erteilen wollten, kam es zu »turbulenten Rangeleien«[258]. K. D. Wolff legte dabei den staunenden Bulgaren, Polen und DDR-Deutschen, die bedingungslos im Kielwasser des großen Bruders zu schwimmen gewohnt sind, auseinander, »was links, rechts oder zentristisch, was revolutionär oder reformistisch sei, das werde, so sagte SDS-Vorsitzender Wolff mit schneidender Schärfe, nicht von den Sowjets, sondern von der Geschichte entschieden. Die Führer der KPdSU hätten sich da bekanntlich schon öfter geirrt [...]«[259] Manfred Rexin konnte beobachten, daß Jugoslawen, Rumänen und Tschechoslowaken »verständnisvoll« nickten.

Einen neuen schweren Zwischenfall gab es am Donnerstag, dem 1. August. Eine 15 Mann starke Gruppe des SDS stattete der chinesischen Botschaft einen Besuch ab. Sie wurde freundlich eingelassen, doch zu einer längeren Diskussion erklärten sich die Chinesen nicht bereit. Zwei deutsche Fernsehjournalisten der amerikanischen Gesellschaft NBC hatten die Delegation beim Verlassen der Botschaft gefilmt. Da griffen plötzlich mehrere Männer in Zivilkleidung die beiden an und versuchten, ihnen die Kameras zu entreißen. Einem wurde die gesamte Ausrüstung weggenommen, der andere in eine Straßenbahn gedrängt, die er erst mehrere Stationen später verlassen durfte. Das Fernsehteam des NDR hatte ebenfalls die SDS-Gruppe gefilmt und auch die Zwischenfälle mit den NBC-Journalisten aufgenommen.[260] Obgleich es in die Schlägerei verwickelt wurde, als die Männer den bedrängten Kollegen zur Hilfe kamen, konnten die Filme gerettet werden.

Auch der Freitag, der ›Tag der jungen Mädchen‹, sah nicht eingeplante Ereignisse in Verbindung mit der SDS-Aktivität. Dr. Reinhart Wolff, Bruder des SDS-Vorsitzenden, hielt in der ›Freien Tribüne‹ eine für orthodoxe Ohren überaus ketzerische Rede. Er »analysierte die Entwicklung der Entpolitisierung der Massen und selbst der Organisationen der werktätigen Klasse in den kapitalistischen Gesellschaften Westeuropas und schloß mit der Feststellung, man müsse gegen die revisionistischen Bewegungen kämpfen, die überall in Sofia zu finden wären«[261]. Diese letzte Bemerkung zielte ins Herz des Sowjetkommunismus und kennzeichnete deutlich die Stellung der kritischen Linken zwischen den Fronten des Bürokratismus. Sie hatte zur Folge, daß Mitglieder kommunistischer Delegationen den Hörsaal demonstrativ verließen. Am Nachmittag organisierte der SDS eine im Programm nicht vorgesehene Kundgebung für die lateinamerikanischen

[258] Manfred Rexin in *Der Abend* v. 10. 8. 1968.
[259] Ebd.
[260] *Süddeutsche Zeitung* v. 3. 8. 1968; *Die Presse* (Wien) v. 3. 8. 1968.
[261] *AFP* v. 2. 8. 1968.

Freunde. Er ging von der Annahme aus, daß ihren Problemen zu wenig Aufmerksamkeit in Sofia geschenkt würde. Wieder hielt Reinhart Wolff eine Rede, die herbe Kritik an den kommunistischen Parteien übte und deshalb wieder auf die Ablehnung der Ostblockdelegationen stoßen mußte.

Am Sonnabend, dem 3. August, entlud sich die Spannung zwischen kritischen Sozialisten und orthodoxen Kommunisten ein weiteres Mal handgreiflich. Anläßlich einer Diskussion zum Thema ›Individuum und Gesellschaft‹ protestierte K. D. Wolff gegen Manipulationen mit einer fertigen Rednerliste, durch die unabhängige Delegierte am Sprechen gehindert wurden. Auf diese Beschwerde antwortete ein bulgarischer Delegierter mit dem so alten wie unbegründeten Vorwurf, Wolff arbeite den Kapitalisten in die Hände. Wörtlich erklärte er dann: »Schon einmal, vor dreißig Jahren, hat ein Mann eine Lüge dreißigmal gebracht und daraus die Wahrheit gemacht.«[262] Diese Anspielung auf Goebbels, eine nach dem Muster des westlichen Establishments erhobene Anklage des Faschismus gegen die kritische Linke, fand bei den orthodoxen Delegierten Beifall. Der empörte Wolff stürmte zum Podium und versuchte, eine Erklärung abzugeben; dabei wurde er von bulgarischen Geheimpolizisten gewaltsam behindert, geschlagen, getreten und schließlich aus dem Saal gezerrt. Im Saal gab es darauf eine Revolte. Eine Jugoslawin forderte die augenblickliche Entschuldigung des Bulgaren vor allen Teilnehmern. Unterstützung fand sie bei westeuropäischen Sozialisten, die mit dieser Forderung den Saal verließen. Nach einer halbstündigen erregten Diskussion kam die Zusicherung, der Bulgare werde sich entschuldigen. Doch statt einer Zurücknahme trug er lediglich Ausflüchte und erneute Vorwürfe vor. Daraufhin verließen die Teilnehmer aus England, Holland, Italien, Belgien, den skandinavischen Ländern, der BRD, Jugoslawien und der CSSR den Saal. Die Jugoslawen erwogen in der ersten Erregung gar die Abreise, sie blieben aber dann, »not to leave the Czechs here alone«[263]. Diese wiederum solidarisierten sich mit Wolff in einer Flugblatt-Aktion am Abend des 3. August. Der dadurch neu entstandene Wirbel verhinderte, daß die schon zugestandene Entschuldigung der Bulgaren – unter der Auflage, daß sich Wolff für den Mißbrauch der Mauer des Dimitroff-Mausoleums für ein Teach-in entschuldigen sollte – und die Genehmigung einer Podiumsdiskussion, auf der die deutschen Studenten ihre Vorstellungen zu einem politischen Festival vortragen könnten, fallengelassen wurden. Von keinem der beiden Punkte war jetzt noch die Rede, die Spannungen blieben bis zuletzt.

[262] *Frankfurter Rundschau* v. 5. 8. 1968.
[263] *The Times* v. 5. 8. 1968.

An dem großen Aufsehen, das der Auftritt der Neuen Linken in einem kommunistischen Land erregte, kann kein Zweifel bestehen. Übereinstimmend stellten Beobachter fest, daß sie das »eigentliche revolutionäre Element« des Festivals gewesen sei. *AFP* schrieb vom SDS als vom »Hecht im Karpfenteich von Sofia«.

Daß es aufgrund der unterschiedlichen Auffassungen bei den politischen Veranstaltungen zu scharfen ideologischen Auseinandersetzungen kommen würde, hatte Sergej Pawlow, der Erste Sekretär des ZK des Leninschen Kommunistischen Jugendverbandes laut *Komsomolskaja Prawda* vom 20. Mai 1968 erwartet. Die Härte, mit der jedoch in den Diskussionen ›gekämpft‹ wurde, überraschte allgemein.

In manchen Punkten weniger geschickt agierte die Gruppe des DBJR. Ihre Schwierigkeit lag darin, daß sie, in der Zusammensetzung überaus heterogen, dennoch mit einer Zunge sprechen mußte, während der SDS und die neuen Linken innerhalb des AKF freie Hand hatten.

Manche Ereignisse allerdings zeigen, daß die Leitung der Delegation vermeidbare und peinliche Zwischenfälle durch ungeschicktes Operieren selbst verursachte. Der erste für den DBJR unerquickliche Vorfall war die Verteilung der Broschüre ›Die junge Generation in der Bundesrepublik Deutschland‹. Sie enthielt Passagen mit unpassenden Vergleichen, revanchistischer Terminologie und unkritischer Darstellung der BRD. So hieß es: »Jenseits des Eisernen Vorhangs, im sowjetisch besetzten Teil Deutschlands, hatte sich abermals eine Staatsjugend gebildet, diesmal unter kommunistischer Führung. Die FDJ (Freie Deutsche Jugend) erhielt, wie die Hitler-Jugend, das Staatsmonopol.« An anderer Stelle war von ›Mitteldeutschland‹ die Rede, die Bundeswehr wurde als Schule der Freiheit und Demokratie dargestellt, und mit keinem Wort wurde auf die tatsächliche Lage der Jugend beispielsweise an den Schulen und Hochschulen eingegangen.

Daß die Broschüre keineswegs für das Festival hergestellt war, konnte nicht als Entschuldigung gelten. Sie wurde anläßlich einer Pressekonferenz von Vertretern des DBJR am 29. Juli 1968 in Sofia ausgelegt und verteilt – und selbstverständlich mit ihnen identifiziert. Tatsächlich war die Broschüre vom Deutschen Nationalkomitee für internationale Jugendarbeit (DNK) herausgegeben worden, dem der DBJR und der RPJ angehören. Idee, Redaktion und Texte stammten von dem freien Journalisten Dr. Hermann Boventer, der den Text im Honorarauftrag für das DNK verfaßt hatte. Es nützte auch nichts, daß der DBJR die Verteilung der Broschüre sofort einstellte, nachdem die in Sofia anwesenden Verbände die in-

kriminierten Stellen gelesen und sich von ihnen distanziert hatten. Selbst ihr Bedauern des Vorfalls und die Einladung an die FDJ zu einem klärenden Gespräch stießen nur auf Hohn. FDJ-Zentralrat-Sekretär Erich Rau antwortete wörtlich: »Man kann nicht jemand in den Hintern treten und dann ein Freundschaftstreffen machen wollen.«[264]
Auch nach der Distanzierung des DBJR und dem Verteilungsstopp hielt die FDJ das Feuer, das die Broschüre entfacht hatte, am Brennen. Genüßlich verbreitete sie in einer Stellungnahme die Distanzierungen des DBJR, der Falken, die mit einer eigenen brieflichen Erklärung zur Broschüre Stellung nahmen, der Naturfreundejugend und des AKF. Außerdem bemängelte sie des weiteren, daß aus der Erklärung noch nicht hervorgehe, »ob sich die DBJR-Reisegruppe von der aggressiven Alleinvertretungsanmaßung der Bonner Regierung [. . .] distanziert«[265].

Schon einen Tag nach Verteilung der Broschüre verhielt sich der DBJR ein weiteres Mal ungeschickt. Für den 30. Juli hatte die FDJ den ›Tag gegen den Neonazismus in Westdeutschland‹ auf den Veranstaltungskalender setzen lassen, der ursprünglich im Festivalprogramm nicht vorgesehen war. Mit ihm verbunden war am selben Tag die Eröffnung des ›Antifaschistischen Zentrums‹, einer gemeinsamen Ausstellung der Sowjetunion, Polens und der DDR, die an die Verbrechen des Faschismus in der Vergangenheit erinnerte und auf die Gefahren hinwies, die vom Neonazismus in der BRD ausgingen.
Die große Veranstaltung des Tages war auf 18 Uhr in der Radrennbahn in Sofia angesetzt. Die Sportstätte war zu diesem Zeitpunkt auch gefüllt, nur verging noch eine Stunde, bis der Beginn möglich war. In dieser Stunde nämlich gab es aufschlußreiche Sprechchorduelle zwischen der Delegation der FDJ, des DBJR und den Tschechoslowaken. In einem Dreieck in den Rängen aufgebaut, die deutschen Gruppen aus Ost und West sich gegenüber, gaben die drei ihre Parolen bekannt. Die FDJ intonierte: ›Freiheit für die KPD‹ und ›Nieder mit den US-Imperialisten‹. Die Tschechoslowaken ergänzten aus begreiflichen Gründen: ›Nieder mit allen Aggressoren‹, und riefen mit westdeutscher Unterstützung ›Vivat Dubček‹. Das ›Nazis raus aus Westdeutschland‹ wurde beantwortet mit ›Ho-Chi-Minh‹-Rufen. Tschechoslowaken und FDJ bekamen sich schlachtrufmäßig in die Haare, als erstere der FDJ-Parole ›Freundschaft zur Sowjetunion‹ ihr Programm ›Dubček‹ entgegenhielten.
Unerwartet für alle war das ›Rudi Dutschke‹, mit dem die Tschechoslowaken den Westdeutschen für ihre Unterstützung

[264] Die Erklärung der Festivaldelegation der DDR, s. Anhang, Dokument 15.
[265] *j.p.d.* v. 15. 8. 1968.

dankten und zugleich ihren Standort im sozialistischen Lager skizzierten. Das westdeutsche ›Rosa Luxemburg‹ schlug in die Kerbe der Tschechoslowaken. Ihr ›Shalom Israel‹ dagegen dürfte eher gegen als für die proarabischen Kommunisten aus Israel mit der Davidstern-Flagge gegolten haben.

Nach diesen so bedingten Verzögerungen begann der Abend mit einem Redner aus Nordvietnam. Als Vertreter Westdeutschlands war aus dem AKF in der Kundgebung Peter Dürrbeck von der VVN vorgesehen, der zu den orthodoxen Kommunisten zu zählen ist. In Erwartung seiner Angriffe auf die BRD bemühte sich der DBJR um einen Redner aus seiner Mitte, wozu Manfred Rexin von den Falken bereits einen Beitrag vorbereitet hatte. Dieses Ersuchen lehnten die Veranstalter ab, dennoch nahm der DBJR an der Veranstaltung teil.

Nach dem Vietnamesen sprachen der Generalsekretär des WBDJ, dann ein Belgier, FDJ-Chef Jahn und Peter Dürrbeck. Der Belgier und auch Dürrbeck bemühten sich um eine differenzierende Darstellung des neofaschistischen Problems in der BRD. Anders dagegen Dr. Jahn. Er diffamierte die Bundesrepublik schlechthin als neonazistisch und erklärte ihre Repräsentanten, die Sozialdemokraten eingeschlossen, zu Helfershelfern der Neofaschisten. Diese Verunglimpfungen wurden von ›Diskussion‹-Rufen des DBJR begleitet, die sich anschließend erneut um die Redegelegenheit für Manfred Rexin bemühten. Der Geschäftsführer des DBJR, Weber, und Rexin drängten zum Podium, wurden aber erneut abschlägig beschieden. Darauf verteilte der DBJR eine Erklärung in Deutsch, Englisch, Französisch, Spanisch, Bulgarisch und Russisch mit folgendem Wortlaut: »Die Festivaldelegation des Deutschen Bundesjugendringes bedauert, daß ihr trotz ihrer Anstrengungen kein Redner für das Treffen gegen Neo-Nazismus in der Bundesrepublik zugestanden wurde. Der Bundesjugendring und seine Mitgliedsverbände haben sich immer wieder gegen den Neo-Nazismus und jede andere Form des Totalitarismus gewandt. Die Verpflichtung zum Kampf gegen den Neo-Nazismus ist Bestandteil seiner Satzung seit dem Jahre 1949. Die Festivaldelegation des DBJR wird deshalb zum Problem des Neo-Nazismus eine schriftliche Stellungnahme abgeben.«

Anschließend zog die überwältigende Mehrheit der DBJR-Gruppe aus dem Velodrom aus. Ungeklärt ist, ob dieser Auszug zufällig mit dem Beginn der Ansprache einer russischen Partisanenmutter zusammenfiel, deren Sohn von deutschen Faschisten ermordet worden war, oder ob, wie der DBJR später meldete, die Sprecherin des Weltfriedensrates, Isabella Blum, ihre Rede begann. Die meisten Berichte gehen von der Rede der Partisanenmutter aus. In diesem Fall mußte der Abzug der Delegation als Taktlosigkeit erscheinen, trotz der verständlichen Empörung über die unqualifizierten Angriffe auf die BRD.

Die fast allein gelassenen Delegationen aus der DDR und der UdSSR – Tschechoslowaken und Jugoslawen hatten die Versammlung schon vorher ohne Aufsehen zu erregen verlassen, einfach weil sie Besseres vorhatten – konnten nach dem demonstrativen Auszug des Bundesjugendringes ohne Widerspruch einem ›Appell an die Weltjugend – gegen die Wiedergeburt des Nazismus in der BRD‹ akklamieren, in dem es hieß:

»Während im Osten Deutschlands nach der Niederlage des faschistischen Barbarentums ein antifaschistischer Staat – die DDR – geboren wurde, in dem die Ideen verwirklicht worden sind, denen die Weltjugend seit 1945 folgt, werden in der deutschen Bundesrepublik Großmachtchauvinismus, aggressiver Revanchismus und Militarismus erneut zur Staatspolitik erhoben, wird offen die neonazistische Ideologie propagiert [. . .] Solange die Bundesregierung die bestehenden Grenzen nicht anerkennt, auf der Alleinvertretungsanmaßung beharrt, den Besitz von Atomwaffen fordert und rechtswidrig behauptet, daß West-Berlin ein Teil der Bundesrepublik ist, solange in der Bundesrepublik die demokratischen Organisationen verfolgt werden, das Verbot der KPD nicht aufgehoben ist, wird der Großmachtchauvinismus verbreitet, findet der Neonazismus einen fruchtbaren Boden und wird er von offiziellen Kreisen toleriert und favorisiert.«

Die Delegation des DBJR blieb indes nicht untätig. Ihre angekündigte Stellungnahme zum Problem des Neofaschismus in der BRD bestand in der Verteilung der konzipierten, verhinderten Rede von Manfred Rexin:

»Wir fühlen uns eins mit den Menschen in allen Ländern, die über die Gefahren eines neuen Nazismus besorgt sind. Wir möchten ihnen sagen: Es gibt in unserem Lande Millionen Menschen, die entschlossen sind, der Bedrohung zu widerstehen – Studenten und Gewerkschafter, Wissenschaftler und Lehrer, Christen, Kommunisten, Sozialisten und Liberale.

Das Bild unseres Landes, das hier von den Rednern gezeichnet wurde, war düster. Es wäre falsch, dieses Treffen zu verlassen, ohne sich einiger Lichtpunkte zu erinnern, die in das Bild der Bundesrepublik gehören. Sie geben uns Anlaß zur Hoffnung.

Ich will nicht wiederholen, was zu Recht kritisiert wurde. Ich will ergänzen, was zu wissen für Sie wichtig ist. Wir sind hoffnungsvoll, weil viele unserer Wissenschaftler – namentlich die jüngeren – Historiker, Ökonomen, Sprachwissenschaftler – gerade in den letzten zehn Jahren die Erforschung des Faschismus in allen seinen Verästelungen zum Gegenstand ihrer wissenschaftlichen Arbeit gemacht haben. Wissen ist

Macht – das Wissen über die Entstehungsgründe und Strukturen des Hitler-Staates ist ein wichtiges Mittel unseres Kampfes.

Wir sind hoffnungsvoll, weil in unseren Schulen eine wachsende Zahl von Lehrern bemüht ist, den Blick der heranwachsenden Generation zu schärfen, weil sie schlechte Lehrbücher wegwerfen und, die Einsicht der Wissenschaftler nutzend, in eigener Arbeit die gesellschaftlichen Grundlagen nazistischer Bewegungen und ihre Verwurzelung in der sozialökonomischen Struktur eines Landes analysieren. Wir sind hoffnungsvoll, weil die Jugendverbände der Bundesrepublik der NPD ihren entschiedenen Widerstand angesagt haben und diesen Widerstand täglich praktizieren. Dabei verkennen wir nicht, daß neonazistische Tendenzen nicht nur in der NPD ihren Ausdruck gefunden haben, sondern auch in anderen Gruppen und Parteien [...]

Liebe Freunde, laßt mich schließen mit der Versicherung: den Kampf gegen nazistisches Gelichter, gegen die Verführer von gestern und ihre hohlköpfigen Mitläufer von heute, den werden wir bestehen!«

Alle Bemühungen des Bundesjugendringes konnten jedoch nicht gutmachen, daß nach den Ereignissen um seine Broschüre jetzt auch der Auszug aus dem Velodrom der FDJ Propaganda-Argumente gegen den DBJR verschafft hatte. *ADN* und *ND* triumphierten erneut. *ND* meldete am 1. August unter der Schlagzeile ›In Schmach und Schande allein‹:

»Es geschah auf dem Meeting gegen den Neonazismus in Westdeutschland [...] Ausgerechnet als der westdeutsche Sprecher Peter Dürrbeck von der VVN der Bundesrepublik gesprochen hatte, starteten Vertreter des Bundesjugendringes eine Provokation.

Peter Dürrbeck, Sohn antifaschistischer Eltern, wurde in Westdeutschland ins Gefängnis gesperrt, weil er gegen den Neonazismus wirkte. Hier nun hatte er Gelegenheit, vor den Ohren der Weltjugend über das ganze Ausmaß der neonazistischen Gefahr in Westdeutschland frei und offen zu reden. Das mißfiel offenbar einigen von Wehner geschmierten Herren des Bundesjugendringes. Sie dirigierten Sprechchöre ›Diskussion, Diskussion‹ und verließen das Stadion. Wenn jemand hier in Sofia gezweifelt hätte, ob auch schon westdeutsche Jugendliche vom Neonazismus angesteckt sein können – die Bundesjugendring-Provokation überzeugte sie.«

Die nach der Rückkehr aus Sofia angestellten Reflexionen des damaligen Bundessekretärs der Jungsozialisten, Ernst Eichengrün, gelten – unter entsprechender Aktualisierung der konkreten politischen Probleme – noch heute: »Auch wir haben in Sofia einiges gelernt. Vor allem, daß wir hier in der Bundesrepublik noch nachdrücklicher und aktiver faschistische und autoritäre Tendenzen in unserer Gesellschaft – innerhalb und außerhalb der NPD – bekämpfen müssen. Offensichtlich hat man sich hierzulande an zu vieles gewöhnt. Was friedenstörend ist oder als friedenstörend mißdeutet werden könnte, sollte völlig unterlassen werden. Wer jetzt noch gegen den Atomsperrvertrag agitiert, schädigt das deutsche Ansehen bei der Jugend im Ausland fast ebenso sehr wie die NPD. Antidemokratische und völkerverletzende Äußerungen sollten energischer als bisher unter Strafe gestellt werden. Die Diskussionen über die Grenzen von 1937 sollten allmählich zu einem konstruktiven Abschluß geführt werden.«[266]

Ein weiterer Zwischenfall, in den Personen aus der Bundesjugendring-Gruppe verwickelt waren, ereignete sich während des ›Treffens der jungen Gläubigen‹. Schon zwei Tage zuvor hatte die *Neue Zeit*, das Zentralorgan der CDU-Ost, die FDJ-Delegation vor den jungen Christen aus dem Westen gewarnt: der ›Bund der Deutschen Katholischen Jugend‹ habe beschlossen, »Aufweichkontakte« zu schließen.

Aber weniger da setzten die westdeutschen Gläubigen an als bei den Veranstaltungs-Manipulationen, wobei sie sich der Taktik der kritischen Linken bedienten: Sie gaben den Delegierten des Ostens eine beispielhafte Demonstration zur Erzwingung der freien Meinungsäußerung. Zur Diskussion über das Thema ›Die Pflicht der jungen Gläubigen bei der Schaffung einer neuen gerechten Gesellschaft in der gegenwärtigen Welt‹ hielten bulgarische Saalordner teilnahmewillige Protestanten und Katholiken trotz zahlreicher freier Plätze zurück, weil sie keine Einladungskarten vorweisen konnten. Daraufhin veranstalteten die Jugendlichen kurzerhand ein Sit-in, mit dem sich der Gesprächsleiter der Tagung, der ehemalige Kirchenpräsident Martin Niemöller, solidarisierte. Er drohte, die Leitung niederzulegen. Vor diesem demokratischen Protest kapitulierten die Kommunisten, die jungen Westdeutschen konnten teilnehmen.

Allerdings nutzte die FDJ auch dieses Treffen zu einem Agitationsforum gegen die BRD. Ralf Wieynk, Mitglied des (Ost-)CDU-Hauptvorstandes, betonte: »Alle Versuche der Bonner Politiker und westdeutscher klerikaler Kreise, die jungen Christen in unserer Republik vom Wege des Sozialismus und des Friedens abzubringen und sie im Interesse ihrer revanchistischen Politik zu mißbrauchen, werden von den Jugendlichen und vielen verantwortungsbewußten Kirchenmännern in unserer Republik entschieden zurückgewiesen. Sie sind zum Scheitern verurteilt, weil sie den gesellschaftlichen Interessen

[266] *SPD-Pressedienst* v. 9. 8. 1968.

und den ethischen Forderungen des christlichen Glaubens zutiefst widersprechen.«[267]

Gegen Ende des Festivals kam noch einmal die Parole vom DBJR als einem angeblichen Instrument des Geheimdienstes aufs Tapet. *Radio Moskau* wußte zu berichten: »[...] Der westdeutsche Nachrichtendienst hat [...] die Vertreter des Bundesjugendringes, einer bourgeoisen Jugendorganisation in der BRD, benutzt, die zum ersten Mal an dem Festival teilgenommen hatte. Wie zu erfahren war, befand sich in den Reihen der Delegation des Bundesjugendrings ein sogenannter Stoßtrupp. Dort hatten sich Provokateure aus neofaschistischen Jugendorganisationen eingeschlichen, die auf einer speziellen Geheimdienstschule in den Methoden der Wühltätigkeit auf dem Festival ausgebildet worden waren. Gleichwohl ist es aber den von den westdeutschen Feinden des Festivals nach Sofia geschickten Stoßtrupps nicht gelungen, ihren Schlag zu führen. Die Provokateure wurden entlarvt.«[268]

Auf diese erneut vorgebrachten alten Anschuldigungen antwortete Klaus Flegel anläßlich der Schluß-Pressekonferenz des DBJR. Nach einem herzlichen Dank an die bulgarische Bevölkerung wandte er sich entschieden gegen diese Unterstellungen. Auch die gemeinsame Erklärung von acht Repräsentanten der teilnehmenden Verbände des DBJR ging auf diese, wie auf die Mißlichkeiten der Manipulationen des Festivals insgesamt ein. In dem von Hajo Broeker (Pfadfinder), Pfarrer Fritz Eitel (Evangelische Jugend), Klaus Flegel (Falken), Louise von Uslar-Gleichen (Pfadfinderinnen), Willy Kamowski (Solidaritätsjugend), Pfarrer Walther Posth (Landesjugendringe), Eduard Prosch (DAG) und Dr. Wolfgang Reifenberg (Kath. Jugend) unterzeichneten Schriftstück heißt es: »[...] Wir sind froh, nach Sofia gekommen zu sein [...] Die bulgarischen Gastgeber haben große Anstrengungen bei der Vorbereitung und Durchführung dieser IX. Weltjugendfestspiele auf sich genommen. Wir danken dem bulgarischen Volk und dem Dimitroff-Komsomol für die uns gewährte Gastfreundschaft herzlich. Leider hat es – und das darf nicht verschwiegen werden – während des Festivals Schwierigkeiten gegeben, die dem Geist dieses Treffens nicht entsprachen.« In drei Punkten hielt der DBJR fest, was ihm besonders mißfiel. Er äußerte

1. seine Bestürzung, »daß entgegen den uns vor unserer Abreise noch einmal telegraphisch vermittelten Versicherungen hier in Sofia – vor und während des Festivals – diffamierende Behauptungen über Mitglieder und Mitgliedsverbände der DBJR-Reisegruppe – über ihre angeblichen Störabsichten und über ihre angeblichen Beziehungen zu westlichen Geheimdiensten – ausgestreut wurden.« Er bedauerte

---

[267] *Neue Zeit* v. 31. 7. 1968.   [268] *Radio Prag* v. 7. 8. 1968.

2. »daß mehrere Sprecher der Freien Deutschen Jugend aus der DDR in ihren Polemiken gegen den DBJR und seine hier anwesenden Mitgliedsverbände das Maß verloren [...] haben«. Der DBJR brach
3. eine Lanze für die freie Meinungsäußerung, indem er sich einerseits von einigen linkssozialistischen Auffassungen und Aktionen distanzierte, andererseits jedoch ihr Recht auf Selbstdarstellung betonte: »Aber es erscheint uns unerträglich, wenn ihre Meinungsäußerungen teilweise durch Manipulierungstricks unterdrückt oder wenn gar Vergleiche mit den Methoden der deutschen Nazis vor dreißig Jahren angestellt werden.«
Treffend die Passage: »Die Idee eines weltumspannenden Dialogs der Jugend wird Torheiten und Engstirnigkeit einiger Bürokraten ebenso überdauern wie die Angriffe derer, die sich gegen Entspannung und Friedenssicherung wenden.«[269]

In mühevoller Kleinarbeit und vielen privaten Bemühungen gelang es dem DBJR trotz der ständigen Diffamierungen und trotz der vermeidbaren Eigentore, das Festival für internationale Kontakte zu nutzen. Aus den zahlreichen Treffen und Gesprächen ragen mehrere heraus. So das deutsch-sowjetische Freundschaftstreffen im Club der Sowjetdelegation, an dem DBJR und AKF gemeinsam teilnahmen. Sprecher der rund 200 deutschen Delegierten war Wolfgang Lüder (DJD im AKF), der sich gegen unsachliche Vorwürfe des sowjetischen ›Begrüßungssprechers‹ zu verwahren hatte. Er führte u. a. am nächsten Tage aus: »Als Dankesredner habe ich darauf verzichtet, die (in der Rede des Russen, E. B.) zum Teil enthaltenen Fehler zu berichtigen. Ich habe auch darauf verzichtet, im gleichen Ton Fehlentwicklungen in der UdSSR aufzuzeigen, die uns allen bekannt sind [...] Wir können es nicht weiterhin hinnehmen, daß Gastgeber von Freundschaftstreffen durch ihre gegen unser Land gerichtete Polemik den Eindruck erwecken, als seien wir zu Hause nicht willens und nicht in der Lage, Fehlentwicklungen unserer Bundesrepublik zu kritisieren. Politisch strittige Phrasen sollten im übrigen nicht in Grußworten enthalten sein, über die nicht diskutiert werden kann.«[270]
Weil auch die SDAJ im AKF immer wieder Angriffe gegen die BRD vortrug, gab es keine weiteren gemeinsamen Treffen zwischen DBJR und dem AKF mehr.
Am 1. August machte die DBJR-Gruppe einen Ausflug mit ihrem bulgarischen Patenbetrieb ins Vitoscha-Gebirge, und am selben Tag fand ein deutsch-vietnamesisches Treffen statt,

[269] DBJR-Presse v. 5. 8. 1968.
[270] j.p.d. v. 12. 8. 1968, S. 4.

bei dem Klaus Flegel seinen Worten, daß nicht Reden, sondern humanitäre Hilfen nötig seien, Taten folgen ließ, indem er eine Medikamentenspende im Werte von ca. 5000 Mark überreichte.

Ebenfalls am 1. August fand im Diplomatischen Tennisclub von Sofia ein geselliger Abend statt, zu dem die DBJR-Gruppe eingeladen hatte. Rund 200 Gäste aus Bulgarien, der CSSR, Rumänien, Vietnam, Polen, Ungarn, Jugoslawien, afrikanischen und weiteren asiatischen Ländern nahmen daran teil. Die DDR und UdSSR hatten nach den Zwischenfällen um die Broschüre und den Velodrom-Auszug ihre Karten zurückgegeben, nach den Erklärungen des DBJR nahmen sie sie zwar wieder an, erschienen jedoch nicht.

Von Interesse ist ferner das freundschaftliche Gespräch zwischen dem städtischen Jugendpfleger von Hannover, Karl Lingner, und dem Sekretär des Tschechoslowakischen Jugendverbandes, Stadtleitung Prag, Josef Vanjetz, bei dem ein intensivierter Jugendaustausch zwischen den Städten Prag und Hannover vereinbart wurde.

Überaus rührig und politisch konstruktiv verhielten sich die Falken in Sofia. Bei ihnen, aber auch in Beiträgen anderer DBJR-Verbände[271], fällt wohltuend die Abgewogenheit zwischen selbstkritischen Reflexionen über die BRD und ihre mutige Verteidigung der bei aller Unvollkommenheit guten Ansätze und ihrer deutlichen Sprache gegen das selbstgefällige Besserwissertum und das unkritische Eigenlob des Ostens auf.

Erwähnt werden muß noch der überraschende Erfolg aus der DBJR-Gruppe durch einen ›Außenseiter‹. Im letzten Moment war zur Gruppe eine Stuttgarter Studenten-Band gestoßen, die überaus großen Erfolg zu verzeichnen hatte.

Am Abschlußabend kam es noch einmal zu Unstimmigkeiten auf dem Festival. Während der Diskussion zum Thema ›Unser Kampf gegen Imperialismus und Kolonialismus für nationale Unabhängigkeit‹ gab es Meinungsverschiedenheiten zwischen einem Sprecher aus Honduras und einem Venezolaner. Darüber entstand ein Handgemenge.

Alle Zwischenfälle gingen in der DDR-Berichterstattung fast völlig unter. Die Journalisten vermittelten den Eindruck eines großen Jubel-Festivals, dessen Verbrüderung und allgemeine Freundschaft lediglich von ein paar notorischen Störenfrieden am Rande und wirkungslos angegangen worden sei, denen aber ein breiteres Publikum versagt gewesen sei. Symptomatisch für den unkritischen Jubel ist der Beginn des *ADN*-Berichtes vom Abschlußabend: »Noch einmal erlebte Sofia wahre

---

[271] Erklärungen der Falken und anderer Verbände nach Abschluß der Weltjugendfestspiele s. Anhang, Dokument 16.

Begeisterungsstürme, als die Abgesandten der demokratischen Weltjugend Arm in Arm, gleich einer großen bunten Völkerfamilie, in das Stadion zogen.«[272]

Auch Schiwkoff wiegelte laut *BTA* die Auftritte der kritischen Sozialisten ab bzw. fälschte sie:

»Unfähig, auch dieses Mal wieder ihre Taktik der Boykottierung der Festspiele anzuwenden, hat die internationale Reaktion versucht, sich die außerordentlich große Unterschiedlichkeit der Teilnehmer zunutze zu machen und nicht nur die 9. Festspiele zu untergraben, sondern auch den Festspielgedanken allgemein in Mißkredit zu bringen und die Weltjugendbewegung in ihrem Inneren zu treffen, nämlich den Glauben der Jugend an ihre Möglichkeiten, ihre eigene gemeinsame Front gegenüber ihren Feinden zu errichten, ins Wanken zu bringen.

Die 9. Weltfestspiele der Jugend und Studenten haben die Pläne der internationalen Reaktion mit einem Donnerschlag zunichte gemacht. Die ungeheuren Kredite, die zur Verbreitung gemeiner Verleumdungen und Beschimpfungen sowie für die Ausbildung ideologischer und aktiv tätiger Provokateure zur Verfügung gestellt wurden, haben nichts genützt. Von seiner grandiosen Eröffnung bis zu seinem großartigen Abschluß ist das Festival von Sofia ein Fest der Freundschaft unter der Jugend der ganzen Welt, eine mächtige Unterstützung des heroischen vietnamesischen Volkes gegenüber den amerikanischen Aggressoren, ein Eid der Kampfsolidarität mit den für ihre Freiheit und Unabhängigkeit, für Frieden und soziale Gerechtigkeit, gegen Versklavung und Ausbeutung, gegen internationales Banditentum kämpfenden Völkern gewesen.

Nicht Begeisterung, sondern Furcht vor dem nächsten Tag hat all die finsteren Kräfte, die das Scheitern der 9. Festspiele wünschten, organisierten und finanzierten, nach Sofia geführt, denn es besteht kein Zweifel, daß die Jugendlichen, die an den Festspielen teilnahmen, das Klima der Sofioter Festspiele in ihre Heimatländer bringen werden. Ihr Appell für Solidarität, Frieden und Freundschaft wird dazu führen, daß sich Millionen neuer Kämpfer erheben, und der Kampf der Völker wird in eine neue und entschlossenere Phase eintreten.«[273]

Kritisch zum Festival äußerte sich indes nicht nur der DBJR; auch in diesem Punkte gab es eine Union mit den Jugoslawen und Tschechoslowaken. *Radio Belgrad* kommentierte am 4. August:

»Die 9. Weltjugendfestspiele nähern sich ihrem Ende. Inzwischen aber häufen sich Vorfälle, die dem Ansehen und der Bedeutung der Festspiele sehr schaden. Hören Sie dazu einen

[272] ADN v. 7. 8. 1968.
[273] BTA v. 9. 8. 1968.

Beitrag unseres Korrespondenten in Sofia, R. Djurovic: ›Die Liste der Unkorrektheiten und der undemokratischen Haltung der Gastgeber wird von Tag zu Tag länger. Der gestrige Zwischenfall auf der Beratung über die Rolle der Persönlichkeit in der Gesellschaft hat noch einmal bewiesen, daß den Gastgebern nicht sehr daran liegt, demokratisch und konstruktiv zu diskutieren [. . .] Die jugoslawische Delegation ist ebenso heftigen Angriffen der Gastgeber ausgesetzt wie die tschechoslowakische. Fast jede Kundgebung, an der wir beteiligt sind, ist reich an Zwischenfällen, die mit Absicht und Berechnung inszeniert werden. In einer politischen Diskussion sprach unser Delegierter über die Merkmale des jugoslawischen, sich selbst verwaltenden Sozialismus. Der bulgarische Übersetzer hat nicht nur das Wort ›sich selbstverwaltender Sozialismus‹ ausgelassen, sondern den ganzen Diskussionsbeitrag so übersetzt, wie er wollte.«[274]

Diesen Tenor hatten auch Erklärungen der jugoslawischen Delegation, in denen die Methoden »der Diskriminierung, der unangemessenen politischen Behandlung« verurteilt wurden.

Radio Prag verband die Kritik am Festival mit ›linken‹ Reformvorschlägen. Am 7. August 1968 hieß es dort: »[. . .] Nach Ansicht des Leiters der tschechoslowakischen Delegation war dieses Festival für die tschechoslowakischen Teilnehmer das politischste von allen. In der Zukunft sollten die Festspiele einem wirklich breiten Meinungsaustausch über Politik, Ideologie und anderes dienen, damit die Jugend die aktuellen Probleme gut kennenlernen und sich richtig orientieren könne. Das soeben beendete Festival litt unter einer großen Anzahl von überflüssigen Aktionen und Veranstaltungen.«

Radio Bratislava verbreitete am 6. August 1968 die Meinung des stellvertretenden Vorsitzenden des Zentralausschusses des tschechoslowakischen Jugendverbandes, Robert Harencar, der sagte: »Die Leitung der tschechoslowakischen Delegation ist der Meinung, daß die veränderte Lage in der Welt auch einen bestimmten organisatorischen Umbau der Jugendfestspiele erfordere. In der Zukunft sollten diese Treffen weniger manifestativ, deshalb aber wirksamer, und auf regionale oder territoriale Kreise ausgerichtet sein.«

Ähnlich sind die Überlegungen, die im *SPD-Pressedienst* angestellt wurden. Dort hieß es: »Wir meinen [. . .], daß die Reise nach Sofia kaum jemandem geschadet haben dürfte. Vielleicht ist man hier und dort um einige Illusionen ärmer geworden, hat dafür aber seine Erfahrungen im Umgang mit jungen Menschen aus anderen Nationen bereichert. Aufmerksame Teilnehmer werden gespürt haben, wie sehr die jungen Men-

---

[274] *Radio Belgrad* v. 4. 8. 1968 (lt. *Monitor-Dienst*; die eingeklammerten Worte konnten vom Übersetzer nicht genau verstanden werden).

schen in aller Welt in Bewegung geraten sind und wie stark
das Argument der Freiheit sein kann, wenn es so in der Diskussion dargestellt wird, daß es auch Grenzen der Voreinge-
nommenheit, des Mißtrauens und der Dogmatik sprengt.«[275]

[275] *SPD-Pressedienst* v. 7. 8. 1968, S. 2a.

Anhang

Dokument 1: Resolution des VII. Internationalen
Sozialisten-Kongresses zu Stuttgart (18.–24. 8. 1907)
zu der Frage: Der Militarismus und die internationalen
Konflikte

Der Kongreß bestätigt die Resolution der früheren internationalen Kongresse gegen den Militarismus und Imperialismus und stellt aufs neue fest, daß der Kampf gegen den Militarismus nicht getrennt werden kann von dem sozialistischen Klassenkampf im ganzen.

Kriege zwischen kapitalistischen Staaten sind in der Regel *Folgen ihres Konkurrenzkampfes auf dem Weltmarkte, denn jeder Staat ist bestrebt, sein Absatzgebiet sich nicht nur zu sichern, sondern auch neue zu erobern, wobei Unterjochung fremder Völker und Länder eine Hauptrolle spielt.* Diese Kriege ergeben sich weiter aus den unaufhörlichen Wettrüstungen des Militarismus, der ein Hauptwerkzeug der bürgerlichen Klassenherrschaft und der wirtschaftlichen und politischen Unterjochung der Arbeiterklasse ist.

Begünstigt werden die Kriege durch die bei den Kulturvölkern im Interesse der herrschenden Klassen systematisch genährten Vorurteile des einen Volkes gegen das andere, um dadurch die Massen des Proletariats von ihren eigenen Klassenaufgaben sowie von den Pflichten der internationalen Klassensolidarität abzuwenden.

Kriege liegen also im Wesen des Kapitalismus; sie werden erst aufhören, wenn die kapitalistische Wirtschaftsordnung beseitigt ist oder wenn die Größe der durch die militärtechnische Entwicklung erforderlichen Opfer an Menschen und Geld und die durch die Rüstungen hervorgerufene Empörung die Völker zur Beseitigung dieses Systems treibt.

Daher ist die Arbeiterklasse, die vorzugsweise die Soldaten zu stellen und hauptsächlich die materiellen Opfer zu bringen hat, eine natürliche Gegnerin des Krieges, der im Widerspruch zu ihrem Ziele steht: Schaffung einer auf sozialistischer Grundlage beruhenden Wirtschaftsordnung, die die Solidarität der Völker verwirklicht.

Der Kongreß erachtet es deshalb als Pflicht der arbeitenden Klasse und insbesondere ihrer Vertreter in den Parlamenten, unter Kennzeichnung des Klassencharakters der bürgerlichen Gesellschaft und der Triebfeder für die Aufrechterhaltung der nationalen Gegensätze, mit allen Kräften die Rüstungen zu Wasser und zu Lande zu bekämpfen und die Mittel hierfür zu verweigern, sowie dahin zu wirken, daß *die Jugend der Arbeiterklasse im Geiste der Völkerverbrüderung und des Sozialismus erzogen und mit Klassenbewußtsein erfüllt wird.*

Der Kongreß sieht in der demokratischen Organisation des Heerwesens, der Volkswehr anstelle der stehenden Heere, eine wesent-

liche Garantie dafür, daß Angriffskriege unmöglich und die Über-
windung der nationalen Gegensätze erleichtert wird.

Die Internationale ist außerstande, die in den verschiedenen Ländern naturgemäß verschiedenen, der Zeit und dem Ort entsprechenden Aktionen der Arbeiterklasse gegen den Militarismus in starre Formen zu bannen. Aber sie hat die Pflicht, die Bestrebungen der Arbeiterklasse gegen den Krieg möglichst zu verstärken und in Zusammenhang zu bringen.

Tatsächlich hat seit dem Internationalen Kongreß in Brüssel das Proletariat in seinen unermüdlichen Kämpfen gegen den Militarismus durch die Verweigerung der Mittel für Rüstungen zu Wasser und zu Lande, durch die Bestrebungen, die militärische Organisation zu demokratisieren, mit steigendem Nachdruck und Erfolg zu den verschiedensten Aktionsformen gegriffen, um den Ausbruch von Kriegen zu verhindern oder um ihnen ein Ende zu machen, sowie um die durch den Krieg herbeigeführte Aufrüttelung der Gesellschaft für die Befreiung der Arbeiterklasse auszunutzen;

so namentlich die Verständigung der englischen und französischen Gewerkschaften nach dem Faschoda-Fall zur Sicherung des Friedens und zur Wiederherstellung freundschaftlicher Beziehungen zwischen England und Frankreich; das Vorgehen der sozialdemokratischen Parteien im deutschen und im französischen Parlament während der Marokko-Krise; die Kundgebungen, die zum gleichen Zweck von den französischen und deutschen Sozialisten veranstaltet wurden; die gemeinsame Aktion der Sozialisten Österreichs und Italiens, die sich in Triest versammelten, um einem Konflikt der beiden Staaten vorzubeugen; weiter das nachdrückliche Eingreifen der sozialistischen Arbeiterschaft Schwedens zur Verhinderung eines Angriffs auf Norwegen; endlich der heldenhafte opferwillige Kampf der sozialistischen Arbeiter und Bauern Rußlands und Polens, um sich dem vom Zarismus entfesselten Krieg zu widersetzen, ihm ein Ende zu machen und die Krise des Landes zur Befreiung der arbeitenden Klasse auszunutzen.

Alle diese Bestrebungen legen Zeugnis ab von der wachsenden Macht des Proletariats und von seiner wachsenden Kraft, die Aufrechterhaltung des Friedens durch entschlossenes Eingreifen zu sichern; die Aktion der Arbeiterklasse wird um so erfolgreicher sein, je mehr die Geister durch eine entsprechende Aktion vorbereitet und die Arbeiterparteien der verschiedenen Länder durch die Internationale angespornt und zusammengefaßt werden.

Der Kongreß ist der Überzeugung, daß unter dem Druck des Proletariats durch eine ernsthafte Anwendung der Schiedsgerichte anstelle der kläglichen Veranstaltungen der Regierungen die Wohltat der Abrüstung den Völkern gesichert werden kann, die es ermöglichen würde, die enormen Aufwendungen an Geld und Kraft, die durch die militärischen Rüstungen und die Kriege verschlungen werden, für die Sache der Kultur zu verwenden.

Droht der Ausbruch eines Krieges, so sind die arbeitenden Klassen und deren parlamentarische Vertretungen in den beteiligten Ländern verpflichtet, unterstützt durch die zusammenfassende Tätigkeit des Internationalen Büros, alles aufzubieten, um durch die Anwendung der ihnen am wirksamsten erscheinenden Mittel den Ausbruch des Krieges zu verhindern, die sich je nach der Verschärfung des Klassenkampfes und der Verschärfung der allgemeinen politischen Situation naturgemäß ändern.

Falls der Krieg dennoch ausbrechen sollte, ist es die Pflicht, für dessen rasche Beendigung einzutreten und mit allen Kräften dahin zu streben, die durch den Krieg herbeigeführte wirtschaftliche und politische Krise zur Aufrüttelung des Volkes auszunutzen und dadurch die Beseitigung der kapitalistischen Klassenherrschaft zu beschleunigen.

Dokument 2: Resolution der Jugendkonferenz in Stuttgart (1907) über den Kampf gegen den Militarismus

Die Konferenz bezieht sich auf die Resolution des *Stuttgarter* internationalen Kongresses über den Militarismus und die dort für den antimilitaristischen Kampf und die Jugendorganisationen formulierten Aufgaben. Sie lenkt die besondere Aufmerksamkeit auch auf die Gefährlichkeit des Militarismus im inneren Klassenkampf und stellt die Pflicht der internationalen Jugendbewegung fest, in dem durch jene Kongreßresolution beschriebenen Sinne den Militarismus zu bekämpfen.

Dokument 3: § 17 des Reichsvereinsgesetzes vom 19. April 1908

Personen, die das achtzehnte Lebensjahr noch nicht vollendet haben, dürfen nicht Mitglieder von politischen Vereinen sein und weder in den Versammlungen solcher Vereine, sofern es sich nicht um Veranstaltungen zu geselligen Zwecken handelt, noch in öffentlichen politischen Versammlungen anwesend sein.

Dokument 4: Das erste Programm der Kommunistischen Jugendinternationale

(Angenommen auf dem I. Kongreß der KJI, 20. bis 26. November 1919 in Berlin)

1. Die außerordentliche Entwicklung der Kapitalanhäufung und der Produktion hat den Kapitalismus in eine neue Phase seiner Entwicklung geführt, in die Phase des Imperialismus, der sich durch die Bildung von Trusts, Syndikaten und Kartellen und durch die Herrschaft des Finanzkapitals auszeichnet. Die Kolonialpolitik, hervorgerufen durch die Notwendigkeit des Warenabsatzes und der Rohstoffgewinnung, die Konkurrenz nationaler, kapitalistischer Cliquen, rufen mit eiserner Notwendigkeit imperialistische Kriege hervor. Der Krieg 1914/18, dessen Folgen durch die Kräfte der kapitalistischen Gesellschaft nicht liquidiert werden können, hat das wirtschaftliche Leben der meisten kapitalistischen Staaten gestört und zerrüttet. Das furchtbare Elend des Krieges, Hunger, finanzieller

und industrieller Zusammenbruch, die Vernichtung von Millionen Menschenleben, hat die Menschheit in eine Sackgasse geführt, aus der es nur einen Ausweg gibt: die sozialistische Weltrevolution. Die materiellen Bedingungen hierfür sind reif: Die Klassengegensätze haben sich außerordentlich zugespitzt. Der Sieg der Revolution hängt von dem Willen und der Energie des internationalen Proletariats ab. Der Weg zum Sozialismus führt über die Diktatur des Proletariats, die gekennzeichnet ist durch die Herrschaft revolutionärer Räte. Die nächste Aufgabe der Arbeiterklasse aller Länder ist der Kampf um die Niederwerfung der politischen, wirtschaftlichen und geistigen Herrschaft des Imperialismus und die Errichtung der proletarischen Diktatur. Ein siegreicher Ausgang dieses Kampfes ist nur dann möglich, wenn das Proletariat sich entschlossen von der II. Internationale abwendet, die in Reformismus und Kompromissen mit der Bourgeoisie versumpft ist, die das Bestreben hat, die alte Gesellschaft zu retten und so Verrat an der Arbeiterschaft übt. Und wenn die Arbeitermassen sich unter dem Banner der Kommunistischen Internationale versammeln, der Führerin im revolutionären Kampfe des Proletariats. In der revolutionären Epoche müssen in erster Linie die Mittel des revolutionären Massenkampfes (Demonstrationen, Streiks, Generalstreik, bewaffneter Aufstand) zur Anwendung kommen. Dabei kann aber das Proletariat grundsätzlich auf kein politisches Mittel, auch nicht auf das Parlament, verzichten. Der Eintritt ins Parlament hängt ab von der jeweiligen politischen Situation und muß von den Organisationen des einzelnen Landes entschieden werden.

2. Wenn die Lage der erwachsenen Arbeiter unter der Herrschaft des Kapitalismus eine überaus schwere ist, so ist die der Jugendlichen unerträglich. Geringer Arbeitslohn, lange Arbeitszeit, barbarische Behandlung durch Unternehmer und Meister kennzeichnen die Lage der jugendlichen Arbeiter. Und noch schlimmer ist es beim Handwerk, wo die Lehrlinge der Gewalt ihrer Meister vollkommen preisgegeben sind. Diese schrankenlose Ausbeutung der jugendlichen Arbeiter hemmt ihre geistige und körperliche Entwicklung. Der bürgerliche Staat vermittelt der arbeitenden Jugend nur so viel Bildung und Wissen, als notwendig ist, um sie als willige und nützliche Arbeitstiere ausbeuten zu können. Die Bourgeoisie hat das Bestreben, die Jugend in ihren Ideenkreis zu bannen. Die Schule, klerikale und bürgerliche Jugendvereine und die Militarisierung haben den Zweck, die proletarische Jugend dem Kampf um den Sozialismus zu entfremden und sie zu ergebenen Soldaten des Imperialismus zu erziehen. Der Weltkrieg hat die Lage der Jugendlichen noch bedeutend verschlechtert. Millionen von ihnen sind als Kanonenfutter an die Front geschickt, neue Millionen werden in die kapitalistische Produktion hineingetrieben.

Obwohl der Staat und das Unternehmertum die Kräfte der Jugend restlos ausnützen, besitzt diese die wenigsten politischen und persönlichen Rechte. Diese ihre Lage zwingt die Arbeiterjugend als Teil der Arbeiterklasse zum rücksichtslosen Kampf gegen den Imperialismus.

3. Die Gründung besonderer proletarischer Jugendorganisationen wird bedingt: 1. durch die Stellung der Jugend im Produktionsprozeß und in der Gesellschaft, die ihr den Kampf zur Verteidigung

ihrer Interessen aufzwingen (Umgestaltung der Arbeit, Neugestaltung der Schule), 2. durch psychologische Eigenheiten der Jugend (Beherrschung des Verstandes durch das Gefühl, leichte Auffassungsgabe, empfänglich für alles Neue, revolutionäre Ideen, Opfer- und Tatbereitschaft), 3. durch die Notwendigkeit besonderer Methoden für ihre sozialistische und revolutionäre Erziehung (selbsttätige und selbständige organisatorische Arbeit, aktive Teilnahme an politischen Aktionen, Anwendung aller Methoden, die es den Jugendlichen ermöglichen, sich die Fähigkeit anzueignen, die sie später als proletarische Klassenkämpfer und Träger der revolutionären Bewegung dringend benötigen).

4. Die Arbeiterjugend ist der aktivste und revolutionärste Teil des Proletariats. Die wichtigste Aufgabe der kommunistischen Jugendorganisationen ist gegenwärtig eine unermüdliche politische Agitation unter den breiten Massen der Arbeiter, die Organisation und die Durchführung politischer Aktionen, der unmittelbare Kampf für den Kommunismus, die Teilnahme an der Niederwerfung der kapitalistischen Herrschaft und die Erziehung der Jugendlichen zu Erbauern der kommunistischen Gesellschaft.

5. Die kommunistischen Jugendorganisationen führen einen energischen Kampf gegen alle bürgerlichen Parteien, ebenso wie gegen die rechtsstehenden Sozialisten, die offenen Lakaien der Bourgeoisie (Scheidemann, Renner, Bissolati, Renaudel, Henderson, Compers, Troelstra, Branting, Vandervelde usw.), ferner gegen das »sozialistische« Zentrum (Kautsky, Macdonald, Robert Grimm, Bauer usw.), die durch ihr schwankendes Verhalten die kapitalistische Gesellschaft stützen. Sie kämpfen auch gegen die syndikalistische Ideologie, die sich gegen den politischen Kampf zur Eroberung der proletarischen Diktatur wendet, die Leitung dieses Kampfes durch eine politische Partei verwirft und die proletarische Zentralisation ablehnt. Ebenso kämpfen sie gegen die anarchistische Ideologie, die sich überhaupt gegen den proletarischen Staat als Übergang vom Kapitalismus zum Kommunismus richtet und kleinbürgerliche Ideen auf wirtschaftlichem Gebiete propagiert. Den gleichen Kampf führen sie gegen alle Jugendorganisationen, die sich an obengenannte Parteien anlehnen. In ihrem politischen Kampf stellen sich die Jugendorganisationen auf den Boden des Programms derjenigen Parteien oder Fraktionen ihres Landes, welche der III. Internationale angeschlossen sind, oder des Programms der Kommunistischen Internationale.

Die Organisationsbeziehungen zur Partei werden durch zwei Grundprinzipien bestimmt: 1. Selbständigkeit der Jugend, 2. enger Kontakt und gegenseitige Hilfe.

6. Obwohl die kommunistischen Jugendorganisationen wie bisher einen energischen Kampf gegen den bürgerlichen Militarismus in allen seinen ideellen und praktischen Formen führen, treten sie jedoch nicht für liberale pazifistische Formen ein. Sie wissen, daß die Arbeiterklasse, um den Imperialismus niederzuwerfen, um die siegreiche Diktatur des Proletariats gegen Überfälle der Bourgeoisie zu schützen, gezwungen sein wird, von den Waffen Gebrauch zu machen. Gegen den bürgerlichen Militarismus, für die Bewaffnung des Proletariats, für die Rote Armee; das ist die Losung der kommunistischen Jugend.

7. Der Kampf um die Verbesserung der wirtschaftlichen Lage der proletarischen Jugend ist eine der wichtigsten Aufgaben der Jugendorganisationen. Die Umgestaltung der Jugendarbeit ist nur in der kommunistischen Gesellschaft möglich. In der gegenwärtigen Periode der kapitalistischen Herrschaft kann eine teilweise Verbesserung der Lage der Jugendlichen nur durch den revolutionären Kampf erreicht werden und keinesfalls durch Zusammenarbeit mit den Unternehmern und dem bürgerlichen Staate.

8. Die elementaren Aufgaben der kommunistischen Jugendorganisationen sind: Ausbildung bewußter kommunistischer Kämpfer und zukünftiger Erbauer der kommunistischen Gesellschaft. Kommunistisches Bewußtsein und Kampftüchtigkeit wird außer durch Teilnahme am politischen Kampfe durch theoretische, sozialistische Bildung erworben, die auch eine scharfe Waffe im Kampfe gegen die bürgerliche Ideologie ist. Sozialistische Bildung in Verbindung mit aktiver Teilnahme am politischen Kampfe sind die Erziehungsmethoden der jungen proletarischen Kämpfer.

9. Die kommunistischen Jugendorganisationen stellen sich außerdem eine umfassende Bildung der Jugend im marxistischen Geist und damit die Hebung des kulturellen Niveaus zur Aufgabe. Die Arbeiterjugend muß der Bourgeoisie die Schätze des menschlichen Wissens abringen, die sie zur Führung des proletarischen Befreiungskampfes notwendig braucht.

Sie muß sich auch die Wege zur Wissenschaft, Literatur und Kunst erobern. Außer gewissenhaften Arbeitern und roten Soldaten müssen aus ihren Reihen die Gelehrten, Techniker, Organisatoren, Philosophen, Dichter und Künstler der neuen kommunistischen Gesellschaft hervorgehen. Die Arbeiterjugend und ihre Organisation ist dazu berufen, mit in erster Reihe die neue, vom Geiste des Kommunismus getragene proletarische Kultur aufzubauen.

10. Die kommunistischen Jugendorganisationen sollen die proletarische Jugend zu gesunden Menschen erziehen, gesund den Menschen erziehen, gesund an Geist und Körper. Darum pflegen die kommunistischen Jugendorganisationen auch die körperliche Ausbildung der Jugend. Diese Arbeit, die heute nur einen Teil der gesamten Tätigkeit ausmachen kann, ist von großer Bedeutung für die Arbeiterjugend.

11. Obgleich die kommunistischen Jugendorganisationen darauf bedacht sind, die breiten Massen der proletarischen Jugend für ihre Ideen zu gewinnen, so darf dieser Gewinn doch nicht auf Kosten der Klarheit ihres kommunistischen Programmes und ihrer kommunistischen Taktik geschehen. Äußerst wichtig ist die Agitation der kommunistischen Jugendorganisationen unter den Landarbeitern und ärmsten Bauern.

12. Die Kommunistische Jugendinternationale hält das Bestehen besonderer Organisationen sozialistischer Intellektueller für überflüssig. Die ehrlichen Revolutionäre unter der studierenden Jugend sollen Mitglieder der proletarischen Jugendorganisationen werden, als Gleiche unter Gleichen, als Kameraden unter Kameraden. Die Errichtung von Gruppen intellektueller Jugendlicher innerhalb der allgemeinen Jugendorganisationen müssen nach den besonderen Verhältnissen der einzelnen Länder geregelt werden.

13. In der gegenwärtigen revolutionären Epoche kann der proletari-

sche Kampf nur siegreich sein, wenn er international geführt wird. Dies gilt auch für den Kampf der Jugend. Darum schließen sich die proletarischen Jugendorganisationen zur Kommunistischen Jugendinternationale zusammen. Die Hauptaufgabe der Jugendinternationale ist die zentralisierte Leitung der ganzen Arbeit und des Kampfes der kommunistischen Jugendorganisationen der verschiedenen Länder. *Ihre Beschlüsse sind für alle Jugendorganisationen höchstes Gesetz.* Ihre praktische Arbeit besteht in der internationalen Agitation und Leitung der politischen Aktionen. Sie hat die Aufgabe, der ganzen Tätigkeit der Jugendorganisationen einheitliche Richtlinien zu geben, sie ideell und materiell zu unterstützen, neue Verbände zu gründen und die proletarischen Jugendorganisationen aller Länder in enge Fühlung miteinander zu bringen.

14. Die Kommunistische Jugendinternationale steht auf dem Boden der Entschließungen des ersten Kongresses der III. Internationale und bildet einen Teil dieser kommunistischen Internationale. Die Zentrale der Kommunistischen Jugendinternationale ist organisatorisch mit der III. Internationale verbunden und arbeitet mit ihr in engster Kampfgemeinschaft.

Dokument 5: Leitsätze – von Schatzkin und Polano entworfen – über die Jugendbewegung der Kommunistischen Internationale

(*Angenommen vom Exekutivkomitee der KI am 17. August 1920 im Anschluß an die Internationale Jugendkonferenz im Juli/August 1920 in Moskau*)

1. Die gesteigerte kapitalistische Ausbeutung der Arbeiterjugend in allen Fabriken, Werkstätten und in der Heimindustrie, die zu ihrer geistigen und körperlichen Entartung führen muß, der Militarismus, dessen Lasten vor allem von der Arbeiterjugend getragen werden, die Gefahr der Durchdringung ihrer Reihen mit der bürgerlich-nationalistischen Ideologie durch Schule, Presse, bürgerliche Jugendvereine usw. sowie die psychologischen Besonderheiten des heranwachsenden Geschlechts haben in der ganzen Welt zur Gründung proletarischer Jugendorganisationen geführt.

2. Im Prozeß der Entwicklung der allgemeinen Arbeiterbewegung während und nach dem imperialistischen Kriege entstanden in allen Ländern kommunistische Jugendverbände, teils durch Übergang der alten sozialistischen Jugendvereinigungen in das Lager der Kommunistischen Internationale, teils durch deren Spaltung.

3. Die Aufgaben der KJO bestehen in der kommunistischen Erziehung der Arbeiterjugend, in der aktiven Teilnahme am Kampfe zur Niederringung des Kapitalismus (in der Verteidigung der proletarischen Diktatur und im Sowjetaufbau nach Übernahme der Macht), im Kampf für die Reorganisation der Arbeit und der Bildung der Jugend nach neuen sozialistischen Grundsätzen. Die KJO fördern nach Möglichkeit die kulturelle Entwicklung der Arbeiterjugend im Sinne der marxistischen Weltanschauung und die körperliche Erziehung, die gegenwärtig vor allem der militärischen Vorbereitung dienen muß.

4. Die praktische Teilnahme am politischen Tageskampf der Arbeiterklasse ist außer der theoretischen Bildung das wichtigste Element in der kommunistischen Erziehung der Jugend. Darin unterscheiden sich die KJO von den sozialpatriotischen und den zentristischen Jugendvereinigungen. Ihr politischer Kampf hat außer der erzieherischen Bedeutung einen großen realen Wert für die internationale kommunistische Bewegung.

5. Die ganze Geschichte der proletarischen Jugendbewegung in allen Ländern beweist, daß nur die selbständigen, d. h. sich selbstverwaltenden Jugendorganisationen kühne und entschlossene revolutionäre Kämpfer und geschickte Organisatoren der proletarischen Revolution und der Sowjetmacht erwachsen. Die Selbsttätigkeit der Arbeiterjugend ist die erste Voraussetzung für ihre kommunistisch-revolutionäre Erziehung im Gegensatz zu der sozialpatriotischen Jugendpflege, durch die ihre opportunistische kleinbürgerliche Erziehung erreicht wurde. Für die kommunistische Erziehung der Jugend sind besondere Arbeitsmethoden notwendig, die den Eigentümlichkeiten ihrer Altersklassen entsprechen.

6. Die Beziehungen zwischen KP und der KJO nehmen nach den verschiedenen Situationen und dem verschiedenen Stand der Parteien in den einzelnen Ländern verschiedene Formen an. In einigen Ländern, in denen die Bildung kommunistischer Parteien noch in Fluß ist und die Jugend-Verbände sich erst von den sozialpatriotischen und zentristischen Parteien spalten, herrscht die Losung der absoluten politischen und organisatorischen Unabhängigkeit der Jugendbewegung und in dieser Situation ist diese Losung objektiv revolutionär. Falsch ist die Losung der absoluten Unabhängigkeit in den Ländern, wo bereits starke kommunistische Parteien bestehen und wo die Losung der absoluten Unabhängigkeit von den Sozialpatrioten und Zentristen zur Irreführung der Jugend und gegen die KJO ausgenutzt wird. Dort haben sich die KJO auf den Boden des Programms der KP gestellt. In allen Ländern, wo alte und aktive kommunistische Parteien bestanden, verdichtete sich das Verhältnis zwischen KP und KJO und nahm folgende Formen an: die KJO nahmen die Programme der KP an und wirken im Rahmen ihrer politischen Richtlinie. Gleichzeitig hat dort die Jugend 1. ihre eigene zentralisierte Organisation, 2. bestimmt sie selbst die Methoden ihrer Organisations-, Agitations- und Propagandatätigkeit, 3. den Platz und die Formen ihrer Teilnahme am politischen Kampf, 4. bespricht sie die allgemeinen politischen Fragen. Zu diesem Verhältnis mit den KP müssen alle Jugendorganisationen kommen, und zwar nicht durch den Zwang der Partei, sondern durch Überzeugung und freie Entschließung der Jugendorganisationen.

7. Die KP unterstützen geistig und materiell die KJO, ohne diese Unterstützung mit kleinlicher Einmischung in die Tätigkeit der KJO und mit der Jugendpflege zu verknüpfen. Die KJO unterstützen ihrerseits die kommunistischen Parteien in ihrer gesamten organisatorischen (legalen und illegalen) und politischen Tätigkeit.

8. Die Kommunistische Internationale begrüßt die Bildung der Kommunistischen Jugendinternationale, deren grundsätzliche Aufgaben sind: die zentralisierte Leitung der kommunistischen Jugendbewegung, die Unterstützung der nationalen kommunistischen Jugendverbände, Schaffung solcher Jugendverbände, wo noch keine be-

stehen, die internationale Agitation für die Ideen des Kommunismus und der Jugendbewegung.

9. Die Kommunistische Jugendinternationale ist ein Teil der Kommunistischen Internationale und unterordnet sich als solcher den Beschlüssen der Kongresse der Kommunistischen Internationale und die politischen Direktiven ihrer Exekutive und führt dabei selbständig ihre Arbeit in der Leitung, Organisierung, Festigung und Erweiterung der Jugendinternationale.

10. Die Kommunistische Jugendinternationale und ihre Verbände nehmen teil an den Kongressen der Kommunistischen Internationale. Die Exekutiven der KI und der Jugendinternationale tauschen gegenseitig Vertreter mit entscheidender Stimme.

11. Die Kommunistische Internationale bezeichnet es als eine Aufgabe ihrer Exekutive und der ihr angeschlossenen Parteien, unter den Mitgliedern der Parteien und breiten Massen der Arbeiter die Ideen der kommunistischen Jugendbewegung zu propagieren.

Dokument 6: Thesen des ZK des Russischen Kommunistischen Jugendverbandes

(Vom ZK des RKJV dem EK der KJI zugestellt als Beilage zum Brief vom 10. November 1920)

1. Die Frage des Verhältnisses zwischen den Jugendorganisationen und den sozialistischen Parteien interessiert die Jugendorganisationen seit ihrem Bestehen. Während der ganzen Geschichte der internationalen Jugendbewegung wurde die Frage in der einen oder der anderen Form behandelt und entschieden, beschäftigte die Diskussionen fast aller Kongresse der Jugendorganisationen und der Jugendinternationale und auch vieler Parteikongresse. Dieses ist auch ganz verständlich, weil die Frage des Verhältnisses zwischen Jugendorganisationen und Partei in Wirklichkeit die Frage des Verhältnisses zwischen der Arbeiterjugend und der Arbeiterklasse als Gesamtes ist. Deshalb bedeutet die Entscheidung dieser Frage auch die Entscheidung der Frage der Beziehung der proletarischen Jugend und ihrer Organisationen zum proletarischen Staat nach Übernahme der Macht durch das Proletariat.

2. Die Entscheidung der Frage über das Verhältnis zwischen den kommunistischen Parteien und kommunistischen Jugendorganisationen wird durch eine Reihe wichtiger Umstände erschwert. Zu diesen Umständen gehört vor allem der Konservatismus, der für die Beziehungen der erwachsenen Arbeiter zu den Jugendlichen bezeichnend ist, dessen Rückwirkungen auch an den Parteigenossen und Gewerkschaftsfunktionären bemerkbar sind. Die Mißachtung, öfters sogar die Verachtung, die die Parteien und Gewerkschaften zur Zeit der Entstehung der Jugendbewegung derselben entgegenbrachten, die noch jetzt nicht ganz verschwunden ist, sogar in den Reihen der Kommunisten, hat die Frage der Beziehungen zwischen Parteien und Jugendorganisationen wesentlich zugespitzt.

3. Die sozialpatriotische Vormundschaft, das Bestreben, die Selbständigkeit der Jugendorganisationen zu vernichten, die von den sozialdemokratischen Parteien in der Periode des Aufschwunges, des

Opportunismus und des Konservatismus zum Ausdruck gebracht wurden, rief unter der Jugend eine Reaktion gegen die erwachsenen Genossen überhaupt, eine abneigende Stellungnahme den Parteien und Gewerkschaften gegenüber ohne Rücksicht auf Zeitpunkt und Ort und auf politische Richtung. Die ungenügende Beachtung der wirtschaftlichen Interessen der Jugendlichen seitens der Gewerkschaften war auch eine der Ursachen der Zuspitzung der Beziehungen zwischen den Jugendorganisationen und den Organisationen der erwachsenen Arbeiter.

4. Während des Krieges, nach einer langen Periode der sozialpatriotischen Vormundschaft über die Jugendbewegung, haben sich die revolutionären Jugendorganisationen vollständig von der Partei abgespalten. Die Ursache der Spaltung war hauptsächlich die politische Meinungsverschiedenheit, die die Jugendverbände von den Parteien trennte, weil die Organisationen der jungen Revolutionäre nichts Gemeinsames haben können mit den Organisationen der erwachsenen Sozialverräter.

5. Während des Krieges sammelten sich in den Jugendorganisationen viele erwachsene Genossen, die nur deshalb dorthin gekommen waren, weil die Jugendorganisationen in vielen Ländern die einzig revolutionären Organisationen waren, da es keine revolutionären Organisationen der erwachsenen Arbeiter gab. Dieser Umstand und die objektiven Verhältnisse, d. h. das Nichtvorhandensein revolutionärer Parteien trug dazu bei, daß die Jugendorganisationen während des Krieges gezwungen waren, auf sich die Funktionen der Kommunistischen Parteien der erwachsenen Arbeiter zu nehmen. Diese Anhäufung von erwachsenen Genossen in unseren Organisationen gegenwärtig gleichzeitig mit der Tradition veranlaßt unsere Jugendorganisation, auch jetzt dieselbe Rolle fortzusetzen, die sie während des Krieges spielte, wo sich doch gegenwärtig die Verhältnisse geändert haben.

6. Das Ergebnis dieser Umstände der verschiedenen Formen der Beziehungen zwischen Partei und Jugend während der ganzen Geschichte der Jugendbewegung und während des Weltkrieges führten dazu, daß in den Jugendverbänden Strömungen hochgekommen sind, die man als Jugendsyndikalismus bezeichnen kann. Der Jugendsyndikalismus besteht in der Gegenüberstellung der Interessen der jugendlichen Arbeiter den Interessen der erwachsenen Proletarier, als ob diese vollständig verschieden wären, in der Verteidigung einer vollen Unabhängigkeit der Jugendgruppen innerhalb der Arbeiterklasse als Gesamtes. Der Jugendsyndikalismus ist in der Praxis (in der Theorie ist er sehr schwach begründet, was ihn aber nicht hindert, für seine praktischen Folgerungen eine theoretische Unterlage zu geben) die Ideologie der absoluten Unabhängigkeit der Jugendbewegung in ihren Beziehungen zu den kommunistischen Parteien und zum proletarischen Staate. Diese Strömung kann man als Jugendsyndikalismus deshalb bezeichnen, weil sie ebenso wie der Syndikalismus in der Arbeiterbewegung die Idee der Dezentralisierung der revolutionären Bewegung und der absoluten Unabhängigkeit der einzelnen Gruppen innerhalb der Arbeiterklasse (in diesem Falle der Jugendgruppen anstatt der Gewerkschaften) verteidigt.

7. In den letzten drei Jahren haben sich fast in allen Ländern neue kommunistische Parteien gebildet, ungeachtet dessen, daß in den

verschiedenen Ländern der innere Zusammenhang und die politische Standhaftigkeit und Klarheit dieser Parteien in verschiedener Geschwindigkeit sich entwickelt. Die Tatsache der Gründung der kommunistischen Parteien allein, an der sich auch die Jugendorganisationen aktiv beteiligt haben, schafft ganz neue Verhältnisse für die Beziehungen zwischen Partei und Jugend, weil dadurch die grundsätzliche Ursache vernichtet wird, weshalb die Jugendorganisationen vollständig abgesondert von den erwachsenen Arbeitern tätig waren. Diese Ursache waren die politischen Meinungsverschiedenheiten, die in der Alterseinteilung zum Ausdruck kamen.

8. Die Jugendbewegung hat inhaltlich einen Doppelcharakter, einerseits sind die Jugendverbände erzieherische Organisationen, andererseits Kampforganisationen, die sich unmittelbar an dem politischen Kampfe der Arbeiterklasse beteiligen, weil der beste und der revolutionärste Teil des Proletariats, die Jugend, nicht passiv in dem Kampfe zwischen Arbeit und Kapital sein kann und weil die Erziehung in den kommunistischen Jugendverbänden einen praktischen Kampfcharakter trägt. Die erzieherischen Aufgaben der Jugendbewegung erfordern ihre Selbständigkeit, weil die Selbständigkeit der proletarischen Jugend die Grundlage der revolutionären Erziehung ist. Andererseits erfordert der Kampfcharakter unserer Organisationen ihre Einreihung in das gesamte zentralisierte System aller kommunistischen Kräfte sowohl im nationalen wie auch im internationalen Maßstab unter der alleinigen Leitung der kommunistischen Partei und der Kommunistischen Internationale.

9. In der Periode des zugespitzten revolutionären Kampfes für die Sowjet-Diktatur und in der ersten Periode nach Übergang der Macht in die Hände des Proletariats ist der Zentralismus innerhalb der Arbeiterbewegung die elementare und grundsätzliche Vorbedingung für den Sieg der Arbeiterklasse. Die proletarische Jugend als ein Teil der Arbeiterklasse kann kein anderes Programm und keine andere Taktik im alltäglichen Kampfe des Proletariats haben, als das Programm und die Taktik des Proletariats als Gesamtheit, soweit diese nicht durch die Alltagsunterschiede und wirtschaftlichen Sonderheiten bedingt werden, sondern lediglich durch die Zugehörigkeit zur Arbeiterklasse. Daraus entspringt die Notwendigkeit für die kommunistischen Jugendorganisationen, das Programm und die Taktik der kommunistischen Parteien anzuerkennen und sich ihrer politischen Leitung zu fügen.

10. Andererseits hat die gesamte Geschichte der Jugendbewegung und die wissenschaftlichen sozialistischen Untersuchungen auf dem Gebiete der revolutionären Erziehung den Beweis dafür geliefert, daß die organisatorische Selbständigkeit der Jugendorganisationen eine unumgängliche Notwendigkeit ist, was aber durchaus den engsten organisatorischen Zusammenhang zwischen Parteien und Jugend nicht ausschließt. Diese organisatorische Selbständigkeit wird vollkommen klar in den Thesen zur Jugendbewegung, die von dem EK der KI angenommen worden sind, folgendermaßen festgelegt: »Die Jugendorganisationen haben ihre selbständige zentralisierte Organisation, in der sie selbst die Methoden ihrer organisatorischen, propagandistischen und agitatorischen Tätigkeit festlegen, den Ort und die Form ihrer Beteiligung im politischen Kampfe bestimmen und die politischen Fragen behandeln.«

11. Die Feststellung regelmäßiger Beziehungen zwischen den Jugendverbänden und kommunistischen Parteien ist ein Entwicklungsprozeß, in dem allmählich innerhalb der Jugendbewegung die fortgeschrittensten Elemente, die die Notwendigkeit der Anpassung an die neuen Verhältnisse des revolutionären Kampfes begreifen, die zurückgebliebenen Elemente, die noch immer die Ideologie der ersten Jahre des Weltkrieges besitzen, vorwärtsdrängen werden und indem die fortgeschrittensten Elemente der kommunistischen Parteien wiederum den Konservatismus und die Mißachtung der Jugend gegenüber in den Reihen der Parteien ausmerzen werden, weil dieses lediglich eine Erbschaft der alten Sozialdemokratie ist. In diesem Entwicklungsprozeß, der beschleunigt werden kann, aber nicht geändert, durch Resolutionen und Beschlüsse, der aufgrund der Erfahrungen sowohl seitens der Jugend wie auch seitens der Parteien vorwärtsschreitet, werden die alten Formen der Beziehungen zwischen Parteien und Jugendorganisationen durch neue ersetzt werden, die den Verhältnissen des revolutionären Zeitalters entsprechen. Die alte Losung der absoluten Unabhängigkeit der Jugendbewegung, die revolutionär war damals, als es noch keine kommunistischen Parteien gab und als die Jugendorganisationen sich von den erwachsenen Sozialpatrioten lostrennten, wird objektiv gegenrevolutionär und wird von den zentristischen Jugendorganisationen ausgenutzt. Diesen Prozeß der allmählichen Annäherung zwischen Parteien und Jugendorganisationen kann man beispielsweise in der deutschen Organisation bemerken, die im Februar 1919 die Kommunistische Partei als die den Interessen der Jugend nahestehendste anerkannte, im Oktober 1919 bereits offiziell das Programm der Kommunistischen Partei als ihr eigenes Programm anerkennt und die unbedingt in der nächsten Zeit die normalen Formen des Verhältnisses annehmen wird, die in Rußland festgelegt worden sind (weil in Rußland keine sozialpatriotische Vormundschaft über die Jugend und keine Übertragung der politischen Funktionen der Partei auf die Jugend vorhanden war, weil die Partei in Rußland schon lange existierte) und die unbedingt richtig sind und entsprechend den Verhältnissen aller Länder. Die Aufgabe der Kommunistischen Jugendinternationale ist es, diesen Prozeß zu beschleunigen, im Sinne der Annäherung zu den normalen Formen des Verhältnisses.
12. Indem der Doppelcharakter der Jugendbewegung sowohl die Selbständigkeit wie auch den Zentralismus erfordert, indem die zwei Prinzipien die Grundlage für die Beziehungen zwischen Partei und Jugend bilden, bewegen sich diese Beziehungen in ihren detaillierten Formen, die nie endgültig festgelegt werden können, in permanentem Kampf zwischen den zwei einander widersprechenden Prinzipien. Der Faktor, der die genauen Beziehungen zwischen Parteien und Jugendorganisationen im Rahmen dieses permanenten Kampfes festzulegen vermag, ist erstens der Stand der kommunistischen Parteien, ihre Stärke und die Klarheit ihrer politischen Linie, die allein imstande sind, die Sympathien und das Vertrauen der Jugendorganisationen zu wecken und die freiwillige Unterordnung unter die Direktiven der Partei zu ermöglichen, zweitens der Stand der Jugendbewegung, ihre Stärke und Standhaftigkeit und das Ergebnis ihrer Tätigkeit (und nicht nur Phraseologie) und die Gewähr, daß diese Elemente eine günstige Stellungnahme der Partei zur Jugend

sichern und drittens die objektiven Verhältnisse des politischen Kampfes, von denen die Notwendigkeit des Zentralismus in der revolutionären Bewegung abhängig ist.

13. Die Aufgabe des II. Kongresses der Kommunistischen Jugendinternationale ist es, die Formen des Verhältnisses zwischen Partei und Jugend in allen Ländern zu prüfen, die allgemeine Linie der Entwicklung dieser Beziehung festzustellen und die normalen Formen und Maßnahmen zur einheitlichen Durchführung dieser Formen in allen Jugendorganisationen auszuarbeiten.

Dokument 7: Diskussionsthesen Kurellas (EK der KJI) zur Frage von Jugend und Partei

1. Während der reformistischen Verwirrung breiter Arbeitermassen und besonders nach dem schließlichen Zusammenbruch der II. Internationale fiel der durch besondere ökonomische, soziale und psychologische Bedingungen ausgezeichneten Arbeiterjugend innerhalb der internationalen Arbeiterbewegung eine besondere historische Rolle zu. Bei der Zurückgebliebenheit der Gesamtbewegung wurde die Jugend zur revolutionären, für den unversöhnlichen Klassenkampf eintretenden Vorhut. Im weiteren Verlauf entwickelte sich unter Vorantritt und Anteilnahme der Jugendorganisationen die internationale kommunistische Arbeiterbewegung, die sich in der Dritten Internationale die Vorkämpferin der revolutionären Arbeiter aller Länder schuf. Durch diese Entwicklung erfüllte sich die historische Aufgabe der Jugendbewegung und diese selbst wurde zum Teil der internationalen, jetzt kommunistischen Arbeiterbewegung.

2. Die Entwicklung der Kommunistischen Internationale von der theoretischen Grundlegung (erster Kongreß) zur taktischen Vereinheitlichung (zweiter Kongreß) und schließlich zur durchgreifenden Organisierung im Hinblick auf die revolutionäre proletarische Offensive, führte zum Ausbau der Internationale, als internationale kommunistische Partei mit nationalen Sektionen. Die kommunistischen Jugendorganisationen hatten ihre internationale Organisation bereits 1919 grundsätzlich auf den Stand der größten Vereinheitlichung und Zentralisation gebracht. Die so geschaffene KJI betrachtete sich vom ersten Tage ihrer Gründung an als Teil und Glied der Kommunistischen Internationale. Der letzten Entwicklung der Kommunistischen Internationale, die mit dem Ziel der vollkommenen Zusammenfassung aller kommunistischen Kräfte jedes Landes unter die zentrale Leitung der Kommunistischen Partei vor sich ging, müssen die kommunistischen Jugendorganisationen durch eine neue Regelung ihres Verhältnisses zu den kommunistischen Parteien Rechnung tragen. Als integrierende Bestandteile der kommunistischen Parteien müssen sie zu solch einer Arbeitsteilung mit den Parteien kommen, die ihrem Wesen als besondere Zusammenfassung der Jugend entspricht.

3. Im Kampf um die Loslösung von den sozialdemokratischen Parteien haben die revolutionären proletarischen Jugendorganisationen zwei neue Prinzipien für ihre Organisation und Tätigkeit erobert. Da diese Prinzipien unbedingte Voraussetzungen für die Durchfüh-

rung der Erziehung der jungen Proletarier zu bewußten revolutionären kommunistischen Kämpfern ist, bleiben sie auf alle Fälle bestimmend. Diese Prinzipien sind: Selbständige organisatorische Zusammenfassung unter eigener gewählter Leitung: Anteilnahme an allen politischen Kämpfen der Arbeiterklasse und insbesondere ihrer Vorhut, der Kommunistischen Partei.

4. Bei dem gegenwärtigen Charakter der KJI ergeben sich, wenn die *neue Regelung* der Beziehungen zwischen Partei und der Jugend durchgeführt und die genannten Prinzipien voll aufrechterhalten und durchgeführt werden sollen, gewisse Widersprüche, die nur durch eine Umstellung der Partei und der Jugend zueinander und teilweise auch in ihrer Tätigkeit gelöst werden können.

Die Jugendorganisation muß sich vor allem darauf umstellen, daß sie sich bis zum letzten Mitglied als Soldaten und verantwortliche Träger der einheitlichen KP fühlen. Darüber hinaus bedarf sie in ihrer neuen Stellung als Zusammenfassung der Jugend innerhalb der kommunistischen Massenpartei der Einstellung auf neue Formen ihrer bisherigen Tätigkeit auf verschiedenen Gebieten (1. Übergang zu Massenorganisationen, die in steter Fühlung mit den breiten Massen der jugendlichen Arbeiter stehen. 2. *Einstellung der Bildungsarbeit auf die Aufgabe der Schulung indifferenter junger Arbeiter zu bewußten disziplinierten kommunistischen Kämpfern.* 3. Organisationsformen, die bei ständigem starken Zustrom Indifferenter die führende Rolle der bewußten Kommunisten sichern).

Die Kommunistische Partei nimmt durch die Anerkennung der KJO als integrierender Teil der Partei die Pflicht auf sich, die JO und ihre Mitglieder als *gleichberechtigte,* nur besondere Funktionen erfüllende *Glieder der Partei* zu behandeln. Die Partei ist dadurch verpflichtet, die JO in ihrer Organisation, Agitation, Propaganda und Presse in noch stärkerem Maße als die Partei selbst zu unterstützen. Sie wird das um so besser und lieber tun, je mehr sie aus der Tätigkeit der Jugend den Eindruck gewonnen hat und gewinnt, daß sie mit den Jugendgenossen als mit den zuverlässigsten und treuesten Kämpfern rechnen kann.

5. Ihren organisatorischen Ausdruck findet diese Umstellung in der Herstellung eines engen Kontaktes von Partei- und Jugendorganisation bis hinab zur Ortsgruppe und Agitationszelle in Betrieb, Gewerkschaft usw. Gegenseitige ständige Vertretung gibt der Jugend die Möglichkeit, auf die Entschlüsse der Parteiorganisationen ständigen Einfluß zu nehmen und der Partei die Möglichkeit, den politischen Rahmen und die politische Linie der Tätigkeit der JO zu bestimmen und zu stärken. Das Verhältnis darf niemals in kleinliche Einmischung seitens der Partei und in kleinliches Verlangen der »Unterlassung jeglicher Einmischung« seitens der Jugend ausarten.

6. Die grundsätzliche Festsetzung und Durchführung einer solchen Neuregelung der Stellung der kommunistischen Jugendbewegung innerhalb der kommunistischen Arbeiterbewegung ist ein unbedingtes Erfordernis im internationalen Maßstabe. Wo besondere Verhältnisse innerhalb einzelner KI angeschlossenen Parteien die Durchführung anderer Beziehungen im Interesse der Kommunisten ratsam erscheinen lassen, ist dies als Ausnahme durch besondere Abmachungen zwischen KI und KJI festzustellen.

(*Anmerkung:* Vorgänge, wie das Auftreten opportunistischer Strömungen in den einzelnen Sektionen der KI zwischen dem II. und III. Kongreß sind nicht als solche besonderen Vorgänge zu betrachten, da auch ihm gegenüber die Jugendorganisationen aufgrund engerer Beziehungen zur Partei und moralisch unterstützt durch die Internationale bedeutend erfolgreicher hätten auftreten können.)

7. Die Jugendinternationale als internationale Zusammenfassung der nationalen Jugendorganisationen *gibt den Charakter einer politisch selbständigen Schwesterorganisation der Kommunistischen Internationale vorläufig auf.* Sie ist für alle die ihr angeschlossenen KJO die Leiterin ihrer gesamten besonderen Organisations-, Agitations- und Propagandatätigkeit und die Vermittlerin des politischen Willens der Kommunistischen Internationale im internationalen Maßstabe. Zur Vereinheitlichung der politischen Tätigkeit der gewählten Leitung von KJI und KI und zur größtmöglichsten Ausnutzung der Kräfte der Jugendorganisationen für den Kampf der Kommunistischen Internationale wird ein möglichst enges Verhältnis zwischen den Exekutiven der KI und KJI hergestellt. Maßgebend für die organisatorische Gestaltung dieses Verhältnisses sind die Ziele: 1. selbständige gegenseitige Mitarbeit an allen wichtigen Entschlüssen; 2. vollste Ausnutzung der durch Wesen und Aufbau der KJO und ihrer Internationale geschaffenen moralischen, agitatorischen und praktischen Möglichkeiten.

Dokument 8: Resolution des III. Kongresses der KI über die Kommunistische Internationale und die Kommunistische Jugendbewegung

1. Die sozialistische Jugendbewegung ist entstanden unter dem Drucke der verschärften kapitalistischen Ausbeutung der Arbeiterjugend und der Ausnützung durch den bürgerlichen Militarismus, als Reaktion gegen die Versuche, die Arbeiterjugend mit der bürgerlichen, nationalistischen Ideologie zu vergiften, und als Reaktion gegen die Vernachlässigung der ökonomischen, politischen und kulturellen Forderungen der Arbeiterjugend durch die sozialdemokratischen Parteien und Gewerkschaften in den meisten Ländern.

Die Schaffung von sozialistischen Jugendorganisationen geschah in den meisten Ländern ohne Hilfe der immer stärker opportunistisch und reformistisch werdenden sozialdemokratischen Parteien und Gewerkschaften, in einzelnen Ländern sogar direkt gegen deren Willen. Die reformistischen sozialdemokratischen Parteien und Gewerkschaften sahen in dem Aufkommen selbständiger revolutionärer sozialistischer Jugendorganisationen eine ernste Gefahr für ihre opportunistische Politik. Durch eine bürokratische Bevormundung und die Aufhebung jeder Selbständigkeit versuchten sie, die Jugendbewegung niederzuhalten, den Charakter der Jugendbewegung zu ändern und ihn ihrer Politik anzupassen.

2. Der imperialistische Krieg und die Stellung der sozialdemokratischen Parteien in den meisten Ländern dazu mußten die Gegensätze zwischen den sozialdemokratischen Parteien und den internationalen revolutionären Jugendorganisationen vertiefen und zum offenen Konflikt treiben. Während des Krieges wurde die Lage der Arbeiter-

jugend durch Mobilisierung und Kriegsdienste, durch eine gesteigerte Ausbeutung in der Kriegsindustrie und Militarisierung hinter der Front unerträglich verschlechtert. Der beste Teil der sozialistischen Jugend nahm gegen den Krieg und Nationalismus Stellung, trennte sich demgemäß von den sozialdemokratischen Parteien und ging zu eigenen politischen Aktionen über. (Internationale Jugendkonferenz, Bern 1915, Jena 1916.)

In ihrem Kampfe gegen den Krieg wurden die sozialistischen Jugendorganisationen durch die besten revolutionären Gruppen der Erwachsenen unterstützt und wurden so zum Sammelpunkt der revolutionären Kräfte. Damit hatten die Jugendorganisationen die Funktionen der in den meisten Ländern fehlenden revolutionären Parteien übernommen, wurden zur Avantgarde im revolutionären Kampf und zu politisch selbständigen Organisationen.

3. Mit der Entstehung der KI und der KP in den einzelnen Ländern ändert sich die Rolle der revolutionären Jugendorganisationen in der gesamten proletarischen Bewegung. Durch ihre ökonomische Lage und ihre psychologische Eigenart ist die Arbeiterjugend für die kommunistischen Ideen leichter empfänglich und zeigt im revolutionären Kampf einen größeren revolutionären Enthusiasmus als die erwachsenen Arbeiter, aber ihre Rolle als Avantgarde im Sinne des selbständigen politischen Auftretens und der politischen Leitung übernehmen die kommunistischen Parteien. Ein Weiterbestehen der KJO als politisch selbständige und führende Organisation müßte zur Entstehung zweier miteinander konkurrierender kommunistischer Parteien führen, die sich nur durch das Alter ihrer Mitglieder unterscheiden.

4. Die jetzige Rolle der KJO besteht darin, die Massen der jugendlichen Arbeiter zu sammeln, sie kommunistisch zu erziehen und einzureihen in die kommunistische Kampffront.

Die Zeit ist vorüber, in der kommunistische Jugendorganisationen sich auf die Arbeit zahlenmäßig kleiner Propagandavereine beschränken können. Als ein Mittel zur Gewinnung der breiten Massen der jugendlichen Arbeiter kommt neben einer zähen, mit neuen Methoden geführten Agitation die Einleitung und Führung von wirtschaftlichen Kämpfen durch die KJO in Verbindung mit den kommunistischen Parteien und den Gewerkschaften in Betracht.

Gemäß ihrer neuen Aufgaben müssen die KJO ihre Bildungsarbeit erweitern und verstärken. Die Grundlage der kommunistischen Erziehung in der kommunistischen Jugendbewegung ist die aktive Teilnahme an allen revolutionären Kämpfen, welche mit der marxistischen Schulung eng verknüpft sein muß.

Eine weitere wichtige Aufgabe der KJO in der nächsten Zeit ist die Zerstörung der zentristischen und sozialpatriotischen Ideologie in der Arbeiterjugend und die Loslösung von den sozialdemokratischen Jugendpflegern und -führern. Gleichzeitig müssen die KJO alles tun, um den durch die Entwicklung zur Massenbewegung einsetzenden Verjüngungsprozeß durch eine rasche Abgabe ihrer älteren Mitglieder an die KP zu fördern.

In der regen Beschäftigung mit allen politischen Problemen, in der Mitarbeit am Aufbau kommunistischer Parteien und in der aktiven Teilnahme an revolutionären Kämpfen und Aktionen zeigt sich der große grundsätzliche Unterschied zwischen kommunistischer JO und den zentristischen und sozialpatriotischen Jugendvereinen.

5. Das Verhältnis der KJO zu den KP ist grundverschieden von dem der revolutionären Jugendorganisationen zu den sozialdemokratischen Parteien. In dem gemeinsamen Kampfe zu einer raschen Durchführung der proletarischen Revolution ist die größte Einheitlichkeit und strengste Zentralisation notwendig. Die politische Leitung und Führung kann international und nur bei der KI, in den einzelnen Ländern nur bei deren Landessektionen liegen. Pflicht der KJO ist es, sich dieser politischen Leitung (Programm, Taktik und politische Direktiven) unterzuordnen und sich in die gemeinsame revolutionäre Front einzugliedern. Bei der Verschiedenheit des revolutionären Entwicklungsgrades der einzelnen KP ist es notwendig, daß die Anwendung dieses Grundsatzes in Ausnahmefällen von den EK der KI und der KJI unter Berücksichtigung der besonderen Verhältnisse in den einzelnen Ländern bestimmt wird. Die KJO, die ihre eigenen Reihen nach den Gesetzen der strengsten Zentralisation zu organisieren begonnen haben, werden gegenüber der KI als Trägerin und Führerin der proletarischen Revolution eiserne Disziplin üben. Die KJO haben sich innerhalb ihrer Organisation mit allen politischen und taktischen Fragen zu beschäftigen, Stellung zu nehmen und innerhalb der KP ihres Landes, nie aber gegen sie im Sinne der gefaßten Beschlüsse zu wirken. In Fällen ernster Meinungsverschiedenheiten zwischen KP und KJO sollen die KJO das Appellationsrecht an das EK der KI ausnützen. Die Aufgabe ihrer politischen Selbständigkeit bedeutet auf keinen Fall den Verzicht auf die organisatorische Selbständigkeit, die aus erzieherischen Gründen unerläßlich ist.

Da zur erfolgreichen Führung des revolutionären Kampfes die stärkste Zentralisation und die größte Einheitlichkeit notwendig ist, soll in jenen Ländern, wo infolge der historischen Entwicklung eine größere Abhängigkeit der Jugend von der Partei besteht, dieses Verhältnis in der Regel aufrechterhalten werden; bei Differenz zwischen beiden Organen entscheidet das Exekutivkomitee der Kommunistischen Internationale in Gemeinschaft mit dem Exekutivkomitee der Kommunistischen Jugendinternationale.

6. Eine der nächsten und wichtigsten Aufgaben der KJO ist die restlose Aufräumung mit allen, aus der Periode der absoluten Autonomie in ihren Reihen übriggebliebenen Resten der Ideologie von der politischen Führerrolle. Die Jugendpresse und der gesamte Organisationsapparat der KJO müssen restlos benutzt werden, die Jugendlichen völlig zu durchdringen mit dem Gefühl, Soldat und verantwortliches Mitglied der einigen kommunistischen Partei zu sein.

Dieser Aufgabe müssen die KJO um so mehr Aufmerksamkeit, Zeit und Arbeit widmen, als sie beginnen, durch Gewinnung größerer Scharen jugendlicher Arbeiter zur Massenbewegung zu werden.

7. Das enge politische Zusammenwirken der KJO mit der KP muß auch in einer festen organisatorischen Verbindung beider Organisationen zum Ausdruck kommen. Unbedingt erforderlich ist eine ständige gegenseitige Vertretung der Organisations- und Parteispitzen, der Kreis-, Bezirks- und Ortsgruppen bis hinab zu den Zellen der kommunistischen Gruppen im Betrieb, in den Gewerkschaften, wie eine starke gegenseitige Beschickung aller Konferenzen und Kon-

gresse. Auf diese Weise wird es der KP möglich, dauernd auf die politische Linie und Tätigkeit der Jugend einzuwirken und die Jugend zu unterstützen und andererseits der Jugend, wirksamen Einfluß auf die Partei auszuüben.

8. In noch engerer Weise wie das Verhältnis der KI zu den KP ordnet sich das Verhältnis zwischen der KJI und der KI. Die Aufgabe der KJI besteht in der zentralisierten Leitung der kommunistischen Jugendbewegung, der Unterstützung und Förderung der Einzelverbände mit moralischen und materiellen Mitteln, der Schaffung neuer KJO, wo solche nicht bestehen, und der internationalen Propaganda für die kommunistische Jugendbewegung und ihr Programm. Die KJI ist ein Teil der KI und unterordnet sich als solche den Beschlüssen des Kongresses der KI und deren EK. Im Rahmen dieser führt sie ihre Arbeit und wirkt als Vermittlerin des politischen Willens der KI in allen ihren Sektionen. Durch eine starke gegenseitige Delegation und ein enges dauerndes Zusammenarbeiten wird die ständige Kontrolle der KI und die fruchtbarste Arbeit der KJI auf allen Gebieten ihrer Tätigkeit (Leitung, Agitation, Organisierung, Festigung und Stützung der KJO) gesichert.

Dokument 9: 21 Leitsätze über die Bedingungen der Aufnahme in die Kommunistische Internationale*

Der erste Kongreß der Kommunistischen Internationale hat keine genauen Bedingungen für die Aufnahme in die III. Internationale aufgestellt. Bis zum Augenblick der Einberufung des I. Kongresses existierten in den meisten Ländern bloß kommunistische *Richtungen* und *Gruppen.*

Unter anderen Verhältnissen tritt der II. Kongreß der Kommunistischen Internationale zusammen. Zur Zeit gibt es in den meisten Ländern nicht nur kommunistische Strömungen und Richtungen, sondern kommunistische *Parteien* und *Organisationen.*

An die Kommunistische Internationale wenden sich nun oft Parteien und Gruppen, die noch vor kurzem zur II. Internationale gehörten, die jetzt in die III. Internationale eintreten wollen, die aber nicht in der Tat kommunistisch geworden sind. Die II. Internationale ist endgültig zerschlagen. Die Zwischenparteien und die Gruppen des »Zentrums«, die die völlige Aussichtslosigkeit der II. Internationale einsehen, versuchen sich an die immer kräftiger werdende Kommunistische Internationale anzulehnen. Sie hoffen jedoch dabei eine solche »Autonomie« zu bewahren, die ihnen die Möglichkeit gewährt, ihre frühere opportunistische oder »Zentrumspolitik« weiterzuführen. Die Kommunistische Internationale wird gewissermaßen Mode.

Das Verlangen einiger führender Gruppen des »Zentrums«, in die III. Internationale einzutreten, ist eine indirekte Bestätigung dessen, daß die Kommunistische Internationale die Sympathien der überwiegenden Mehrheit der klassenbewußten Arbeiter der ganzen Welt erobert hat und daß sie eine mit jedem Tage immer mehr wachsende Macht wird.

* Entnommen aus *Leitsätze und Statuten der Kommunistischen Internationale,* Hamburg 1920, S. 25 ff.

Der Kommunistischen Internationale droht die Gefahr, durch wankelmütige und durch Halbheit sich auszeichnende Elemente verwässert zu werden, welche die Ideologie der II. Internationale noch nicht endgültig abgestreift haben.

Außerdem verbleibt in einigen großen Parteien (Italien, Schweden, Norwegen, Jugoslawien u. a.), deren Mehrheit auf dem Standpunkt des Kommunismus steht, bis zum heutigen Tage ein bedeutender reformistischer und sozialpazifistischer Flügel, der nur auf den Augenblick wartet, wieder das Haupt zu erheben, mit der aktiven Sabotage der proletarischen Revolution zu beginnen und dadurch der Bourgeoisie und der II. Internationale zu helfen.

Kein einziger Kommunist darf die Lehren der ungarischen Räterepublik vergessen. Die Verschmelzung der ungarischen Kommunisten mit den sogenannten »linken« Sozialdemokraten ist dem ungarischen Proletariat teuer zu stehen gekommen.

Infolgedessen erachtet es der II. Kongreß der Kommunistischen Internationale für notwendig, die Bedingungen der Aufnahme von neuen Parteien ganz genau festzulegen, und diejenigen Parteien, die in die Kommunistische Internationale aufgenommen sind, auf die ihnen auferlegten Pflichten hinzuweisen.

Der II. Kongreß der Kommunistischen Internationale stellt folgende Bedingungen der Zugehörigkeit zur Kommunistischen Internationale auf:

1. Die *gesamte* Propaganda und Agitation muß einen wirklich kommunistischen Charakter tragen und dem Programm und den Beschlüssen der Kommunistischen Internationale entsprechen. Alle Preßorgane der Partei müssen von zuverlässigen Kommunisten geleitet werden, die ihre Hingebung für die Sache des Proletariats bewiesen haben. Von der Diktatur des Proletariats darf nicht einfach wie von einer landläufigen eingepaukten Formel gesprochen werden, sondern sie muß so propagiert werden, daß ihre Notwendigkeit jedem einfachen Arbeiter, Arbeiterin, Soldaten und Bauern verständlich wird aus den Tatsachen des täglichen Lebens, die von unserer Presse systematisch beobachtet und Tag für Tag ausgenutzt werden müssen.

Die periodische und nicht-periodische Presse und alle Parteiverlage müssen völlig dem Parteivorstand unterstellt werden, ohne Rücksicht darauf, ob die Partei in ihrer Gesamtheit in dem betreffenden Augenblick legal oder illegal ist. Es ist unzulässig, daß die Verlage ihre Selbständigkeit mißbrauchen und eine Politik führen, die der Politik der Partei nicht ganz entspricht.

In den Spalten der Presse, in den Volksversammlungen, in den Gewerkschaften, in den Konsumvereinen – überall, wohin sich die Anhänger der III. Internationale Eingang verschaffen, ist es notwendig, nicht nur die Bourgeoisie, sondern auch ihre Helfershelfer, die Reformisten aller Schattierungen, systematisch und unbarmherzig zu brandmarken.

2. Jede Organisation, die sich der Kommunistischen Internationale anschließen will, muß regelrecht und planmäßig aus allen mehr oder weniger verantwortlichen Posten der Arbeiterbewegung (Parteiorganisationen, Redaktionen, Gewerkschaften, Parlamentsfraktionen, Genossenschaften, Kommunalverwaltungen) die reformistischen und Zentrumsleute entfernen und sie durch bewährte Kommunisten er-

setzen, ohne sich daran zu stoßen, daß besonders im Anfang an die Stelle von »erfahrenen« Opportunisten einfache Arbeiter aus der Masse gelangen.

3. Fast in allen Ländern Europas und Amerikas tritt der Klassenkampf in die Phase des Bürgerkrieges ein. Unter derartigen Verhältnissen können die Kommunisten kein Vertrauen zu der bürgerlichen Legalität haben. Sie sind verpflichtet, überall einen parallelen illegalen Organisationsapparat zu schaffen, der im entscheidenden Moment der Partei behilflich sein wird, ihre Pflicht gegenüber der Revolution zu erfüllen. In all den Ländern, wo die Kommunisten infolge des Belagerungszustandes und der Ausnahmegesetze nicht die Möglichkeit haben, ihre gesamte Arbeit legal zu führen, ist die Kombinierung der legalen mit der illegalen Tätigkeit unbedingt notwendig.

4. Die Pflicht zur Verbreitung der Kommunistischen Ideen schließt die besondere Verpflichtung zu einer nachdrücklichen systematischen Propaganda im Heere in sich. Wo diese Agitation durch Ausnahmegesetze unterbunden wird, ist sie illegal zu führen. Der Verzicht auf eine solche Arbeit würde einem Verrat an der revolutionären Pflicht gleichen und mit der Zugehörigkeit zur III. Internationale unvereinbar sein.

5. Es ist eine systematische und planmäßige Agitation auf dem flachen Lande notwendig. Die Arbeiterklasse vermag nicht zu siegen, wenn sie nicht die Landproletarier und wenigstens einen Teil der ärmsten Bauern hinter sich und die Neutralität eines Teiles der übrigen Dorfbevölkerung durch ihre Politik gesichert hat. Die kommunistische Arbeit auf dem flachen Lande gewinnt gegenwärtig hervorragende Bedeutung. Sie muß vornehmlich mit Hilfe der revolutionären, kommunistischen *Arbeiter* der Stadt und des Landes geführt werden, die mit dem flachen Lande Verbindung haben. Der Verzicht auf diese Arbeit oder deren Übergabe in unzuverlässige, halbreformistische Hände gleicht einem Verzicht auf die proletarische Revolution.

6. Jede Partei, die der III. Internationale anzugehören wünscht, ist verpflichtet, nicht nur den offenen Sozialpatriotismus, sondern auch die Unaufrichtigkeit und Heuchelei des Sozialpazifismus zu entlarven: den Arbeitern systematisch vor Augen zu führen, daß ohne revolutionären Sturz des Kapitalismus keinerlei internationale Schiedsgerichte, keinerlei Abkommen über Einschränkung der Kriegsrüstungen, keinerlei »demokratische« Erneuerung des Völkerbundes imstande sein werden, neue imperialistische Kriege zu verhüten.

7. Die Parteien, die der Kommunistischen Internationale anzugehören wünschen, sind verpflichtet, den vollen Bruch mit dem Reformismus und mit der Politik des »Zentrums« anzuerkennen und diesen Bruch in den weitesten Kreisen der Parteimitglieder zu propagieren. Ohne das ist eine konsequente kommunistische Politik nicht möglich.

Die Kommunistische Internationale fordert unbedingt und ultimativ die Durchführung dieses Bruches in kürzester Frist. Die Kommunistische Internationale vermag sich nicht damit abzufinden, daß notorische Opportunisten, wie sie jetzt durch Turati, Kautsky, Hilferding, Hillquit, Longuet, Macdonald, Modigliani u. a. repräsentiert werden, das Recht haben sollen, als Angehörige der III. Internationale zu gelten. Das könnte nur dazu führen, daß die III. Internationale in hohem Maße der zugrunde gegangenen II. Internationale ähnlich werden würde.

8. In der Frage der Kolonien und der unterdrückten Nationen ist eine besonders ausgeprägte und klare Stellung der Parteien in denjenigen Ländern notwendig, deren Bourgeoisie im Besitze von Kolonien ist und andere Nationen unterdrückt. Jede Partei, die der III. Internationale anzugehören wünscht, ist verpflichtet, die Kniffe »ihrer« Imperialisten in den Kolonien zu entlarven, jede Freiheitsbewegung in den Kolonien nicht nur in Worten, sondern durch Taten zu unterstützen, die Verjagung ihrer einheimischen Imperialisten aus den Kolonien zu fordern, in den Herzen der Arbeiter ihres Landes ein wirklich brüderliches Verhältnis zu der arbeitenden Bevölkerung der Kolonien und zu den unterdrückten Nationen zu erziehen und in den Truppen ihres Landes eine systematische Agitation gegen jegliche Unterdrückung der kolonialen Völker zu führen.

9. Jede Partei, die der Kommunistischen Internationale anzugehören wünscht, muß systematisch und beharrlich eine kommunistische Tätigkeit innerhalb der Gewerkschaften, der Arbeiter- und Betriebsräte, der Konsumgenossenschaften und anderer Massenorganisationen der Arbeiter entfalten. Innerhalb dieser Organisationen ist es notwendig, kommunistische Zellen zu organisieren, die durch andauernde und beharrliche Arbeit die Gewerkschaften usw. für die Sache des Kommunismus gewinnen sollen. Die Zellen sind verpflichtet, in ihrer täglichen Arbeit überall den Verrat der Sozialpatrioten und die Wankelmütigkeit des »Zentrums« zu entlarven. Die Kommunistischen Zellen müssen der Gesamtpartei vollständig untergeordnet sein.

10. Jede der Kommunistischen Internationale angehörende Partei ist verpflichtet, einen hartnäckigen Kampf gegen die Amsterdamer »Internationale« der gelben Gewerkschaftsverbände zu führen. Sie muß unter den gewerkschaftlich organisierten Arbeitern die Notwendigkeit des Bruches mit der gelben Amsterdamer Internationale nachdrücklichst propagieren. Mit allen Mitteln hat sie die entstehende internationale Vereinigung der roten Gewerkschaften, die sich der Kommunistischen Internationale anschließen, zu unterstützen.

11. Parteien, die der III. Internationale angehören wollen, sind verpflichtet, den persönlichen Bestand der Parlamentsfraktionen einer Revision zu unterwerfen, alle unzuverlässigen Elemente aus ihnen zu beseitigen, diese Fraktionen nicht nur in Worten, sondern in der Tat den Parteivorständen unterzuordnen, indem von jedem einzelnen Parlamentsmitglied gefordert wird, seine ganze Tätigkeit den Interessen einer wirklich revolutionären Propaganda und Agitation zu unterwerfen.

12. Die der Kommunistischen Internationale angehörenden Parteien müssen auf der Grundlage des Prinzips des demokratischen *Zentralismus* aufgebaut werden. In der gegenwärtigen Epoche des verschärften Bürgerkrieges wird die Kommunistische Partei nur dann imstande sein, ihrer Pflicht zu genügen, wenn sie auf möglichst zentralistische Weise organisiert ist, wenn eiserne Disziplin in ihr herrscht und wenn ihr Parteizentrum, getragen von dem Vertrauen

der Parteimitgliedschaft, mit der Fülle der Macht, Autorität und den weitgehendsten Befugnissen ausgestattet wird.

13. Die kommunistischen Parteien derjenigen Länder, in denen die Kommunisten ihre Arbeit legal führen, müssen von Zeit zu Zeit Säuberungen (neue Registrierungen) des Bestandes ihrer Parteiorganisation vornehmen, um die Partei von den sich in sie einschleichenden kleinbürgerlichen Elementen systematisch zu säubern.

14. Jede Partei, die der Kommunistischen Internationale anzugehören wünscht, ist verpflichtet, einer jeden Sowjetrepublik in ihrem Kampfe gegen die konterrevolutionären Kräfte rückhaltlosen Beistand zu leisten. Die kommunistischen Parteien müssen eine unzweideutige Propaganda führen zur Verhinderung des Transports von Kriegsmunition an Feinde der Sowjetrepubliken; ferner müssen sie unter den zur Erdrosselung von Arbeiterrepubliken entsandten Truppen mit allen Mitteln, legal oder illegal, Propaganda treiben usw.

15. Parteien, die bisher noch ihre alten sozialdemokratischen Programme beibehalten haben, sind nun verpflichtet, in möglichst kurzer Zeit diese Programme zu ändern und entsprechend den besonderen Verhältnissen ihres Landes ein neues kommunistisches Programm im Sinne der Beschlüsse der Kommunistischen Internationale auszuarbeiten. In der Regel muß das Programm jeder zur Kommunistischen Internationale gehörenden Partei von dem ordentlichen Kongreß der Kommunistischen Internationale oder dem Exekutivkomitee bestätigt werden. Im Fall der Nichtbestätigung des Programms einer Partei durch das Exekutivkomitee der Kommunistischen Internationale hat die betreffende Partei das Berufungsrecht an den Kongreß der Kommunistischen Internationale.

16. Alle Beschlüsse der Kongresse der Kommunistischen Internationale, wie auch die Beschlüsse ihres Exekutivkomitees sind für alle der Kommunistischen Internationale angehörenden Parteien bindend. Die unter den Bedingungen des schärfsten Bürgerkriegs tätige Kommunistische Internationale muß bei weitem zentralisierter aufgebaut werden, als das in der II. Internationale der Fall war. Dabei müssen selbstverständlich die Kommunistische Internationale und ihr Exekutivkomitee in ihrer gesamten Tätigkeit den verschiedenartigen Verhältnissen Rechnung tragen, unter denen die einzelnen Parteien zu kämpfen und zu arbeiten haben, und Beschlüsse von allgemeiner Gültigkeit nur in solchen Fragen fassen, in denen solche Beschlüsse möglich sind.

17. Im Zusammenhang damit müssen alle Parteien, die der Kommunistischen Internationale angehören wollen, ihre Benennung ändern. Jede Partei, die der Kommunistischen Internationale angehören will, hat den Namen zu tragen: *Kommunistische Partei* des und des Landes (Sektion der III. Kommunistischen Internationale). Die Frage der Benennung ist nicht nur eine formelle, sondern in hohem Maße eine politische Frage von großer Wichtigkeit. Die Kommunistische Internationale hat der ganzen bürgerlichen Welt und allen gelben sozialdemokratischen Parteien den Krieg erklärt. Es ist notwendig, daß jedem einfachen Werktätigen der Unterschied zwischen den kommunistischen Parteien und den alten offiziellen »sozialdemokratischen« und »sozialistischen« Parteien, die das Banner der Arbeiterklasse verraten haben, klar ist.

18. Alle führenden Preßorgane der Parteien aller Länder sind verpflichtet, alle wichtigen offiziellen Dokumente der Exekutive der Kommunistischen Internationale abzudrucken.

19. Alle Parteien, die der Kommunistischen Internationale angehören oder einen Antrag auf Beitritt gestellt haben, sind verpflichtet, möglichst schnell, aber spätestens 4 Monate nach dem II. Kongreß der Kommunistischen Internationale einen außerordentlichen Kongreß einzuberufen, um alle diese Bedingungen zu prüfen. Dabei müssen die Zentralen dafür sorgen, daß allen Lokalorganisationen die Beschlüsse des II. Kongresses der Kommunistischen Internationale bekannt werden.

20. Diejenigen Parteien, die jetzt in die III. Internationale eintreten wollen, aber ihre bisherige Taktik nicht radikal geändert haben, müssen vor ihrem Eintritt in die Kommunistische Internationale dafür sorgen, daß nicht weniger als zwei Drittel der Mitglieder ihrer Zentralkomitees und aller wichtigsten Zentralinstitutionen aus Genossen bestehen, die sich noch vor dem II. Kongreß der Kommunistischen Internationale unzweideutig für den Eintritt der Partei in die III. Internationale öffentlich ausgesprochen haben. Ausnahmen sind zulässig mit Zustimmung der Exekutive der III. Internationale. Die Exekutive der Kommunistischen Internationale hat das Recht, auch für die im § 7 genannten Vertreter der Zentrumsrichtung Ausnahmen zu machen.

21. Diejenigen Parteiangehörigen, welche die von der Kommunistischen Internationale aufgestellten Bedingungen und Leitsätze grundsätzlich ablehnen, sind aus der Partei auszuschließen.

Dasselbe gilt namentlich von Delegierten zum außerordentlichen Parteitage.

Dokument 10: Aufruf des EK der KJI zur Einberufung eines Jungarbeiter-Weltkongresses

(Veröffentlicht in der »Internationalen Jugendkorrespondenz« 1922)

An alle proletarischen Jugendorganisationen!
Die Lage der arbeitenden Jugend wird mit jedem Tage schwerer. Eingespannt in den kapitalistischen Produktionsprozeß hat die Jugend unter den furchtbaren Schlägen der Krise zu leiden, die diese Produktionsweise begleitet. In den Fabriken ist sie der am meisten unterdrückte Teil der ganzen Arbeiterklasse und der Kapitalismus ist bestrebt, sie zu Schundpreisen anstelle der erwachsenen Arbeiterschaft auszubeuten. Unmittelbar lastet auf ihr der Druck des Militarismus. Sie ist eingereiht in die Korps des Kapitalismus, eingesperrt in den Kasernen und muß sich gegen ihre eigenen Klassenbrüder gebrauchen lassen. Und wenn die Nationalisten und großen Herren die Arbeiterjugend nicht für ihre reaktionären Ziele mißbrauchen können, so schinden sie sie in der abscheulichsten Weise.
Die Arbeiterjugend hat schon lange verstanden, daß sie sich gegen den mörderischen Kapitalismus wenden muß. In vielen Ländern hat sie es versucht, Sonderaktionen einzuleiten; jedesmal hat trauriger Mißerfolg ihre Versuche gekrönt. Die Ergebnislosigkeit dieser Versuche beweist uns, daß die Arbeiterjugend allein (getrennt oder auch

geschlossen) nicht imstande ist, erfolgreich gegen die Offensive des Kapitals zu kämpfen. Sie muß mit der ganzen Arbeiterklasse zusammen für die Erfüllung ihrer Lebensforderungen eintreten. Gegen die Offensive des Kapitalismus kann nur die Zusammenfassung aller Arbeiterkräfte zur Verteidigung ihrer Interessen Erfolg haben. Das gilt auch für den schwächsten Teil der Arbeiterklasse, die arbeitende Jugend.

Die Arbeiterklasse hat oft den besonderen Forderungen der Jugend keine genügende Aufmerksamkeit geschenkt. Sie hat es nicht getan, weil die Arbeiterjugend nicht klar formuliert hatte, was ihre Nöte und ihre Wünsche sind.

Die arbeitende Jugend muß ihr Elend der ganzen Arbeiterklasse deutlich vor Augen führen und ihr die Reihe ihrer Forderungen entgegenhalten. Ein Kongreß der Arbeiterjugend der ganzen Welt muß diese Liste der namenlosen Leiden der Arbeiterjugend und ihrer dringendsten Forderungen aufstellen.

Die Kommunistische Jugendinternationale hat schon vielfach Anstrengungen gemacht, um von der ganzen Arbeiterklasse, im besonderen aber von der Kommunistischen Internationale und der Roten Gewerkschaftsinternationale die Unterstützung des Kampfes der Arbeiterjugend zu erreichen.

Sie hat den Beginn damit gemacht, die konkreten Forderungen der arbeitenden Jugend dem geplanten Arbeiterweltkongreß vorzulegen, welchen die Haltung der II. Internationale einzuberufen verhindert hat.

Trotz dieses Mißerfolges hat die Kommunistische Jugendinternationale, ohne etwas von ihrem Programm und ihren Prinzipien aufzugeben und ohne das gleiche von den anderen nichtkommunistischen Jugendorganisationen zu verlangen, nur geleitet von den unmittelbaren Interessen der Arbeiterjugend, beschlossen, einen internationalen Kongreß aller proletarischen Jugendorganisationen einzuberufen, welcher die Forderungen des Jungproletariats aufstellen soll.

Sie ladet zu diesem Kongreß alle Jungarbeiterorganisationen ein, welche sich die Verteidigung der Lebensinteressen der Arbeiterjugend zur Aufgabe stellen.

Die Hauptpunkte, welche die gegenwärtige Lage der Jugend uns auf die Tagesordnung dieses Kongresses zu setzen verpflichtet, sind:

1. Prüfung der Lage der Arbeiterjugend unter den Schlägen des Kapitals und der Geißel des bürgerlichen Militarismus.

2. Formulierung der Forderungen der Arbeiterjugend der ganzen Welt.

3. Beratung und Beschließung in der Öffentlichkeit und bei den Arbeiterorganisationen, um von ihnen die Schaffung der notwendigen Vorbedingungen für einen erfolgreichen Kampf gegen die Verelendung der Arbeiterjugend, die Herstellung der proletarischen Einheitsfront zu erlangen.

Moskau, den 24. Juni 1922.

Das Exekutivkomitee der Kommunistischen Jugendinternationale.

Dokument 11: Resolution über das Ergebnis der Durchführung der Beschlüsse des II. Kongresses

I.

Der II. Kongreß der KJI hat den KJO die Aufgabe gestellt, Massenorganisationen der arbeitenden Jugend zu werden. Die Entwicklung zu Massenorganisationen bedeutete für die KJO folgendes:

Die Erweiterung der bisherigen rein politischen Tätigkeit durch Aufnahme aller Fragen, die mit dem Leben der Arbeiterjugend verbunden sind, in die Kampf- und Aufklärungstätigkeit der Verbände, um so einen ständigen Einfluß auf die Massen der Arbeiterjugend zu bekommen.

Eine breitere Öffnung der Reihen der Verbände für alle jugendlichen Werktätigen, die zur Teilnahme am Kampfe und der Aufklärungsarbeit der KJ bereit sind.

Die Einführung solcher Formen für die Organisation und Tätigkeit, die eine tiefe Verwurzelung in den Massen der Arbeiterjugend ermöglichen und die Gewinnung und Befestigung eines dauernden führenden Einflusses auf sie sichern.

Zum Zwecke der Umwandlung der KJO in diesem Sinne gab der II. Kongreß besondere Direktiven für den Kampf um die Verbesserung der wirtschaftlichen Lage, für den Kampf gegen den bürgerlichen Militarismus, für die revolutionäre Aufklärung und geistige und körperliche Bildung der arbeitenden Jugend, für die Einbeziehung der ausgebeuteten Jugend auf dem Lande und in den Kolonialländern, sowie der proletarischen Kinder in den Tätigkeitsbereich der KJO, für eine organisatorische Umgestaltung der Verbände u. a. m. Alle diese Arbeiten sollten in die politische Aufklärung münden und die arbeitende Jugend durch den Verband zu ständiger Berührung und Mitarbeit bringen mit der politischen Tätigkeit der KP, als der Führerin des revolutionären Proletariats.

II.

Eine Reihe von Umständen erschwerte die Durchführung der Kongreßbeschlüsse durch die KJO.

In der gesamten Arbeiterbewegung zeigte sich unter dem Eindruck der zahlreich erlittenen Rückschläge im Klassenkampf eine Periode sinkenden Kampfwillens. Bei der arbeitenden Jugend kam das zum Ausdruck in einer Verminderung des unmittelbaren Interesses an den politischen Fragen. Hierzu kam die Verstärkung der Angriffe der Reaktion gegen die KJ, wodurch weitere Organisationen zur Illegalität gezwungen wurden.

Die vom II. Kongreß gestellten Aufgaben waren für alle Verbände ganz oder teilweise neu und es bedurfte zu ihrer Aufnahme einer längeren Periode innerer Selbstverständigung und Umstellung. Eine Reihe von Verbänden wurde zudem nach dem Kongreß infolge der allgemeinen Wirtschaftskrise und der sinkenden Zahlungsfähigkeit eines großen Teiles der Jungarbeiter in ihrem organisatorischen Bestande geschwächt.

III.

Alle Beschlüsse des II. Kongresses sind durch die Praxis bestätigt worden. Eine grundsätzliche Änderung der von ihm gegebenen

Direktiven ist in keinem Falle notwendig gewesen. Ihre Anwendung auf die Arbeit und Organisationsform der KJO hat bisher zu folgenden Resultaten geführt:

Als festes Ergebnis der Durchführung der Kongreßbeschlüsse läßt sich eine ideologische Umstellung der Verbände feststellen. In längeren Diskussionen, die teils die Auseinandersetzung mit den Beschlüssen, teils die Anpassung an die konkreten Landesverhältnisse zum Inhalt hatten, setzten sich die Beschlüsse des Kongresses als ideologische Grundlage für die weitere Verbandsarbeit durch. Die Bestätigung der neuen Arbeitslinie durch Beschlüsse von Kongressen oder Konferenzen der Verbände bzw. die Abänderung der Verbandsprogramme auf ihrer Grundlage erfolgte in vielen wichtigen Ländern jedoch erst in der ersten Hälfte des Jahres 1922 (so in der Tschechoslowakei, Italien, England, Amerika, Bulgarien und Frankreich).

Die Annahme der Beschlüsse als Arbeitsgrundlage brachte eine Belebung der inneren Tätigkeit der Verbände und eine Festigung ihres Bestandes mit. Die Bemühungen um die Zusammenfassung der Kräfte des organisierten Jungproletariats gegen die Kapitaloffensive (Einheitsfrontbestrebungen in Deutschland, Tschechoslowakei, Italien, Österreich, Schweiz, Schweden, Finnland), die Aufnahme der Propaganda für die allgemein-wirtschaftlichen Forderungen der Arbeiterjugend (in Deutschland, Tschechoslowakei, Österreich, Schweden, Frankreich, Italien, Rumänien, Amerika, Polen), die Einleitung und Durchführung besonderer Aktionen der arbeitenden Jugend für ihre Forderungen (Deutschland, Tschechoslowakei, Österreich, Jugoslawien, Rumänien), das Eingreifen in die Schulfragen der arbeitenden Jugend (Österreich, Deutschland und Italien), die ersten Versuche einer populären kommunistischen Bildungsarbeit (in Österreich und Deutschland), die Beschäftigung mit der Jugend in den Arbeitersportorganisationen (in Frankreich, Schweden, Norwegen, Finnland, Tschechoslowakei und Italien), die Aufnahme einer systematischen Aufklärung der Verbandsmitglieder (in Norwegen, Schweden, Deutschland, Bulgarien, Frankreich, Amerika und Rumänien) – alles das stellt die Erreichung wichtiger Vorbedingungen für eine Massenarbeit dar.

Im einzelnen können folgende praktische Ergebnisse verzeichnet werden:

Die prinzipielle Annahme der Neuregelung des Verhältnisses der KJ zu den KP erfolgte schnell und ohne große Schwierigkeiten. In Österreich, Finnland, Bulgarien, England und Amerika nahmen die Parteien besondere Beschlüsse über die Unterstützung der KJ an. Die praktische Durchführung der Unterstützung durch die Parteien ließ jedoch in einzelnen Fällen zu wünschen übrig. Die Teilnahme am politischen Leben und der politischen Tätigkeit der Parteien, welche für die kommunistische Erziehung und eine erfolgreiche Massenarbeit unerläßlich ist, wurde in einzelnen Ländern in gutem Einklang mit der neu begonnenen Jugendarbeit durchgeführt, ließ jedoch in einigen anderen (Tschechoslowakei und Deutschland) zeitweise zu wünschen übrig. In einzelnen Ländern, wo sich in den KP Krisen zeigten, mußten die KJV mit Einverständnis der Internationale eine stärkere politische Tätigkeit im Innern der KP entfalten.

Als Vorbereitung für eine systematische wirtschaftlich-gewerkschaftliche Arbeit haben einige Verbände mit der Materialsammlung über die wirtschaftliche Lage der Arbeiterjugend ihres Landes begonnen. Die KJO in Deutschland, Österreich, Schweden, Norwegen verfügen über derartiges Material. Mehr verwirklicht ist auf dem Gebiete der Aufklärung über die Grundfragen der Arbeiterjugend und der Propaganda für ihre Forderungen. Vor allem wichtig ist die Lenkung der Aufmerksamkeit der Gewerkschaften und anderer proletarischer Organisationen auf die Jugendfragen, die dank der Tätigkeit der KJ in Deutschland, Österreich, Frankreich, Polen, Finnland, Rumänien, Tschechoslowakei, Jugoslawien, und teilweise Italien zu verzeichnen ist. Eine Reihe von Gewerkschaften und anderer proletarischer Jugendorganisationen sind gezwungen worden, selbst Jugendforderungen zu formulieren. Die Verbände in Deutschland, Österreich, Tschechoslowakei, Rumänien, Jugoslawien und Italien haben längere oder kürzere Kampagnen und Aktionen für die Gesamt- oder Teilforderungen der Arbeiterjugend durchgeführt, und in Österreich, Deutschland, Rumänien, Jugoslawien, Bulgarien, Polen, Belgien und Amerika konnte die KJ in Streiks und sonstige Kämpfe jugendlicher Arbeiter eingreifen bzw. die Führung in ihnen übernehmen.

Die Ergebnisse auf dem Gebiete der Bildungsarbeit beschränken sich größtenteils auf die innere Verbandsarbeit. Die Aufklärung der Verbandsmitglieder über die vom II. Kongreß aufgestellten Grundsätze der kommunistischen Jugendbewegung, insbesondere über die kommunistische Bildung, nahmen einen großen Teil der von den Verbänden durchgeführten Bildungsarbeit ein. In Norwegen, Schweden, Deutschland und Bulgarien wurden regelmäßige Veranstaltungen für die Funktionäre in Form von Kursen, Zirkeln und dergleichen zum Teil zum ersten Male durchgeführt. Die Zentralen der Verbände in Frankreich, England, Österreich, Amerika und der Tschechoslowakei gingen daran, die Bildungsarbeit ihrer Gruppen durch regelmäßige Direktiven und Materialsammlungen (Bulletins, Dispositionen und dgl.) zu beeinflussen. Eine Bereicherung des Gruppenlebens und die Einführung populärer und bildender Aufklärungsmethoden ist, wenn auch unvollkommen, in Österreich, Bulgarien, Deutschland, Rumänien und in der Tschechoslowakei zu verzeichnen. Literatur für die Bildungsarbeit ist nur sehr spärlich herausgegeben worden, einiges in Bulgarien, Schweden, Norwegen und Deutschland.

Die antimilitaristische Arbeit hat zu keinen wesentlich gesteigerten Resultaten geführt. Das erklärt sich durch die Verminderung der Äußerung des Militarismus nach dem Kriege in einigen Ländern und zu einem Teil durch die Zunahme der Reaktion, welche gegen jede antimilitaristische Tätigkeit sofort mit den schärfsten Bestrafungen vorgeht. Mehr oder weniger regelmäßig arbeiten unter den Soldaten und Rekruten ihres Landes die KJV Frankreich, Österreich, Schweden, Norwegen, Tschechoslowakei, Spanien und Griechenland. Agitationskampagnen sind nur in Frankreich, Italien, der Tschechoslowakei, Spanien und für Teilforderungen der Soldaten in Schweden und Norwegen durchgeführt worden. Einen wichtigen Schritt zu dem Ausbau der antimilitaristischen Arbeit stellt auch die organisatorisch begonnene Zusammenarbeit des deutschen und französischen Verbandes dar.

Eine systematische breite Arbeit auf dem Gebiete der kommunistischen Kindergruppenbewegung hat nur die KJ Deutschlands durchgeführt, wobei sehr gute Resultate für die Ausdehnung des kommunistischen Einflusses auf neue Schichten der Arbeiterklasse erreicht worden sind. Andere Sektionen der KJI konnten dieser Arbeit nicht genügend Aufmerksamkeit und Kräfte widmen, so daß es der Kindergruppenbewegung in jenen Ländern an Zentralisation und Einheitlichkeit fehlt.

Gute Erfahrungen und erfreuliche Ergebnisse zeitigten die Versuche, die in den Ländern mit illegalen Arbeitsbedingungen hinsichtlich legaler Arbeitsformen zur Aufrechterhaltung des Kontaktes mit den Massen gemacht worden sind.

IV.

Zu Massenorganisationen, im Sinne eines engen Zusammenlebens des Verbandes mit den Massen der arbeitenden Jugend, einer Teilnahme seiner Gruppen und Einzelmitglieder am täglichen Kampfe der Jugend um die Verbesserung ihrer Lage, einer Förderung der revolutionären Aufklärung der Massen durch eine lebendige kommunistische Massenbildungsarbeit, sind die KJO noch nicht geworden.

Die bisher gemachten Erfahrungen lassen zur Erreichung dieses Zieles folgendes als Hauptaufgaben der Sektionen der KJI für die nächste Zeit erscheinen:

Die begonnene Umstellung der Verbandsarbeit ist bisher bei keinem Verbande gleichzeitig auf der ganzen Linie erfolgt. Die erste Aufgabe ist daher, die Lücken auszufüllen, die in dieser Hinsicht bei den einzelnen Verbänden bestehen (aktive Teilnahme und Tätigkeit am Leben der Partei, Materialsammlung über die wirtschaftliche Lage der Jugend, Aufklärungstätigkeit über unsere prinzipiellen wirtschaftlichen Grundforderungen, Kampagnen und Aktionen für Gesamt- und Teilforderungen, Organisierung der Gewerkschaftsarbeit, Funktionär- und Mitgliederbildung, Materialausgabe für kommunistische Bildungsarbeit, Ausbau des Gruppenlebens, Organisierung der Verbindung mit den jungen Kommunisten im Heer, Soldaten- und Rekrutenveranstaltungen, antimilitaristische Agitationskampagnen, Zentralisierung der Verbandsorganisationen und Einführung der Disziplin).

Auf dem Gebiete der wirtschaftlich-gewerkschaftlichen Arbeit ist es nötig, nicht nur zu allgemeinen Aktionen und Kundgebungen im Landesgebiet zu kommen, sondern zur alltäglichen »Kleinarbeit« im Betriebe und in der Schule überzugehen. Nur durch genaue Beobachtung des Betriebs- und Schullebens der Jugend, durch ständiges Eingreifen und Vorwärtsstoßen der Indifferenten zur entschlossenen Verteidigung der Forderungen der Arbeiterjugend können unsere Gruppen und Zellen sich das Vertrauen der Massen der Arbeiterjugend erwerben und die nötige Voraussetzung für ihre kommunistische erziehende Beeinflussung schaffen. Eine Verstärkung der Arbeit in den Gewerkschaften durch Schaffung von Fraktionen der kommunistischen Jugend, welche bei allen Arbeitskonflikten, Tarifverhandlungen usw. für die Vertretung der Interessen der Arbeiterjugend Sorge tragen müssen, muß Hand in Hand gehen mit der Arbeit im Betriebe.

In der Bildungsarbeit ist angesichts des Mangels an geschulten Funktionären in der gesamten kommunistischen Bewegung ihre weitere systematische Heranbildung in der KJ eine Lebensfrage für Jugend und Partei. Neben der Funktionärbildung ist die Hauptaufgabe, in planmäßiger Arbeit der Mitgliedschaft diejenigen Kenntnisse und Fähigkeiten zu geben, welche sie befähigen, eine aktiv führende Arbeit unter den Massen der unorganisierten Jungarbeiter zu leisten, um diesen eine marxistisch gerichtete Auffassung zu vermitteln. Bildungsveranstaltungen von Massencharakter, welche auf einen größeren Prozentsatz von Teilnehmern aus den Reihen der unorganisierten Arbeiterjugend eingestellt sind, müssen unter aktiver Anteilnahme der ganzen Mitgliedschaft schon jetzt durchgeführt werden. Die Erhöhung der Leistungsfähigkeit unserer eigenen Organisation sowie die Ausbildung geeigneter Methoden für diese Bildungsarbeit können nur in praktischer Arbeit erreicht werden. Eine aufmerksamere Behandlung der Presse, sowohl der Verbandsorgane, als der Jugendbeilagen und Artikel in den Parteizeitungen, ist notwendig, wenn die Presse ein Mittel zur Beeinflussung und kommunistischen Erziehung der Massen der arbeitenden Jugend und nicht nur der Verbandsmitglieder werden soll.

Als eines der wichtigsten Mittel zur Erreichung eines wirklich engen Kontaktes der arbeitenden Jugend ist die Erfüllung der vom II. Kongreß gestellten organisatorischen Aufgaben zu betrachten. Ohne Führung einer gewissenhaften Statistik und Registration über die Fragen der Mitgliedsschwankungen, soziale und Alterszusammensetzung, und das Gruppenleben ist eine systematische Arbeit mit der Organisation unmöglich.

Die KJV werden erst dann wirkliche Massenorganisationen der arbeitenden Jugend werden, wenn sie die regelmäßige organisierte Tätigkeit in Fabriken und Betrieben zum Mittelpunkt ihrer Arbeit machen. Vor den KJV steht die praktische Aufgabe, ihre Organisationen allmählich, aber ohne Verzug nach folgenden Grundsätzen umzubauen:

Die organisatorische Grundeinheit des Verbandes ist die Betriebszelle. Die Betriebszellen in den Städten werden zusammengefaßt zu Ortsgruppen, in denen infolgedessen diejenigen Genossen vereinigt sind, die in den Betrieben des betreffenden Territoriums arbeiten. Die unmittelbare Aufnahme steht ihr nur für diejenigen Verbandsmitglieder zu, die im Bereich der Ortsgruppe wohnen, aber in keinem Groß- oder Mittelbetrieb arbeiten.

Die Hauptaufgaben der Zellen sind: politische Agitation, wirtschaftlicher Kampf, Werbung und Aufnahme neuer Mitglieder, Kassierung der Mitgliedsbeiträge, Literaturvertrieb, Besprechung der Durchführung der Verbandsarbeit im Betriebe, bildende Veranstaltungen, soweit sie im Bereiche der Möglichkeit liegen, und Einberufung von Betriebsjugendversammlungen. Die auf der Grundlage der Vereinigung der Zellen reorganisierte Ortsgruppe soll weiterhin unmittelbar einen bedeutenden Teil der Verbandsarbeit leisten, in erster Linie die gesamte Arbeit der Betriebszellen leiten, ihre Verwaltung zentralisieren, die Landpropaganda, Kindergruppenarbeit und höhere Bildungsarbeit durchführen.

Nur ein solcher Aufbau der KJO sichert uns eine ständige Verbindung mit den Massen, ihre systematische Beeinflussung die Möglichkeit einer zahlenmäßigen Ausbreitung der Verbände und die Vereinheitlichung der inneren und der Massenarbeit der Organisation. Alle KJO müssen daher sofort an die Schaffung und den allseitigen Ausbau der Betriebszellen herangehen, indem sie ihre Aufmerksamkeit auf die wichtigsten Betriebe des betreffenden Ortes konzentrieren.

Das Tempo des Übergangs von dem System der alten, nach dem Grundsatz des Wohnortes aufgebauten territorialen Gruppen, zu dem der Ortsgruppen, die auf der Grundlage der Betriebszellen organisiert sind, hängt von den konkreten örtlichen Verhältnissen ab. Um praktische Erfahrung zu sammeln und eine rasche Entwicklung in obengenannter Richtung zu ermöglichen, soll die Umwandlung der Ortsgruppen in erster Reihe in den stärksten und geeignetsten Teilen des Verbandes in Angriff genommen werden.

Dokument 12: Resolution des V. Weltkongresses der KJI zum Bericht des Exekutivkomitees

1. Der V. Weltkongreß der KJI erkennt die politische Linie des Exekutivkomitees seit dem IV. Kongreß voll und ganz als richtig an und billigt seine praktische Tätigkeit.

2. Die Frage der Jugend ist zweifellos eine der wichtigsten Fragen der Gegenwart. Der gegenwärtige Zeitabschnitt wird gekennzeichnet durch die Vergrößerung der Rolle der Arbeiterjugend in der gesellschaftlichen Produktion und im Klassenkampf einerseits und durch den äußerst scharfen Kampf zwischen Proletariat und Bourgeoisie um die arbeitende Jugend andererseits. Die steigende Rolle der Jugend wird bestimmt durch zwei Faktoren:

a) durch die kapitalistische Rationalisierung, welche häufig die Ersetzung erwachsener Arbeiter durch jugendliche hervorruft und zu einer Vergrößerung des Anteiles der Jugend im Produktionsprozeß führt (Fließband).

b) Durch die verstärkte Vorbereitung der Bourgeoisie zu neuen Kriegen und Klassenkämpfen, welche sie dazu nötigen, besondere Aufmerksamkeit der Jugend als dem entscheidenden Faktor in dem bevorstehenden unvermeidlichen Zusammenstoß sowohl zwischen den einzelnen imperialistischen Mächten, als auch zwischen den Imperialisten einerseits und der USSR und der für ihre Befreiung kämpfenden Völkern der Kolonien andererseits zuzuwenden. Diese Vorbereitung trägt einen offen ausgesprochenen Klassencharakter, wie noch nie zuvor.

Die Lage der Arbeiter und der ganzen arbeitenden Jugend hat sich während der letzten Jahre zweifellos verschlechtert. Nirgends, in keinem einzigen kapitalistischen Lande, wurden in dieser Zeit neue Errungenschaften auf dem Gebiete des Jugend- und Kinderschutzes erzielt. Dagegen sieht man einen gemeinsamen Angriff der Unternehmer und der Reaktion, welcher zu einer allgemeinen Senkung des Lebensniveaus der Arbeiterjugend (besonders in Verbindung mit der Rationalisierung) und zu noch größerer Entrechtung führt. (Die reaktionären Gesetze in Deutschland, in England und in anderen Ländern, das Wüten des Unternehmerterrors in den Ländern des

Faschismus und den Kolonien, die allgemeine Verstärkung der Repressionen.)

Dieser Druck der Unternehmer und der Reaktion erweckt die Aktivität der Massen der Arbeiterjugend, treibt immer neue Schichten zum Kampf und führt ihre Radikalisierung herbei. Die klaren Beweise für diese wachsende Aktivität sind: eine ganze Reihe spontaner Jugendstreiks, welche im letzten Jahr in einer ganzen Reihe von Ländern stattfanden; aktive Teilnahme der Jugend an den Streiks der Erwachsenen; Unruhen in den bürgerlichen Armeen in einer Reihe von Ländern; die unbestreitbare Tatsache der Abgabe eines großen Prozentsatzes von Jugendstimmen für die Kommunisten bei den Wahlen und ebenso das Bestehen von oft ernsten oppositionellen Strömungen in den Reihen der sozialdemokratischen und sogar bürgerlichen Jugendorganisationen; der Rückgang der »Sozialistischen« Jugendinternationale.

Gegen die anwachsende Radikalisierung der Massen der Jugend versucht die Bourgeoisie mit zwei Mitteln anzukämpfen: durch verstärkten Druck auf die revolutionäre Jugendbewegung bis zum unerhörten Wüten des weißen Terrors und durch verstärkten ideologischen Angriff auf die Jugend. Dazu gehören die Faschisierung und Militarisierung der Jugend, die Schul- und Kulturreaktion. Besondere Aufmerksamkeit verdient der Versuch des Faschismus, die Arbeiterjugend mit allen Mitteln zu knebeln. Die erprobteste Waffe der Bourgeoisie in ihrem Angriff auf die Jugend ist das breite Netz der bürgerlichen Jugendorganisationen, welche fortwährend ihre Arbeitsmethoden verbessern und unter den verschiedensten Masken (vom Faschismus bis zum Sozialpazifismus) versuchen, den jungen Arbeiter in der bourgeoisen Ideologie gefangenzuhalten. Die letzten Jahre werden gekennzeichnet durch eine noch nie dagewesene Steigerung der Aktivität dieser Organisationen, welche sich der größten Unterstützung der Kapitalisten und ihrer Regierungen erfreuen. Hierbei tritt die Tendenz offen zutage, diese Organisationen unter der allgemeinen Führung des bürgerlichen Staates zu vereinigen. In diesem Kampf um die Jugend spielt die sogenannte »Sozialistische« Jugendinternationale die Rolle eines Helfershelfers der Bourgeoisie. Die Führung der SJI, welche schon längst auf den Klassenkampf verzichtet hatte, hat jetzt endgültig die rechteste Position selbst innerhalb der II. Internationale eingenommen und beschäftigt sich ausschließlich mit der Propaganda des Klassenfriedens und der Zusammenarbeit mit der Bourgeoisie.

Im Zusammenhang mit der wachsenden Rolle der Jugend und des sich fortwährend entwickelnden Kampfes um die werktätige Jugend wachsen auch die Aufgaben der KJI, wächst ihre Verantwortung für eines der wichtigsten Gebiete der revolutionären Front.

3. Seit der Zeit des IV. Kongresses kann die KJI auf vielen Arbeitsgebieten eine Reihe von größten Erfolgen und Errungenschaften verzeichnen. Solche sind:

a) Die politische Aktivität der KJI als Ganzes und ihrer einzelnen Sektionen, welche sich ausgedrückt hat: in der aktiven Teilnahme an allen Kämpfen und Aktionen der kommunistischen Parteien (die chinesische Revolution, der bewaffnete Kampf in Indonesien, Estland, Griechenland, Polen, Wien, der Kampf gegen den Krieg und die Kriegsgefahr, besonders der Kampf gegen den Krieg in Marokko,

Syrien und gegen die Intervention in China, der englische Streik, der Kampf gegen den Faschismus usw.); in der breiten antimilitaristischen Arbeit, welche eine immer größere Anzahl von Verbänden umfaßt und in welche auch schon den Kampf für die Teilforderungen der Soldaten einbegriffen ist; in der Teilnahme an allen Parteikampagnen, seien es internationale oder solche in einzelnen Ländern (Wahlkampagnen, die Entsendung von Arbeiterdelegationen nach der USSR usw.) und in der selbständigen Durchführung solcher Kampagnen; im aktiven Kampfe für die Durchführung der Linie der Komintern, besonders gegen die opportunistischen Abweichungen in einzelnen Parteien (China, Frankreich usw.); im entschiedenen Kampfe gegen den Trotzkismus, welcher eine völlige Niederlage innerhalb der kommunistischen Jugendbewegung der ganzen Welt erlitten hat.

b) Die ersten Erfolge der breiten Massenarbeit der Verbände, welche von allgemeinen Worten zu konkreten Taten übergehen. Besonders soll man vermerken: den Beginn einer ernsten wirtschaftlichen und gewerkschaftlichen Arbeit in einer Reihe von Ländern; Einheitsfrontkampagne und Arbeit für die Zersetzung der Gegner; Anwendung von Hilfsformen zur Organisierung der Arbeiterjugend (Jungfront, Jugendkommissionen und Jugendsektionen in den Gewerkschaften, Sportorganisationen usw.).

c) Die Entwicklung des chinesischen Jugendverbandes, welcher sich aus einer kleinen Organisation der revolutionären Studentenschaft in eine Massenorganisation der Arbeiter- und Bauernjugend verwandelt hat und der während des ganzen Verlaufes der chinesischen Revolution die Rolle eines der entscheidenden politischen Faktoren gespielt hat.

d) Die Weiterentwicklung der KJI zu einer Weltorganisation. Die Schaffung einer Reihe von neuen Verbänden (Korea, Palästina, Australien, einer Reihe von Verbänden in Lateinamerika).

e) Der heldenhafte Kampf der illegalen Verbände, welche unter den Verhältnissen eines unerhörten weißen Terrors arbeiten und trotzdem ihre Massenarbeit entwickeln (Italien, Polen, Bulgarien u. a.) und welche teilweise zahlenmäßig wachsen.

f) Eine bedeutende innere Festigung der KJI; Verbesserung der Verbindung zwischen dem Exekutivkomitee, den Sektionen und der internationalen Leitung; Heranziehung von neuen Arbeiterkaders in einer Reihe von Ländern, die ideologische Festigung der Verbände; das ideologische Wachsen der ganzen KJI (Programm); kritischeres Herangehen an ihre Probleme; Suche nach neuen Wegen in der Arbeit; Verbesserung der Methoden und neuen Arbeitsformen in einer ganzen Reihe von Arbeitsgebieten. Diese neuen Formen nähern das Arbeitssystem unserer Verbände immer mehr dem Typus der Arbeit einer Massenbewegung der kommunistischen Jugend.

g) Die Arbeit des LKJV der SU als eine der stärksten Stützen der proletarischen Diktatur in der USSR, welche Millionen der arbeitenden Jugend aktiv zum Aufbau des Sozialismus hinzuzieht.

4. Trotz dieser großen Erfolge, welche zweifellos besagen, daß die KJI im Vergleich zur Lage auf dem IV. Kongreß eine bedeutende Vorwärtsentwicklung durchgemacht hat und daß im großen und ganzen die Linie ihrer Arbeit richtig war, darf man die jetzige allgemeine Lage der KJI nicht als zufriedenstellend betrachen. Obwohl

die Aufgaben der Massenarbeit und der Verwandlung in Massenorganisationen schon vom II. Kongreß allen Sektionen gestellt wurden und obwohl diese Aufgaben seit damals auf allen Kongressen, Konferenzen, Plenums der KJI und ihrer Sektionen bestätigt und detailliert bearbeitet wurden, obwohl sie unzählige Male von allen Teilen der Organisation von oben bis unten behandelt wurden, gibt es bis jetzt noch keine genügende Wendung zur Massenarbeit in den Reihen der KJV; bis jetzt sind unsere Verbände noch nirgends, außer dem LKJV und teilweise dem chinesischen Verband, zu Massenorganisationen geworden. Qantitativ ist in dieser Zeit die KJI fast nicht gewachsen, obwohl einige Umgruppierungen innerhalb der einzelnen Verbände und zwischen den Verbänden vorgekommen sind. Die Beziehungen zwischen den KJV und den Parteien blieben weiterhin vollständig anormal. In der Mehrzahl der Länder beträgt die Mitgliederzahl der KJI noch immer nicht mehr als 10 bis 20 Prozent des Mitgliederbestandes der Parteien. Die zahlenmäßige Stagnation ist ein kennzeichnendes Moment der Entwicklung des größten Teiles der Sektionen in dieser Zeit. Dabei bemerkt man noch in allen Verbänden eine ungeheure Fluktuation der Mitgliedschaft, welche hier und da außerordentliche Ausmaße (70 bis 80 Prozent) erreicht. Die Reorganisation auf der Grundlage der Betriebszellen wurde fast nirgends durchgeführt; ja, es gibt Tendenzen der Rückkehr zu den alten territorialen Organisationsformen. Und dort, wo diese Reorganisation begonnen wurde, konnte sie nicht durchgeführt werden, hauptsächlich infolge der mechanischen Auffassung dieser Reorganisation. Die KJV dringen noch immer äußerst schwach in die Großbetriebe ein und im großen und ganzen rekrutieren sie noch immer ihre Mitglieder aus den kleinen und mittleren Betrieben. Die Arbeit der KJV in den Gewerkschaften ist noch immer sehr schwach, die Mehrheit der Verbandsmitglieder ist bis jetzt noch nicht in den Gewerkschaften organisiert. Die Arbeit in anderen Massenorganisationen (Sport) ist ganz unbedeutend.

Die KJV-Presse ist noch immer äußerst schwach; ihre Auflage ist unbedeutend und in einigen Ländern ist sie während der letzten Jahre sogar gesunken. Die Arbeit im Dorfe wird nur in einzelnen Fällen geführt. All dieses bedingt die allgemeine Schwäche der Arbeit und Organisation der Verbände, welche der Hauptgrund der Fluktuation und der bestehenden Disproportion zwischen dem politischen Einfluß der Verbände und dessen organisatorischer Auswertung ist.

5. Die Ursachen des schwachen Wachsens der KJI enthalten auch eine Reihe von objektiven Momenten. Solche sind: die sich in den Reihen der europäischen Arbeiterklasse bemerkbar machende teilweise Depression in der ersten Zeit nach der deutschen Niederlage 1923; der wütende Terror der bürgerlichen Regierungen gegen die kommunistische Bewegung; der ideologische Angriff der Bourgeoisie auf die Jugend; die Besonderheiten der jetzigen Generation der Jugend, welche nicht die Erfahrung des Weltkrieges und der Nachkriegsrevolutionen mitgemacht hat und welche daher nicht die Fülle von Erfahrungen besitzt, wie die vorhergehenden Jahrgänge der Jugend. Aber selbst alle diese Momente in Betracht ziehend, ist es notwendig, festzustellen, daß die allgemeine Lage für die Entwicklung unserer Bewegung günstig war, und daß sie in Zukunft noch

günstiger sein wird, und wenn sie bis jetzt nur in ungenügendem Maße seitens der KJV ausgenützt wurde, dann tragen die Schuld dafür die Mängel in der Arbeit der Verbände selbst. Diese Mängel muß man klar hervorheben, um sie zu überwinden. Die wichtigsten dieser Mängel sind:

a) Die häufige Ersetzung der Massenarbeit durch Reden über Massenarbeit, ungenügende politische Aktivität der Verbände, besonders auf dem Gebiete der allseitigen Verteidigung der Interessen der arbeitenden Jugend (»Jugendpolitik«); ungenügende Aktivität und Initiative der Mitgliedermassen, welche noch immer in bedeutendem Maße auf ihre Organisation begrenzt sind.

b) Ungenügende »jugendliche« Arbeitsmethoden der Verbände, die Kopierung der Partei; Oberflächlichkeit, agitatorische Phrasen, Methoden der Befehlshaberei und sogar ein gewisser Bürokratismus, welchen man häufig im System der Arbeit der Verbände bemerkt; das Bestehen von Überresten sozialdemokratischer Gewohnheiten in der Arbeit, schwache Arbeit mit den Kaders.

c) Der Mangel an Konzentration in der Arbeit in den Betrieben und in den Massenorganisationen; insbesondere unzulässig schwache Arbeit in den Gewerkschaften und Sportorganisationen.

d) Die Nichtanwendung des Systems der Hilfsorganisationen.

e) Schwache Hilfe seitens der Parteien; häufig vollständiges Fehlen einer solchen Hilfe, was sich erklärt durch das Unverständnis für die Bedeutung und die Rolle der KJV.

f) Zahlenmäßig unbedeutender Nachwuchs für die KJV seitens der Kinderverbände. Krise und Rückgang der Kinderverbände in wichtigen Ländern infolge schwacher Führung und Unterstützung durch die KJV und infolge ungenügender Verbindung mit der Massenarbeit der KJV und KP.

6. Der nichtzufriedenstellende Stand der Arbeit in der Mehrheit der Sektionen der KJI in Verbindung mit der anwachsenden Rolle der Arbeit zwischen der Jugend ruft teilweise in den Reihen unserer Bewegung, sowohl in den KJV wie auch besonders in den Parteien, bestimmte Stimmungen für die vollständige Revision der Linie der KJI, als die angeblich hauptsächliche Ursache der schwachen Entwicklung der KJI in diesen Jahren, hervor. Im großen und ganzen sind diese Vorschläge darauf gerichtet, den politischen Charakter der KJV zu vermindern, sie zu entpolitisieren und ihrer Arbeit einen hauptsächlich kulturellen Charakter zu verleihen. Diesen Stimmungen muß man entschieden entgegentreten. Die allgemeine Linie der KJI, welche auf dem II. Kongreß festgelegt wurde, ist im großen und ganzen zweifellos die richtige. Der KJV kann seine Rolle als Massenschule des Kommunismus, als die nächste Hilfe und Reserve der Kompartei, als Führer der breiten Massen der Arbeiter- und der ganzen werktätigen Jugend in ihrem Befreiungskampfe nur erfüllen, wenn er eine politische Kampforganisation ist, die aktiv an allen Aktionen des Klassenkampfes, an der ganzen Arbeit und dem inneren Leben der kommunistischen Parteien teilnehmen wird. Die Versuche der Revidierung dieses Grundsatzes sind nichts anderes als Versuche, die kommunistische Jugendbewegung auf einen sozialdemokratischen Weg zu führen. Daher muß man ihnen entschieden entgegentreten. Ebenso ist es notwendig, endgültig die Stimmungen und die Theorien, welche die KJV ausschließlich als Organisation der

»Auserwählten«, als Organisation der »Führer« (»die Partei der Jugend«) einschätzen, zu überwinden, da sie unvermeidlich zu einer Begrenzung des Wachstums der KJV auf Rechnung der Massen führen. Die KJV müssen in ihren Reihen sowohl die fortgeschrittenen »auserwählten« Elemente der Arbeiterjugend als auch die breitesten Massen der jungen Werktätigen von Stadt und Land vereinigen. Man muß gegen die Auffassung kämpfen, daß die KJV nur auf dem Wege eine Massenorganisation werden können, daß die unter ihrer Führung stehenden Hilfsorganisationen zu Massenorganisationen werden. Die KJV selbst müssen in ihren Reihen breite Massen erfassen und dabei müssen gerade die Hilfsorganisationen die wichtigsten Kanäle für den Zustrom dieser Massen in ihren Reihen sein.

7. Also im großen und ganzen die Linie beibehaltend, welche auf dem II. Kongreß der KJI festgelegt wurde, muß man dabei auf Grundlage der Erfahrungen der letzten Jahre einige Änderungen vornehmen. Die wichtigsten von diesen Änderungen sind:

a) Stärkerer jugendgemäßer Charakter der ganzen Arbeit entsprechend der Änderung der Methoden; die sogenannten »neuen Methoden« verfolgen ein doppeltes Ziel: a) das innere Verbandsleben zu beleben, es interessanter, anziehender für die jungen Arbeiter zu gestalten und so die Fluktuation in den Reihen der Verbände einzuschränken, und b) unsere Agitation und Propaganda unter den Massen zu verbessern, sie verständlicher, anziehender und der Jugendpsychologie entsprechend zu gestalten. Die Änderung der Arbeitsmethoden aller Verbände in der Richtung einer solchen Erneuerung ist die Vorbedingung der Führung einer Jugendpolitik ihrerseits, d. h. der tagtäglichen Verteidigung der Interessen der werktätigen Jugend auf allen Lebensgebieten (vor allem auf politischem und wirtschaftlichem Gebiete) als die wichtigste Aufgabe der KJV zusammen und in Verbindung mit ihren allgemeinen politischen Aufgaben.

b) Breite Anwendung des Systems der »Transmissionsriemen«, wie Jugendsektionen und Jugendkommissionen, in den Gewerkschaften, militärische (Soldaten- und Rekruten-) und halbmilitärische Organisationen (Jungfront), kulturelle Organisationen verschiedener Art (Sport-, Freidenker-, Touristen- usw.), Jugendsektionen der Bauernbünde und in bestimmten Fällen besondere Bauernjugendverbände; endlich wirtschaftliche Vereinigungen der Arbeiterjugend in verschiedenen Formen von vorübergehendem Typus, soweit die Organisierung der Jugend in den Gewerkschaften und die Arbeit durch die Gewerkschaften unmöglich ist; legale Organisationen in den illegalen Ländern.

c) Die Reorganisation der Verbände auf Grundlage der Betriebszellen nicht mechanisch, sondern im Prozesse des Eindringens der Verbände in die Betriebe.

d) Die Schaffung von kommunistischen Jugendverbänden in allen kolonialen Ländern; der KJV als die schon jetzt grundlegende Form in den vorgeschrittenen Kolonien, in welchen es Industrie und Proletariat gibt; Schaffung breiter, nationalrevolutionärer Jugendorganisationen nur in einzelnen Fällen (vor allem in den zurückgebliebenen Kolonien), aber mit unbedingter Beibehaltung der führenden Rolle der KJV, oder, wo ein solcher noch nicht besteht, der zu schaffenden KJV-Gruppe; Schaffung von Hilfsorganisationen neben dem

KJV (Jugendsektionen in den Gewerkschaften und Bauernbünden, Bauernjugendverbände, Studentenverbände, kulturelle Organisationen usw.), um breiter die unterdrückte Jugend der Kolonien zu erfassen.

8. Diese Änderungen, welche teilweise schon praktisch durchgeführt wurden, sichern der KJI die Möglichkeit einer entschiedenen Wendung in der Arbeit aller Sektionen zu einer wirklichen Massenarbeit – nicht in Worten, sondern in Taten, und damit den Anfang eines systematischen Wachsens der Verbände.

Aber das Problem der Wendung erschöpft sich nicht mit der Frage dieser Änderung. Eine Grundbedingung für diese Wendung ist die gründliche Umorientierung aller Mitglieder der KJV zur wirklichen Arbeit in den Massen. Man muß entschieden und restlos die Abgeschlossenheit unserer Mitgliedschaft überwinden, welche es noch immer vorzieht, die Zeit in ihrem eigenen Kreise zu verbringen, anstatt die schwere, häufig gefährliche, aber notwendige Arbeit unter den Massen zu leisten. Man muß jedes einzelne Mitglied der Organisation aktivieren und es zur Arbeit schicken in Betrieb und Gewerkschaft, in Sportorganisationen und Mietskasernen, in Armee und Flotte. Man muß diese Arbeit systematisch leiten, die Methoden fortwährend verbessern, die Erfahrung verallgemeinern und den Genossen, welche sich mit ihr beschäftigen, helfen. Nicht durch Befehle und Rundschreiben, sondern durch das lebendige und konkrete Beispiel sollen die Funktionäre die Selbständigkeit, Initiative und Energie der ganzen Mitgliedermassen erwecken und diese Energie in die wichtigsten Kanäle zu den entscheidenden Punkten leiten.

Nur unter dieser Bedingung wird es gelingen, eine wirkliche Wendung in den Verbänden zu erreichen, nur unter dieser Bedingung werden die KJV zu einer Energiequelle für den revolutionären Kampf der werktätigen Jugend und eine alle diejenigen Elemente vereinigende Organisation sein, auf die sich unser Einfluß erstreckt. Dies ist die Linie, welche im großen und ganzen schon von den Beschlüssen des VI. Kongresses der Komintern aufgezeigt wurde. In diesem Geiste müssen die Aufgaben für die KJI als Ganzes und für ihre einzelnen Sektionen für die nächste Zeit gestellt werden.

9. Als politische Kampforganisation der Arbeiterjugend muß die KJI auch in Zukunft als Eckstein ihrer Tätigkeit den Kampf unter den allgemeinen Losungen der Komintern, die aktive Teilnahme an allen Kämpfen, Kampagnen und Aktionen der Komparteien stellen. Die wichtigste politische Aufgabe für die nächste Zeit, der alle anderen Aufgaben unterstellt werden, ist der Kampf gegen die Kriegsgefahr, die Verteidigung der Sowjetunion und der kämpfenden kolonialen Völker. Daher muß der antimilitaristische Kampf in allen seinen Formen (besonders die Arbeit in der Armee und in den militärischen Organisationen) für alle KJV am ersten Platze stehen. Aber die Aufgabe des Kampfes gegen die Kriegsgefahr erschöpft sich nicht mit dem rein antimilitaristischen Kampfe. Die Frage des Krieges als die zentrale Frage der Gegenwart muß die ganze Tätigkeit der KJV bestimmen. Gerade dieser Umstand – die sich nähernde Kriegsgefahr – diktiert allen KJV die Notwendigkeit einer mutigen und entschiedenen Wendung zu einer wirklichen Massenarbeit. Gerade vom Standpunkte der Vorbereitung der Massen zum bevorstehenden Kampfe mit der wütenden Furie des imperialistischen

Krieges muß der KJV im tagtäglichen Kampfe auf allen Gebieten die werktätige Jugend mobilisieren. In dieser Beziehung steht vor den KJV vor allem die Aufgabe der Organisierung des Kampfes der Massen der Arbeiterjugend gegen die Folgen der kapitalistischen Rationalisierung, indem sie dabei mit allen Mitteln den Streikkampf entwickeln und ihm einen organisierten und systematischen Charakter geben. Dabei erfordert der erfolgreiche Kampf gegen die Kriegsgefahr die Verstärkung unserer Arbeit in den bürgerlichen und sozialdemokratischen Jugendorganisationen. Nur auf diesem Wege wird ein erfolgreicher Kampf des Proletariats um die Jugend möglich sein. In Verbindung damit, und besonders im Kampfe gegen die SJI, gewinnt die Einheitsfronttaktik, welche in der letzten Zeit sehr wenig von unseren Verbänden angewandt wurde, wieder eine hervorragende Bedeutung. Im großen und ganzen muß sie von unten angewandt werden und auf die Verstärkung unserer Verbindungen mit den Mitgliedermassen der Gegnerorganisationen gerichtet sein. Ihre Organe müssen sein: Komitees in den Betrieben, Konferenzen der Arbeiterjugend, ebenso Komitees der Arbeiterjugend im örtlichen und Landesmaßstab, welche von Fall zu Fall, bei Durchführung bestimmter Kampagnen, geschaffen werden. Nur in einzelnen Ausnahmefällen kann die Taktik der Einheitsfront auch den Spitzen der Gegnerorganisationen gegenüber angewandt werden (gleichzeitig mit unbedingter Mobilisierung der Massen von unten). Aber solche Fälle können nur selten eintreten, besonders deshalb, weil die Leitung der SJI in den letzten Jahren die rechteste, reaktionärste Position eingenommen hat.

10. Um diese Aufgaben durchzuführen, ist die Verstärkung und Verbesserung der Arbeit der KJV in jeder Beziehung und besonders auf folgenden Gebieten notwendig:

a) Es ist notwendig, systematisch und hartnäckig an die Schaffung von Zellen in den Großbetrieben heranzugehen und gleichzeitig im Maße, in welchem solche geschaffen werden, auch die Reorganisation durchzuführen.

b) Die Arbeit in den Gewerkschaften, welche sich noch immer in einem völlig nichtzufriedenstellenden Zustande befindet, muß einen neuen Aufschwung bekommen, besonders durch Schaffung von Jugendsektionen, die sich auf das System der Fabrikvertrauensmänner und anderen Formen gewerkschaftlicher Jugendarbeit stützen; Schaffung und Verstärkung der Fraktionen der KJV in den Gewerkschaften.

c) Dort, wo die Jugend nicht in die Gewerkschaften aufgenommen wird und keine gewerkschaftliche Arbeit unter der Jugend geführt wird, muß der KJV die Initiative der Schaffung besonderer wirtschaftlicher Vereinigungen der Arbeiterjugend als Übergangsform zu Gewerkschaften auf sich nehmen zu dem Zweck, den Kampf für die wirtschaftlichen Forderungen und für die gewerkschaftliche Organisierung der Arbeiterjugend zu organisieren.

d) Andere Formen von Hilfsorganisationen (militärische und halbmilitärische, bäuerliche, kulturelle, Sport- und andere) müssen je nach Erforderlichkeit geschaffen werden, aber unter der Bedingung, daß ihre Schaffung wirklich zu einer breiteren Erfassung der Massen und zur Vergrößerung unseres Einflusses auf diese führt.

e) Die Arbeit in den Sport- und anderen Massenarbeiterorganisationen, welche sich im embryonalen Zustand befindet, muß mit allem Ernst und systematisch begonnen werden.

f) Endlich muß auch die Arbeit im Dorfe begonnen werden, welche bis heute noch ganz zurückgeblieben ist und jetzt im Zusammenhange mit der Kriegsgefahr besondere Bedeutung gewinnt.

g) Der Zersetzungsarbeit unter den Gegnern, besonders den religiösen und pazifistischen, soweit sie über Massenorganisationen mit bedeutender Arbeitermitgliedschaft verfügen, muß viel mehr Aufmerksamkeit geschenkt werden. Man muß mit allen Mitteln die linke Arbeiteropposition in den sozialdemokratischen Jugendorganisationen unterstützen, um den weiteren Zerfall der Sozialistischen Jugendinternationale zu fördern; keine Konzessionen und keine Verwässerung auf ideologischem Gebiete zulassen; Entlarvung der zentristischen Opposition als hauptsächlichen Gegner; die Arbeit zur Zersetzung der faschistischen Organisationen verstärken.

h) Die Arbeit der KJI in den Kolonien gewinnt eine erstklassige politische Bedeutung; der chinesische KJV muß auch in Zukunft die tatkräftige Unterstützung der ganzen KJI genießen. In der nächsten Zeit müssen Maßnahmen zur Schaffung eines KJV in Indien getroffen werden, wobei Hilfs- und legale Arbeitsformen auszunützen sind. Man muß bestrebt sein, auch in den anderen Kolonialländern und in den Ländern Lateinamerikas KJV zu schaffen; man muß in der ganzen Breite die Frage der Arbeit unter den Negern, vor allem in den Vereinigten Staaten Nordamerikas, aufwerfen. In der ganzen Kolonialarbeit der KJI fällt eine große Verantwortung bezüglich der Hilfe vor allem auf die KJV der betreffenden imperialistischen Länder.

i) Es ist notwendig, die Hilfe und die Leitung der illegalen Verbände seitens des Exekutivkomitees zu verstärken, sie zur Massenarbeit anleitend (bei unbedingter Beibehaltung der Regeln der Konspiration), und gleichzeitig sowohl gegen die sektiererischen als auch gegen die legalistischen Tendenzen kämpfen; in allen legalen Verbänden muß die Vorbereitung für den Fall des Überganges zur Illegalität verstärkt werden. (Politische Vorbereitung, Schaffung eines illegalen Apparates usw.)

k) Man muß in der Tat den Kampf-Internationalismus der KJI steigern, die Hilfe der legalen Verbände für die illegalen Sektionen in ihrem Kampfe gegen den Terror und gegen den Faschismus verstärken.

l) Die leninistische Schulung in den Verbänden muß mit allen Mitteln entwickelt und systematisiert, das theoretische Niveau unserer Mitglieder gehoben und die KJV-Presse verbessert und entwickelt werden.

m) Man muß die Qualität der Führung in allen Verbänden verbessern, systematisch die Durchführung der angenommenen Beschlüsse kontrollieren, gegen Rundschreiberei, Phrasenhaftigkeit, Methoden der Befehlshaberei kämpfen und tatkräftig die innerverbandliche Demokratie entwickeln.

n) Man muß die Erfahrung der KJI und ihrer Sektionen mehr internationalisieren, den organisatorischen Apparat der KJI und der einzelnen Verbände verstärken, die Verbindung, besonders die internationale, muß verbessert werden, das Instruktionswesen eingeführt und die Kaders systematisch erzogen werden.

o) Es ist notwendig, viel größere Hilfe durch verstärkte Führung und bessere Unterstützung der Kinderbewegung zu erweisen; Steigerung der Aktivität, besonders in der Schule und gegenüber anderen Kinderorganisationen. Bessere Anwendung lebendiger, interessanter Methoden zur Befriedigung und Wahrnehmung der Interessen der Kinder.

p) Es ist notwendig, eine Verbesserung der Beziehungen zu den Parteien und eine Verstärkung der Leitung und der Hilfe, welche seitens der Komintern als Ganzes und ihrer einzelnen Sektionen geleistet wird, zu erlangen.

q) Es ist notwendig, die Methoden unserer Arbeit auf allen Gebieten zu verbessern, zu beleben und dem Verständnis der Jugend anzupassen. Man muß tatkräftig die Selbstkritik fördern als die beste Methode zur Beseitigung der Mängel.

11. Die Verschärfung des Klassenkampfes und besonders die Verschärfung unseres Kampfes gegen die Sozialdemokratie hat zur Folge, daß in den Reihen der kommunistischen Bewegung verschiedene Abweichungen von der Leninschen Linie der Komintern hervortreten. Diese Abweichungen sind meistens rechten Charakters, was die Verstärkung der rechten Gefahr in den Sektionen der Komintern mit sich bringt. Der VI. Kongreß der Komintern hat festgestellt, daß die rechte Gefahr die größte Gefahr für die kommunistische Bewegung in der jetzigen Zeit ist.

Die politische Aktivität der KJV bedingt die aktivste Teilnahme auch an dem inneren Leben der Parteien, an allen Parteidiskussionen, am Kampfe für die Behauptung der bolschewistischen Linie. Die Vergangenheit der KJI ist ein glänzender Beweis für die Notwendigkeit einer solchen Teilnahme. Daher wird in der nächsten Zeit die KJI besonders große Aufmerksamkeit dem Kampfe gegen die rechte Gefahr, besonders in jenen Ländern, wo die Komintern eine taktische Wendung vornimmt (England, Frankreich) oder wo Parteidiskussionen stattfinden (Tschechoslowakei, Österreich, Polen, Vereinigte Staaten von Nordamerika, Jugoslawien), widmen müssen. Der Kampf gegen die rechte Gefahr kann sich für die KJV nicht nur mit dem Kampf innerhalb der Partei begrenzen. Die Verbände müssen vor allem diesen Kampf in ihren eigenen Reihen führen. Obwohl in geringerem Maße als bei den Erwachsenen (Fehlen einer Arbeiteraristokratie), besteht auch unter der Jugend ein Boden für rechte Gefahren. Dies drückt sich besonders aus: in der Unterschätzung der Kriegsgefahr; in der Verkennung der Notwendigkeit der Arbeit in der bürgerlichen Armee und Flotte; in der Vernachlässigung der internationalen Verpflichtungen; in pazifistischen Abweichungen; in der Nichtausnutzung der Positionen in den Gewerkschaften und ebenso in den Tendenzen zur Entpolitisierung der KJV. Im Kampf gegen die rechte Gefahr muß die KJI die Verbände als Ganzes mobilisieren, jedoch nicht zulassen, daß auf dieser Grundlage oder unter diesem Vorwande sich in den Verbänden prinzipienlose Gruppen im Kampf um die Führung organisieren.

Von diesem Standpunkte muß man den von neuem ausgebrochenen Gruppenkampf im amerikanischen KJV verurteilen. Der KJV, wie auch die Kompartei der Vereinigten Staaten Nordamerikas, haben rechte opportunistische Fehler begangen, aber für sie sind beide miteinander kämpfenden Gruppen verantwortlich. Daher kann keine einzige von ihnen auf das Monopol der Führung einen Anspruch haben. Die KJI verlangt von beiden Seiten das Aufgeben des Gruppenkampfes und den Bruch mit den bestehenden Parteifraktionen, vollständige Einheit auf Grund der Linie der Komintern und der KJI und entschiedenen gemeinsamen Kampf gegen die rechten Abweichungen, besonders gegen die rechten Fehler des Partei-Zentralkomitees.

Der V. Kongreß der KJI schließt sich den Beschlüssen des EK der KI und ihres VI. Kongresses, die den Fraktionskampf in der KP Polens verurteilen, voll und ganz an, stellt die Erfolge fest, die der sich unter Führung seines Zentralkomitees trotz der außerordentlich schwierigen polizeilichen Verhältnisse zu einer wahren massenumfassenden Kampforganisation entwickelnde KJV erzielt, stellt aber gleichzeitig fest, daß die Leitung des KJV Polens dadurch, daß sie in der letzten Periode aktiv auf Seite einer der kämpfenden Fraktionen in den Fraktionskampf eingriff, einen großen Fehler beging. Der V. Kongreß der KJI verurteilt diesen Fehler, erklärt aber gleichzeitig, daß die Maßnahme des ZK der KPP, die durch das Präsidium der KI, durch den VI. Kongreß und durch das EK der KI – verurteilte Auflösung des ZK des KJV Polens eine unzulässige Maßnahme war.

Der V. Kongreß der KJI hält es für notwendig, daß der Kommunistische Jugendverband Polens seine gesamte Aufmerksamkeit und alle seine Kräfte auf die Vorbereitung der Arbeiter- und Bauernjugend zu den kommenden Kämpfen konzentriert. Dem polnischen Kommunistischen Jugendverband und der Kommunistischen Partei Polens wird gegenwärtig im Zusammenhange mit der Kriegsgefahr eine besonders schwierige und besonders ehrenvolle Aufgabe zufallen. Der V. Kongreß der KJI macht sich daher voll und ganz die Beschlüsse des VI. Kongresses der KI zu eigen, die, besonders in Anbetracht der gegenwärtigen historischen Verhältnisse, die Fortsetzung des Fraktionskampfes als ein direktes Verbrechen an der proletarischen Revolution verurteilen. Der V. Kongreß der KJI macht es der polnischen Sektion zu Pflicht, mit der größten Energie und geschlossen unter Führung der KPP und ihres Zentralkomitees zu arbeiten.

12. An Erfahrung bereichert und in Kämpfen gefestigt, tritt die KJI in eine neue Phase des revolutionären Kampfes und der sich immer verschärfenden Klassenkämpfe ein. Die sich nähernde Kriegsgefahr und die unvermeidliche weitere Verschlechterung der Lage der Arbeiterjugend, falls ihr seitens der Arbeiterjugend und der ganzen Arbeiterklasse nicht der genügende Widerstand geleistet wird, stellen die KJI als Ganzes vor neue, ungeheure Aufgaben. In der vergangenen Periode hat die KJI zweifellos die Prüfung der revolutionären Stärke bestanden, aber sie hat außerhalb der USSR ihre wichtigste Aufgabe nicht erfüllt: die Schaffung einer kommunistischen Massenjugendbewegung. Die Erfüllung dieser Aufgabe steht vor ihr als das Problem des Tages für die nächste Periode. Die objektiven Bedingungen sind trotz des Wütens des weißen Terrors im allgemeinen zweifellos günstig; die fortwährend anwachsende Rolle der Jugend, der sich verschärfende Klassenkampf und die Radikalisierung der Massen – schaffen die günstigen Vorbedingungen für die Erfüllung dieser Aufgabe. Die subjektiven Bedingungen sind auch vorhanden, viel mehr als vor 3, 4 Jahren und sogar als vor einem Jahr,

aber noch immer in ungenügendem Maße. Gerade diese subjektiven Bedingungen sind das Hindernis. Nur, falls es wirklich in der Tat gelingen wird, eine Wendung unter allen Mitgliedern unserer Verbände hervorzurufen, sie alle, jeden einzelnen, auf die Massenarbeit einzustellen, kann diese Aufgabe gelöst werden. Man muß die ganze Kraft dafür aufwenden, um die spontane Leidenschaft der unterdrückten Massen zu erwecken, sie zum Kampf zu führen gegen den Klassenfeind und im Prozesse des Kampfes sie von der ideologischen Abhängigkeit von der Bourgeoisie zu befreien. Dieser Kampf muß im internationalen Maßstab geführt werden, und im Prozesse des Kampfes müssen die Verbindungen zwischen den einzelnen Sektionen der KJI und besonders zwischen dem LKJV der SU und den Bruderverbänden in den kapitalistischen Ländern verstärkt werden. Der Kampf-Internationalismus muß das höchste Prinzip jedes Kommunisten sein. Die KJI hat schon diesen Weg beschritten und hat die ersten erfolgreichen Schritte in dieser Richtung gemacht. Je schneller sie sich vorwärtsbewegen wird, desto schneller wird die große Aufgabe der Schaffung von kommunistischen Massenjugendverbänden in allen Ländern gelöst werden.

Dokument 13: Gründungsurkunde des WBDJ

Wir, die Jugend der Welt, vereinigt auf der durch den Weltjugendrat einberufenen Weltjugendkonferenz im November 1945 in London, am Ende des siegreichen Krieges der Vereinten Nationen gegen die faschistische Aggression, gründen an diesem 10. November 1945 den Weltbund der Demokratischen Jugend. Dieser Weltbund verpflichtet sich, die auf dieser und allen folgenden Konferenzen festgelegten Prinzipien zu verwirklichen: er ist eine Organisation der Jugend, geeint in ihrer Entschlossenheit, sich für Frieden, Freiheit, Demokratie, Unabhängigkeit und Gleichberechtigung überall in der Welt einzusetzen. Der Weltbund der Demokratischen Jugend betrachtet seine Tätigkeit als einen Beitrag zum Werk der Vereinten Nationen und als sicherstes Mittel, um den Schutz der Rechte und Interessen der Jugend sowie das Glück und Wohlergehen der künftigen Generationen zu gewährleisten.
London, den 10. November 1945

Dokument 14: Statuten des WBDJ

Abschnitt I

Name

Weltbund der Demokratischen Jugend (WBDJ).

Abschnitt II

Grundsätze und Ziele

Im WBDJ vereinigen sich Jugendorganisationen verschiedener Länder, politischer Auffassungen, religiöser Glaubensbekenntnisse und verschiedener Tätigkeitsformen, die auf der Grundlage der Gleichberechtigung und in gegenseitiger Achtung ihrer Unabhängigkeit ihre Bemühungen für eine bessere Befriedigung der Interessen der Jugend und für ihren Beitrag zu den gemeinsamen Idealen der Demokratie, der Freundschaft und des Weltfriedens koordinieren wollen.

Der WBDJ betrachtet als eine grundlegende Aufgabe die Entwicklung der Verständigung und internationalen Zusammenarbeit zwischen allen nationalen und internationalen Jugendorganisationen der Welt, um unter Berücksichtigung der Existenz vieler verschiedenartiger Organisationen, die von bestimmten nationalen Ideen, Interessen und Bedingungen getragen sind, sowie unter Berücksichtigung der Notwendigkeit für die Jugend, über alle Differenzen hinweg an ihre gemeinsamen Probleme gemeinsam heranzugehen, zur Befriedigung der Interessen aller Jugendlichen beizutragen.

Der WBDJ wirkt auf den Gebieten der Erziehung, Kultur, der sozialen, wirtschaftlichen und politischen Tätigkeit,

a) um die Jugend im Geiste der Freiheit und Demokratie zu erziehen, das Lebensniveau der Jugend zu erhöhen, den Kolonialismus zu beseitigen, den Frieden und die Sicherheit in der Welt zu erhalten, insbesondere durch die Unterstützung aller Bemühungen der Regierungen und der Gesellschaft in diesem Sinne;

b) um die aktive Anteilnahme der Jugend am wirtschaftlichen, sozialen, kulturellen und politischen Leben zu fördern, indem er sich gegen alle Beschränkungen und Diskriminierungen in bezug auf Alter, Geschlecht, Erziehungsmethoden, Wohnung, Eigentum, soziale und religiöse Bedingungen, politische Überzeugungen, Hautfarbe und Rasse einsetzt, sowie um in allen Ländern und für alle Jugendlichen die Rede-, Presse-, Religions-, Versammlungs- und Organisationsfreiheit zu sichern;

c) um die Forderungen der Jugend nach besseren Erziehungs-, Arbeits- und Erholungsbedingungen und für die Entfaltung der kulturellen, erzieherischen und sportlichen Tätigkeit unter allen Jugendlichen zu unterstützen;

d) um die Entwicklung der jüngsten Generation im Geiste des Friedens sowie der internationalen Freundschaft und der Unterstützung der edlen Prinzipien der Charta der Vereinten Nationen zu fördern;

e) um in seiner Eigenschaft als Organisation, die einen bedeutenden Teil der Jugend vertritt, die Interessen der Jugend bei Organisationen und Angelegenheiten internationalen Charakters zu unterstützen. Überall, wo es möglich ist, wirkt der Bund dahin, die Aufmerksamkeit dieser Organisationen und der öffentlichen Meinung der Welt für die Lösung der Probleme der Jugend zu interessieren.

Abschnitt III

Tätigkeit

Um diese Ziele zu verwirklichen, arbeitet der WBDJ, indem er Initiativen ergreift und internationale Aktionen durchführt, die von anderen Organisationen ergriffenen Initiativen unterstützt oder gemeinsam mit diesen durchführt sowie durch Patenschaften und praktische Hilfe für internationale, zweiseitige und nationale Kontakte und Initiativen, die durch die Organisationen in den Ländern in Übereinstimmung mit deren Lage und deren eigenen Interessen verwirklicht werden.

In diesem Sinne bemüht sich der WBDJ besonders,

alle Bedürfnisse der Jugend wirksam zu untersuchen und die öffentliche Unterstützung für die Lösung dieser Probleme zu gewinnen;

die Beziehungen zwischen den Jugendorganisationen der verschiedenen Länder zu erleichtern sowie zwei- und mehrseitige Beziehungen zwischen den Organisationen und andere Mittel, die dem gegenseitigen Kennenlernen, der Verständigung und der Zusammenarbeit dienen, zu fördern;

internationale Initiativen der Jugend zu fördern und zu unterstützen, die zur Lösung der Jugendprobleme beitragen;

bei der Entwicklung des Austauschs, der Touristik und bei der Feriengestaltung, bei Festivals, kulturellen und sportlichen Wettbewerben aller Art zwischen den Organisationen und Jugendlichen aller Länder zu helfen, um neue Talente zu entdecken und zum Aufschwung des Sports und der nationalen Kultur, zur internationalen Verständigung und Freundschaft beizutragen;

die Jugendorganisationen zu fördern und ihnen alle nur mögliche Hilfe zu geben, deren Tätigkeit auf Grund besonderer Bedingungen, vor allem in den kolonialen und unterentwickelten Ländern, behindert ist, oder bei Katastrophen, indem er die Sammlung von Mitteln unter der Jugend anregt, um einen Internationalen Solidaritätsfonds zu gründen;

den engstmöglichen Kontakt zur Organisation der Vereinten Nationen und ihren Organen, insbesondere zum Wirtschafts- und Sozialrat, zur Organisation für Erziehung, Wissenschaft und Kultur (UNESCO) und zur Internationalen Arbeitsorganisation zu unterhalten durch Mitarbeit an der Verwirklichung ihrer Programme zugunsten der Jugend und durch Gewinnung ihres Interesses für die Lösung der lebenswichtigen Probleme der Jugend;

die Beziehungen und die Zusammenarbeit mit den anderen internationalen Organisationen, die sich für die Probleme der Jugend interessieren, zu entwickeln, einbegriffen die Durchführung und gemeinsame Unterstützung von Kampagnen, Treffen und gegenseitigen Besuchen, der Austausch von Mitarbeitern, Publikationen und alle anderen Formen der Zusammenarbeit;

die Beziehungen zu den Gewerkschaftsorganisationen und anderen internationalen Berufsorganisationen zu entwickeln, um die Rechte der Jugend zu sichern.

Der WBDJ veröffentlicht regelmäßig in verschiedenen Sprachen die Zeitschrift »Weltjugend« sowie andere Publikationen.

Die Exekutivorgane des WBDJ sollen alle nötigen Organe einsetzen, um diese Aufgaben zu erfüllen, wobei den verschiedenen Tätigkeitsformen und Schichten der Jugend Rechnung zu tragen ist.

Abschnitt IV
Die Mitgliedsorganisationen des WBDJ

1. Mitglieder des WBDJ können Jugendorganisationen oder Jugendräte sein, die zur Wahrung der Interessen und zur Aktivität der Jugend beitragen.

Die Kategorien der Mitglieder des WBDJ sind: Mitglieder und assoziierte Mitglieder.

Mitglieder sind diejenigen Organisationen, die die Statuten des WBDJ anerkennen.

Assoziierte Mitglieder sind diejenigen Organisationen, die einen oder mehrer Teile der Statuten des WBDJ anerkennen und aufgrund gegenseitiger Abkommen bereit sind, sich bestimmten Aktivitäten des Bundes anzuschließen.

Die Unabhängigkeit und Selbständigkeit der Mitgliedsorganisationen des WBDJ wird voll garantiert.

Der Beitritt zum WBDJ ist vereinbar mit dem Eintritt in andere Vereinigungen.

2. Die Aufnahme neuer Mitglieder in den WBDJ erfolgt auf Vorschlag des Exekutivkomitees durch Beschluß der Versammlung der Mitgliedsorganisationen.

3. Mitglieder des WBDJ können aus dem WBDJ ausgeschlossen werden auf Vorschlag des Exekutivkomitees durch Beschluß der Versammlung der Mitgliedsorganisationen bei Zweidrittel-Stimmenmehrheit.

Abschnitt V
Rechte und Pflichten der Mitgliedsorganisationen

Rechte:

1. Die Mitgliedsorganisationen haben folgende Rechte:
a) teilzunehmen an der Versammlung der Mitgliedsorganisationen, wenigstens einen Delegierten zu entsenden und teilzunehmen an den Diskussionen und der Beschlußfassung zu allen Fragen des WBDJ (Programm, Initiativen, Finanzen, Wahlen der Exekutivorgane usw.);
b) vertreten zu sein in den Exekutivorganen des WBDJ;
c) der Versammlung und den Exekutivorganen Vorschläge zu unterbreiten und anwesend zu sein, wenn diese Organe Beschlüsse über Fragen, die ihre Organisationen betreffen, fassen;
d) von den leitenden Organen des WBDJ Hilfe zu erbitten für ihre besonderen Probleme.
2. Die assoziierten Mitgliedsorganisationen haben folgende Rechte:
a) an der Versammlung der Mitgliedsorganisationen teilzunehmen und sich an den Diskussionen zu beteiligen, mit Stimmrecht auf der

Grundlage der mit ihnen abgeschlossenen Abkommen in den Fragen, die ihre spezifische Tätigkeit betreffen;

b) der Versammlung, den Exekutivorganen und den speziellen Diensten des Bundes Vorschläge entsprechend ihrer Kompetenz zu unterbreiten und anwesend zu sein oder konsultiert zu werden, wenn diese Organe Beschlüsse ihre Organisation betreffend fassen;

c) teilzunehmen an der Tätigkeit und Leitung der speziellen Dienste;

d) die leitenden Organe des WBDJ um Hilfe zu bitten für die Lösung der im Abkommen vorgesehenen Fragen und für die Entwicklung entsprechender Initiativen.

3. Alle Mitgliedsorganisationen und assoziierten Mitglieder sind berechtigt, mit dem Recht der Priorität an allen Initiativen des WBDJ teilzunehmen und die Vorteile seiner Tätigkeit in Anspruch zu nehmen.

Die Organisationen sind nicht verpflichtet, die Beschlüsse der Versammlung und der Exekutivorgane des WBDJ auszuführen, für die sie nicht ihre Zustimmung gegeben haben. Sie können sich jederzeit vom WBDJ zurückziehen, wenn sie dies für gut erachten.

Pflichten:

1. Die Mitgliedsorganisationen des WBDJ haben folgende Pflichten:

a) die Statuten des WBDJ anzuerkennen;

b) bestrebt zu sein, den Erfolg der Beschlüsse der leitenden Organe des WBDJ und der Initiativen zu sichern, zu denen sie ihre Zustimmung gegeben haben;

c) bestrebt zu sein, die Zusammenarbeit zwischen den verschiedenen Organisationen ihres Landes zur Erfüllung der Interessen der Jugend zu fördern;

d) bestrebt zu sein, die Zusammenarbeit, Solidarität und Freundschaft auf internationaler Ebene zu entwickeln;

e) die durch die Versammlung der Mitgliedsorganisationen des WBDJ festgelegten Beiträge zu entrichten.

2. Die assoziierten Mitgliedsorganisationen des WBDJ haben die Pflicht, die mit ihnen in ihrer Eigenschaft als assoziierte Mitglieder abgeschlossenen Abkommen einzuhalten.

Abschnitt VI

Die leitenden und ausführenden Organe des WBDJ

Das leitende Organ des WBDJ ist die Versammlung der Mitgliedsorganisationen.

Die ausführenden Organe sind: Das Exekutivkomitee, das Büro und die Finanzkontrollkommission.

Unterabschnitt 1

Versammlung der Mitgliedsorganisationen

A. Repräsentationsbedingungen:

a) Alle Mitgliedsorganisationen sind berechtigt, an der Versammlung des WBDJ teilzunehmen durch ihre unmittelbaren oder beauftragten Vertreter. In der Versammlung genießen alle Organisationen das Stimmrecht.

Bei jeder Versammlung wird die Verteilung der Mandate für die folgende Versammlung vorgenommen, unter Berücksichtigung des Prinzips der Gleichheit der Länder und der besonderen Verhältnisse in jedem Land sowie der Stärke der aus ihm vertretenen Kräfte der Jugendbewegung. Diese Verteilung erfolgt mit einem Minimum und Maximum der Mandate pro Land, die das Verhältnis von eins zu zwei nicht überschreiten dürfen.

Die so verteilten Stimmen werden unter den Mitgliedsorganisationen jedes Landes in gegenseitiger Übereinkunft weiter aufgeteilt. Die Versammlung hat das Recht zum Schiedsspruch im Falle der Uneinigkeit.

Organisationen von kleinen Territorien und Auslandsorganisationen erhalten eine bestimmte Anzahl von Mandaten unter Berücksichtigung der besonderen Umstände und ihrer Größe.

b) Die Versammlung tritt mindestens alle zwei Jahre einmal zusammen. Der Charakter, das Datum, der Ort und die Tagesordnung werden von der vorhergehenden Versammlung oder, nach entsprechender Beauftragung, durch das Exekutivkomitee festgesetzt. Alle Mitgliedsorganisationen werden mindestens drei Monate vorher davon verständigt.

c) Auf Ersuchen von mindestens einem Drittel der Mitgliedsorganisationen oder durch einen Beschluß des Exekutivkomitees kann eine außerordentliche Versammlung einberufen werden.

B. Die Rechte der Versammlung:

a) Beratung und Beschlußfassung über Probleme wirtschaftlicher, politischer, erzieherischer, sozialer und kultureller Art in Verbindung mit der Lage und Tätigkeit der Jugend und ihren Organisationen sowie ihren materiellen und moralischen Interessen. Sie bestimmt das Arbeitsprogramm des WBDJ.

b) Änderung der Statuten.

c) Prüfung und Beratung der Berichte über die Tätigkeit des Exekutivkomitees und der Finanzkontrollkommission.

d) Wahl des Präsidiums, des Generalsekretärs, der Mitglieder des Exekutivkomitees und des Schatzmeisters aus den Reihen der Delegierten der Mitgliedsorganisationen, die auf der Versammlung anwesend oder bei ihr akkreditiert sind.

e) Wahl der Finanzkontrollkommission.

f) Bestimmung der Höhe der Beiträge, die durch die Mitgliedsorganisationen und die assoziierten Mitglieder entrichtet werden sollen.

g) Bestimmung des Sitzes des WBDJ.

Alle Beschlüsse der Versammlung werden getrennt mit einfacher Stimmenmehrheit gefaßt, die Geschäftsordnung und die Art der Abstimmung werden durch die Versammlung festgesetzt.

Beschlußfähigkeit

Die zur Beschlußfähigkeit notwendige Anzahl der Stimmen besteht aus der Hälfte der ausgeteilten Stimmen plus einer.

Unterabschnitt 2

Das Exekutivkomitee und das Büro des WBDJ

1. Das Präsidium, der Generalsekretär, der Stellvertretende Generalsekretär, der Schatzmeister und die anderen Mitglieder, die durch

die Versammlung gewählt wurden, bilden das Exekutivkomitee des WBDJ. Es besteht aus höchstens 55 ordentlichen Mitgliedern. Jedes Mitglied des Exekutivkomitees kann einen Stellvertreter haben.

a) Das Exekutivkomitee ist das Organ zur Verwirklichung der Aufgaben des WBDJ, die von der Versammlung festgelegt wurden.

b) Alle Arbeiten des Exekutivkomitees unterliegen der Bestätigung durch die Versammlung, vor welcher es über alle Beschlüsse Rechenschaft ablegt.

c) Das Exekutivkomitee tritt mindestens zweimal im Jahr auf Einberufung durch das Büro zusammen.

d) Das Exekutivkomitee kann die Sekretäre und das ständige Personal sowie zeitweilige Mitarbeiter benennen, um die Durchführung der täglichen Arbeit des WBDJ sicherzustellen. Die Tätigkeit des Büros und des Sekretariats unterliegt der Billigung durch das Exekutivkomitee.

e) Die Beschlußfähigkeit des Exekutivkomitees besteht bei Anwesenheit der Hälfte seiner Mitglieder plus einem.

f) Alle Beschlüsse des Exekutivkomitees werden mit einfacher Stimmenmehrheit gefaßt.

g) Die Vertreter der speziellen Dienste können mit dem Recht der beratenden Stimme zu den Sitzungen des Exekutivkomitees hinzugezogen werden.

2. Das Präsidium, das Sekretariat und der Schatzmeister bilden das Büro des Bundes, das beauftragt ist, die Beschlüsse der Versammlung und des Exekutivkomitees praktisch durchzuführen.

Das Büro des Bundes tritt, so oft es notwendig ist, zwischen den Tagungen des Exekutivkomitees zusammen. Es kann auf Initiative des Präsidenten oder eines Drittels seiner Mitglieder einberufen werden.

Das Exekutivkomitee und das Büro führen die tägliche Arbeit mit Hilfe des ständigen Sekretariats durch, das die Verbindung zu den Mitgliedsorganisationen sichert, die verschiedenen Büros und Kommissionen am Sitz leitet und die Publikationen des WBDJ veröffentlicht.

Unterabschnitt 3
Die Finanzkontrollkommission

a) Die Finanzkontrollkommission setzt sich aus fünf von der Versammlung gewählten Mitgliedern zusammen. Sie hat ihren eigenen Präsidenten, dem die Einberufung obliegt. Die Mitglieder der Finanzkontrollkommission können nicht zugleich Mitglieder des Exekutivkomitees sein.

b) Die Finanzkontrollkommission kontrolliert das Finanzgebaren des Bundes.

c) Die Finanzkontrollkommission verfaßt Berichte, die sie dem Exekutivkomitee vorlegt, und unterbreitet einen allgemeinen Bericht über die Finanzen. Die Finanzkontrollkommission ist der Versammlung gegenüber verantwortlich.

d) Der Präsident der Finanzkontrollkommission oder sein Stellvertreter hat das Recht, an den Sitzungen des Exekutivkomitees teilzunehmen.

Abschnitt VII

Budget und Finanzen

a) Die Geldmittel des Bundes setzen sich aus den von den Mitgliedsorganisationen gezahlten Mitgliedsbeiträgen entsprechend der von der Mitgliederversammlung festgelegten Höhe zusammen sowie aus anderen Einkünften wie Subventionen von Jugendorganisationen, Gruppen oder Einzelpersonen und Zahlungen für Arbeiten, die innerhalb der im Rahmen der Statuten vorgesehenen Aktivitäten geleistet wurden.

b) Die Mitgliedsbeiträge werden vierteljährlich gezahlt und stützen sich auf die Gesamtzahl der Mitglieder zu Ende des Jahres, das unmittelbar der Versammlung der Mitgliedsorganisationen des Bundes vorangeht.

c) Das Exekutivkomitee hat das Recht, den Mitgliedsorganisationen zu gestatten, eine niedrigere Summe als ursprünglich festgelegt zu bezahlen, ohne daß dies einen Verlust der Repräsentativs- oder Abstimmungsrechte nach sich zieht. Das kann der Fall sein, wenn außerordentliche Umstände es rechtfertigen, insbesondere bei Ländern, von denen aufgrund des allgemein niedrigen Lebensniveaus und der geringen, den Jugendorganisationen zur Verfügung stehenden Gelder um eine solche Ermäßigung nachgesucht wird.

d) Die Beiträge für die assoziierten Organisationen werden festgesetzt nach gemeinsamer Übereinkunft entsprechend dem Vertrag über die Mitgliedszugehörigkeit.

e) Der Entwurf des Budgets wird durch das Exekutivkomitee aufgestellt und durch die Versammlung bestätigt.

f) Falls eine Organisation während der Dauer eines Jahres oder länger ohne triftigen Grund keinen Beitrag bezahlt, kann ihr durch Beschluß der Versammlung das Recht der Teilnahme an der Abstimmung in den leitenden Organen des Bundes entzogen werden.

Abschnitt VIII

Hymne und Abzeichen des WBDJ

Unterabschnitt 1

Die Hymne des WBDJ ist das »Lied der Demokratischen Jugend« (Weltjugendlied).

Unterabschnitt 2

Das Abzeichen des WBDJ stellt die Erdkugel dar, auf der die Profile von drei Jugendlichen abgebildet sind, ein Gelber, ein Weißer und ein Schwarzer, mit der Inschrift: »Weltbund der Demokratischen Jugend. Jugend vereinige Dich! Vorwärts für einen dauerhaften Frieden!«

Abschnitt IX

Sitz

Der Sitz des Weltbundes der Demokratischen Jugend wird durch Beschluß der Versammlung der Mitgliedsorganisationen mit Zweidrittel-Stimmenmehrheit festgelegt.

Abänderung der Statuten

Die Statuten können abgeändert werden durch einen Beschluß der Versammlung der Mitgliedsorganisationen mit Zweidrittel-Stimmenmehrheit.

Dokument 15: Aus der ›Erklärung der Festivaldelegation der DDR‹

Der bisherige Verlauf des Festivals hat gezeigt: Der Geist des Festivals vereint die demokratische, friedliebende Jugend der Welt im Kampf für Frieden, Demokratie und Fortschritt. Um so bedauerlicher ist es, daß wir gezwungen sind, die Öffentlichkeit von einem widerwärtigen und provokatorischen Angriff auf die Ideale des Festivals zu informieren. Am 29. 7. 1968 wurde hier in Sofia eine mehrsprachige Broschüre verbreitet [. . .]

1. Es wird ein schwerwiegender Angriff auf die FDJ, die sozialistische Jugendorganisation der DDR, geführt, indem behauptet wird, die FDJ habe den gleichen Charakter und Status wie die Hitler-Jugend des faschistischen Deutschlands. Es ist eine Ungeheuerlichkeit, daß die antifaschistischen Jugendorganisationen des deutschen Staates, der den Nazismus mit der Wurzel ausgerottet hat und das Vermächtnis des antifaschistischen Widerstandskampfes verwirklicht, böswillig diskreditiert wird [. . .]

2. Die Schrift ist geprägt vom Geist der Bonner Revanchepolitik und Alleinvertretungsanmaßung. In Anwendung der Terminologie der Bonner Revanchisten wird die DDR als Mitteldeutschland bezeichnet. Wer im Bonner Revanchistenjargon die DDR »Mitteldeutschland« nennt, gibt zu erkennen, daß er in Übereinstimmung mit den Revanchezielen des westdeutschen Militarismus Gebiete der Volksrepublik Polen und der UdSSR als »Ostdeutschland« ansieht und Kurs auf die Wiederherstellung des Deutschen Reiches in den Grenzen von 1937 nimmt [. . .]

Die Verfasser des genannten Druckerzeugnisses verschweigen – sicherlich nicht ohne Absicht – den rapiden Vormarsch der Kräfte des Neonazismus in der Bundesrepublik. Es findet sich kein Wort über die gefährliche Verseuchung junger Menschen in der Bundesrepublik mit dem Gift des Faschismus, Chauvinismus und Rassismus durch Schule, Bundeswehr, Massenmedien und nazistische, revanchistische Jugendorganisationen [. . .] In dieser Veröffentlichung wird die westdeutsche Bundeswehr in Wort und Bild verherrlicht und als eine Schule der Freiheit und Demokratie hingestellt. Man vergegenwärtige sich: Eine Armee unter dem Kommando von Hitler-Generalen [. . .], aus der sich eingestandenermaßen ein erheblicher Teil der Wähler der neonazistischen Partei in Westdeutschland rekrutiert – eine solche Armee wird der Jugend der Welt als Vorbild hingestellt [. . .] Wer nun in der vorliegenden Broschüre wenigstens eine objektive Information über die politische, soziale und geistige Lage der westdeutschen Jugend erwartet, sucht vergebens. Offensichtlich existiert für die Verfasser weder ein akuter

Bildungsnotstand noch eine tiefgreifende Krise des westdeutschen Hochschulsystems. Die sozialen Interessen der westdeutschen Arbeiterjugend, die sich einer verschärften Ausbeutung gegenübersieht, sind ihnen nicht der Erwähnung wert [. . .]

Diese Broschüre, herausgegeben vom sogenannten Deutschen Nationalkomitee für internationale Jugendarbeit in Bonn, wurde anläßlich einer Pressekonferenz von Vertretern des Bundesjugendringes am 29. 7. 1968 in Sofia ausgelegt. Diese Handlung ist eindeutig gegen das Festival, gegen alle Jugendvertretungen gerichtet, die die Ideen der IX. Weltfestspiele in ihrer Maxime erhoben haben. Desgleichen steht diese Handlung völlig im Widerspruch zur Erklärung des Geschäftsführenden Ausschusses des Bundesjugendringes anläßlich der IX. Weltfestspiele. Dort wird u. a. festgestellt, daß aus der Vergangenheit die Lehren gezogen werden müssen und im Geiste der Zielsetzung für Solidarität, Frieden und Freundschaft diskutiert werden sollte. Ist es nicht offensichtlich, daß einige Vertreter des westdeutschen Bundesjugendringes ein doppeltes Spiel betreiben? Ihre bisherigen Erklärungen zur Teilnahme am Festival sind durch die Verteilung dieser Schrift absolut unglaubwürdig geworden.

Radio Moskau übertraf in seinen Kommentaren vom 1. 8. 1968 eher noch die FDJ. Dort heißt es: »In der Broschüre, die von der Aktivistengruppe des Rings auf seinen Pressekonferenzen [. . .] verbreitet wurde, ist die Hand ideologischer Betrüger hoher Klasse zu spüren [. . .] buchstäblich auf der ersten Seite wird es klar: das ist nicht eine prahlerische Reklame schlechthin [. . .], sondern [. . .] eine unverzeihliche und schamlose Provokation! Die Deutsche Demokratische Republik wird in der Broschüre ›Mittelzone‹ genannt. ›Ostdeutschland‹, das sind Gebiete Polens und der Sowjetunion. Die von den Generalen Hitlers geführte Wehrmacht ist, wie sich herausstellt, eine Schule zur Erziehung freier Bürger. Neonazismus und Militarismus, Springer-Monopol der Meinung und chauvinistische Propaganda in der Presse, das gibt es für die Verfasser der Broschüre in der Bundesrepublik Deutschland überhaupt nicht. Sie sind unendlich zufrieden mit sich selbst und dem Herrschaftssystem, das die KPD verbietet und die Demokraten und Antifaschisten verfolgt, mit dem System des Polizeiknüppels und des politischen Lynchens [. . .]«

Dokument 16 a: SJD ›Die Falken‹ festigten und erweiterten ihre Kontakte

Die Delegation der SJD ›Die Falken‹ in der Reisegruppe des Deutschen Bundesjugendringes nahm im Verlauf der IX. Weltfestspiele der Jugend und Studenten in Sofia alle Möglichkeiten wahr, mit jungen Menschen aus allen am Festival teilnehmenden Ländern ins Gespräch zu kommen.

Vertreter des Verbandes sprachen im Rahmen des Forums für internationale Politik in der Kommission II »Europäische Sicherheit« und in der Kommission III »Gefahr des Neonazismus«.

In der Diskussion der Kommission II begrüßte das Mitglied des Bundesvorstandes der »Falken« Manfred Rexin das Festival als einen Ort des Dialogs. Eingehend auf Fragen der europäischen Sicherheit bezeichnete er den Vertrag über die Nichtweitergabe von Kernwaffen als wichtigen Fortschritt auf dem Wege zur Entspannung. Er sei gewiß, daß dieser Vertrag auch von der Bundesrepublik unterschrieben werde. Zur Grenzfrage sagte der Sprecher, daß eine »Mehrheit der Bevölkerung mit uns in der Einsicht« übereinstimme, daß die Oder-Neiße-Grenze zwischen der DDR und der Volksrepublik Polen als unabänderliche Realität anerkannt werden müsse. Die Grenze der Bundesrepublik zur Tschechoslowakei liege fest, sagte Rexin und regte an, den bevorstehenden 30. Jahrestag des Münchner Abkommens zum Anlaß zu nehmen, durch eine gemeinsame Erklärung von Bundesregierung und Regierung der CSSR die Frage der Ungültigkeit des Münchener Abkommens zu regeln. In diesem Zusammenhang erklärte er, daß die Falken für die volle Aufnahme diplomatischer Beziehungen zwischen Bonn und Prag eintreten, ebenso für diplomatische Kontakte zu allen Ländern, mit denen solche Beziehungen noch nicht bestehen.

Den Kampf gegen den Neonazismus darf die Jugend in der Bundesrepublik nicht nur gegen die NPD allein führen, sondern auch gegen etliche »üble Verbände«, die im Namen der Flüchtlinge und Umsiedler zu sprechen vorgeben.

Rexin forderte sodann, daß die Regierungen der BRD und DDR ihre Beziehungen in vertraglich gesicherter Form gestalten und intensivieren müssen. Er erinnerte daran, daß sich die Falken den Begriff eines Alleinvertretungsanspruchs nie zu eigen gemacht hätten, ebensowenig wie Erklärungen der DDR, sie sei der einzige legitime deutsche Staat, weil nur sie den Potsdamer Beschlüssen Rechnung getragen habe.

Zwischen der BRD und der DDR müsse eine Form von Beziehungen gefunden werden, die der Tatsache Rechnung trägt, daß in der Verfassung der Bundesrepublik ebenso wie in der DDR das Ziel der Einheit Deutschlands ausdrücklich zur Verfassungsnorm erhoben worden ist. Abschließend stellte Rexin fest, daß die Blöcke verschwinden müßten und an ihre Stelle ein System kollektiver Sicherheit in Europa und darüber hinaus treten müsse.

In der dritten und abschließenden Sitzung der Kommission richtete ein Sprecher der FDJ Angriffe gegen die SJD ›Die Falken‹, denen er vorwarf, in wichtigen Fragen der Deutschland- und Europapolitik nicht Stellung bezogen zu haben. Rexin erklärte in einer Erwiderung, »aus psychologischen Gründen können wir verstehen, daß angesichts der Entwicklung der letzten Jahre in der DDR eine so starke Besorgnis entstanden ist, daß bei einigen ihrer Repräsentanten inzwischen eine Trübung des Wahrnehmungsvermögens erfolgt ist«. Es sei einfach groteske zu sagen, der FDJ sei eine Stellungnahme der Falken zum Atomwaffensperrvertrag nicht bekannt. Zur Zusammensetzung der Delegation aus der Bundesrepublik erklärte Rexin, daß sie »sehr breit und farbig« sei; nur Nazis und Reaktionäre seien nicht darunter.

In der Kommission III »Gefahren des Neonazismus« erklärte das Falken-Bundesvorstandsmitglied Helmut Hellwig, daß allzu oft in der Bundesrepublik anstelle demokratischen Bewußtseins primitiver

Antikommunismus gesetzt worden sei. Als verantwortlich für eine Entwicklung, die die Chance zu einer echten antifaschistischen und demokratischen Entwicklung versäumt hat, nannte er die bürgerlichen Parteien, die unterschlagen hätten, daß die europäische Situation nach 1945 durch Hitler-Deutschland entstanden sei. Hellwig sagte, daß ein Teil der Besorgnis aus anderen Ländern geteilt werde, er jedoch bitte, vorhandene neue Entwicklungen genauestens zu prüfen. Es müsse gesehen werden, daß fast alle demokratischen Jugendverbände der NPD und dem Faschismus ihren entschiedenen Widerstand angesagt hätten. Auch solle nicht vergessen werden, daß an der Spitze einer Partei, die heute mit Regierungsverantwortung trage, immer erklärte Antifaschisten standen: Schumacher, Ollenhauer und Brandt. Hellwig lud ein, sich durch einen Besuch in der Bundesrepublik selbst ein Bild zu machen.

In Fortsetzung ihrer Bemühungen, gute Beziehungen zu den Jugendorganisationen der osteuropäischen Länder aufzunehmen und zu erhalten, trafen Vertreter der SJD ›Die Falken‹ im Verlauf des Festivals mit Angehörigen aller osteuropäischen Delegationen zu Freundschaftstreffen und Gesprächen zusammen. Es kam im einzelnen zu Begegnungen mit Jugendvertretern aus Bulgarien, der Sowjetunion, Polen, Jugoslawien, der CSSR, Rumänien und Ungarn. Ein Gespräch wurde auch mit der Freien Deutschen Jugend der DDR geführt. Der nordvietnamesischen Delegation überreichten die Falken einen DIA-Projektor.

Bei einem Freundschaftstreffen mit den Rumänen wurde die Einladung zu einer im Februar nächsten Jahres in Bukarest stattfindenden Konferenz über Fragen der europäischen Sicherheit angenommen.

Mit den Vertretern des jugoslawischen Jugendverbandes wurde vor allem eine Ausweitung der jugendtouristischen Kontakte besprochen. Die Falken wollen sich für eine Verbesserung der Lebensbedingungen jugoslawischer Arbeiter in der Bundesrepublik einsetzen.

Bei einem Freundschaftstreffen mit dem bulgarischen Gastgeber wurden unter anderem Fragen aus dem Gebiet der Jugendforschung besprochen.

Auch von Ungarn wurde eine Einladung zu einem Seminar über europäische Sicherheitsfragen im Herbst dieses Jahres ausgesprochen, die die Falken ebenfalls annahmen. Ein Austausch von Kindergruppen wurde vereinbart und eine Delegation des ungarischen Jugendverbandes eingeladen, an der Bundeskonferenz der Falken im Jahre 1969 teilzunehmen.

Dokument 16 b: Ring Deutscher Pfadfinderbünde

In der Kommission »Rechte der Jugend« sprach als Vertreter des Ringes Deutscher Pfadfinderbünde Dr. Peter Pott. Er führte unter anderem aus:

... Aufgabe politischer Beteiligung ist es, eine Harmonie zwischen der individuellen Freiheit und der Freiheit der anderen herzustellen, d. h. eine Gesellschaft herbeizuführen, in der die Menschen nicht versklavt sind an Personen oder Institutionen, die von vornherein eine solche Autonomie verhindern, wo die Entfremdung des Menschen aufgehoben ist: eine humane Gesellschaft . . .

. . . eine solche Gesellschaft existiert noch nicht. Mehr denn je wird heute der Fortschritt zu ihr hin aufgehalten durch Gewalt und Unterdrückung. Als Abschreckungsmittel gegen einen nuklearen Krieg, als Polizeiaktion gegen Umsturz, als technische Hilfe im Kampf gegen Imperialismus und Kommunismus werden Gewalt und Unterdrückung gleichermaßen von Regierungen kapitalistischer und sozialistischer Länder verkündet, praktiziert und verteidigt. Und den Menschen, die diesen Regierungen unterworfen sind, wird beigebracht, solche Praktiken als notwendig zur Erhaltung des Status quo zu ertragen . . .

. . . Die humane Gesellschaft freier Individuen ist noch eine Aufgabe der Zukunft und damit wesentlich Aufgabe der Jugend. Der Weg zu dieser Gesellschaft der Zukunft, die zweifellos eine sozialistische Gesellschaft sein wird, aber eine sozialistische Gesellschaft, die zugleich auch demokratisch ist und als solche die Bedürfnisse und Interessen, die Spontaneität und Initiative jedes ihrer Bürger respektiert, führt nicht in erster Linie über den Kampf mit dem Schwert, sondern über die freie Rede und den Gebrauch der Vernunft . . .

. . . eine Gesellschaft, die den Fortschritt will, wird ihre Jugend voll an der Diskussion über den Aufbau einer freiheitlich sozialistischen Ordnung beteiligen – an einer rationalen Diskussion, die Ausdruck und Entfaltung unabhängigen Denkens ist, frei vom geistigen Drill, Manipulation, äußerer Autorität. Sie wird die Jugend auf allen Ebenen an dieser Diskussion beteiligen, insbesondere da, wo die Jugend vornehmlich betroffen ist, am Arbeitsplatz, in der Schule, in der Universität, und sie wird dafür sorgen, daß diese Diskussion auch Konsequenzen hat, d. h. Veränderungen bewirkt . . .

Diskussion über den Neonazismus in der Bundesrepublik

Am 3. August fand im Antifaschistischen Zentrum in der Sofioter Universität eine Diskussion über den Neonazismus in der Bundesrepublik Deutschland statt, an der sich etwa 40 Personen beteiligten. Vorgeworfen wurden der Bundesrepublik im allgemeinen und – etwas abgeschwächt – dem Deutschen Bundesjugendring im besonderen vor allem zwei Dinge:

1. Die Unterschätzung der Gefahr des Neonazismus in der Bundesrepublik.
2. Die unzureichende Distanzierung vom Neonazismus.

Ein Sprecher des Bundes Deutscher Pfadfinder wies darauf hin, daß keineswegs eine Unterschätzung der Gefahr des Neonazismus – etwa in seinem Verband – zu fürchten sei. Ein wirksamer Kampf gegen den Neonazismus in der BRD sei nur dann möglich, so führte er aus, wenn man die pluralistische Struktur der Gesellschaft und ihrer Gruppen analysiert und berücksichtigt. Undifferenzierte Verdammungen schadeten dem wirksamen Kampf eher als sie ihm nützten.

Auch die DBJR-Reisegruppe sei aus zehn Verbänden zusammengesetzt und könne deshalb keine einheitlichen Erklärungen zu allen Fragen abgeben.

Wir glauben allerdings, daß der Kampf gegen den Neonazismus

nicht nur durch politische Erklärungen oder Straßendemonstrationen geführt werden kann, sondern daß die Erziehungsarbeit eines Jugendverbandes dazu einen wesentlichen Beitrag leisten muß. Diesen Beitrag zu leisten, halten wir für die erste Aufgabe unseres Verbandes, meinte der BDP-Sprecher.

Radio Sofia interviewte vier Pfadfinder

Für das deutsche Programm von Radio Sofia wurden vier Mitglieder des BDP interviewt. Sie gaben Eindrücke, Erlebnisse in Sofia und beim Festival wieder und vertraten folgende politische Auffassung:

1. Die Diskussion in den offiziellen Veranstaltungen war nicht in dem erhofften Maße möglich, wohl aber in vielen Einzelgesprächen.
2. Sie äußerten Kritik an den langen Monologen, die beispielsweise in dem studentischen Colloquium »Universität und Erziehung« gehalten wurden. Das Gesagte scheine oft eher nationalem Prestigedenken zu entspringen, etwa durch seinen Charakter als Erfolgsberichte aus dem eigenen Land, als einem Interesse am Gedankenaustausch.
3. Aus vielen Äußerungen von Vertretern sozialistischer und Entwicklungsländer glauben die deutschen Pfadfinder Kritik an den deutschen Universitäten als »Akademikerfabriken« herausgehört zu haben. Sie meinten, die Universität müsse eine kritische, die Gesellschaft vorwärtstreibende Bildungseinrichtung sein. Darüber sei in Sofia leider nicht diskutiert worden.

Kontakt mit Pfadfindern aus der CSSR

In der Delegation der CSSR zum IX. Festival waren einige Vertreter der beiden Pfadfinderorganisationen der CSSR. Diese Gelegenheit wurde von den deutschen Pfadfindern zu ersten Kontaktgesprächen benutzt. Da nur wenige Pfadfinderverbände dieses Festival besuchten, informierten sich die tschechoslowakischen Freunde über die Situation der europäischen und der Weltpfadfinderbewegung bei uns. Ihre deutschen Gesprächspartner konnten hierzu eine Vielzahl von Informationen geben. Andererseits berichteten die Pfadfinder aus der CSSR über die zur Zeit bestehende Situation ihres Verbandes.

Die Möglichkeiten für die CS-Pfadfinder sind nach 20jähriger Passivität enorm begrenzt. Der Mangel an jungen und qualifizierten Gruppenführern und Pädagogen dürfte die größte Schwierigkeit sein. Da der Neubeginn nach CS-Ansicht notwendigerweise 1948 ansetzen muß (von der pädagogischen Konzeption her), bestehen hier zwischen den CSSR- und BRD-Verbänden einige Meinungsverschiedenheiten. So vertreten die Tschechoslowaken die Ansicht, daß sie nur beginnen können, wenn sie auf den Führerstamm, den sie 1948 hatten, zurückgreifen. Ihre deutschen Freunde glauben, daß dadurch Schwierigkeiten entstehen können, neue pädagogische Konzepte zu erarbeiten und durchzuführen.

Es wird daher besonders notwendig sein, CS-Vertreter häufig einzuladen zu Konferenzen, Führerkongressen und pädagogischen Lehrgängen. Es muß erreicht werden, daß der Pfadfinderverband der CSSR möglichst in vielen Kontaktgesprächen seine Position neu bestimmen kann.

Aus den Gesprächen haben die deutschen Pfadfinder die Überzeugung gewonnen, daß die CS-Pfadfinder nicht nur wegen ihrer jetzt erlangten Vereinsfreiheit den Kurs der CSSR begrüßen. In vielen Diskussionen auch mit anderen Festivalteilnehmern verteidigten die Pfadfinder den Versuch, einen neuen Weg zum Sozialismus einzuschlagen.

Zu der europäischen Konferenz in Bern im September wird die CSSR Beobachter entsenden. Ihre deutschen Freunde werden bemüht sein, die CS-Pfadfinder ihren Wünschen entsprechend zu unterstützen.

Sowjetische Einladung an die westdeutsche Delegation zu einem Freundschaftsbesuch

Die Delegation des Ringes Deutscher Pfadfinderbünde war von der Art der Durchführung eines Freundschaftsbesuchs bei der sowjetischen Delegation sehr enttäuscht: »Wir vertreten nicht die Meinung, daß Beschimpfungen und Unterstellungen zu einem Freundschaftstreffen gehören.« Daher äußerten sie nach Abschluß der Veranstaltung sowjetischen Teilnehmern dieses Treffens gegenüber ihre Empörung. Die sowjetischen Teilnehmer verschlossen sich dieser Kritik nicht. Beide Delegationen vereinbarten daraufhin eine Diskussion.

In diese Gespräch wurden auf gemeinsamen Vorschlag folgende Themen erörtert:

Der Krieg in Vietnam – Der Neonazismus in der Bundesrepublik – Der Nahostkonflikt – Die Informationspolitik in sozialistischen Staaten – Die Realisierung Marxscher Ideen in sozialistischen Staaten – Möglichkeiten verschiedener Länder, einen eigenen Weg zum Sozialismus zu finden entsprechend ihren gesellschaftlichen und ökonomischen Bedingungen.

Es wurden unterschiedliche Meinungen festgestellt, man konnte aber auch in mehreren Punkten mit den sowjetischen Gesprächsteilnehmern übereinkommen, so zum Beispiel in der Beurteilung des Vietnamkrieges. Differenzen bestanden in der Bewertung der Situation in Vietnam nach Beendigung des Krieges.

Die deutschen Vertreter stellten fest, daß ihre sowjetischen Gesprächspartner bereit waren, ihren eigenen Standpunkt zu diskutieren.

Dokument 16 c: DAG-Jugend

Empfang bei der Bulgarischen Nationalbank

30 Festivalteilnehmer folgten einer Einladung der Bulgarischen Nationalbank. Wenn eine Steigerung möglich ist, dann war es der bisher herzlichste Empfang, der uns in Sofia bereitet wurde, meinte einer der Teilnehmer.

Zu Beginn sang ein Chor. Kurze Begrüßungsansprachen hielten die Gastgeber, Vertreter aus der DDR, Jugoslawien, der UdSSR und für die Bundesrepublik Deutschland Ludwig Jürgens, Bankkaufmann und Jugendvertreter im Bundesberufsgruppenvorstand »Banken und Sparkassen« der Deutschen Angestellten-Gewerkschaft. Ludwig Jürgens erhielt für seine Worte mehrfach herzlichen Beifall. Der Empfang fand im Restaurant der Nationalbank statt. Der Raum war festlich geschmückt. Die Gäste wurden mit Getränken, Gebäck und Obst bewirtet.

Es folgten noch verschiedene Vorträge einer bekannten bulgarischen Opernsängerin, anderer Solisten und einige Stücke wurden vom Chor der Bank gesungen. Zwischendurch tanzten Gäste und Gastgeber. Höhepunkt war ein Freundschaftstanz. Dabei kniet ein Tanzpaar im Kreis der übrigen Tänzer und gibt sich einen Freundschaftskuß.

Ludwig Jürgens hatte dann in einem einstündigen Gespräch mit dem Vizepräsidenten der Nationalbank die Möglichkeit, sich zu informieren. Er erfuhr in diesem Gespräch unter anderem:

Sachbearbeiter und Buchhalter der Bank erhalten einen Grundlohn von 90 bis 165 Leva, hinzu kommen nach 10 Dienstjahren Zuschläge und ähnliches. Ein Abteilungsdirektor bekommt 200 bis 220 Leva und ein Direktor 250 bis 270 Leva im Monat. Diese Beträge sind tariflich festgelegt. Hinzu kommen eventuell für besondere Qualifikation und Befähigung Zuschläge, die aus einem besonderen Fonds der Bank gezahlt werden. Die Ausgaben für Wohnung, Strom und Wasser betragen in Bulgarien ca. $1/7$ des Einkommens.

Die Gäste erhielten noch eine aktuelle Information: Seit einer Woche wird auf Regierungsebene die Einführung der freien Konvertierbarkeit des Leva erörtert.

CGT: Anarchie befürchtet

Vertreter der französischen Gewerkschaften CGT fragte Ludwig Jürgens, DAG-Jugend, auf dem Treffen junger Gewerkschafter in Sofia, weshalb sie die streikenden Studenten bei den Unruhen in Frankreich nur zögernd unterstützt haben, obwohl sie auch soziale Forderungen gestellt hätten. Der CGT-Sprecher erwiderte, daß das Auftreten von Trotzkisten, Anarchisten, Unruhestiftern und »Chinesen« und demzufolge Anarchie befürchtet worden sei.

Treffen mit vielen – FDJ sagt nein

Vertreter der DAG-Jugend waren an Freundschaftstreffen mit Südafrika, Rhodesien, Südwestafrika, Laos und den USA beteiligt. Die Laoten überreichten einen Freundschaftsring. Viele private Kontakte wurden zu jungen Bulgarinnen und Bulgaren aus Sofia geknüpft. In einem privaten Gespräch zwischen mehreren Vertretern der FDJ und der DAG-Jugend wurde ein Treffen zwischen beiden Organisationen angebahnt. Die FDJler versprachen, auch Gewerkschafter mitzubringen. Am nächsten Tag erklärten sie jedoch, daß sie nach Rücksprache in ihrer Unterkunft die Anerkennung der DDR zur Vorbedingung dieses Treffens machen müßten.

SDAJ zeichnet Zerrbild

In der Kommission »Recht auf Arbeit, Berufsausbildung und richtige Bewertung der Arbeit« sprach Jochen Regel, DAG-Jugend. Er versuchte das seiner Meinung nach verzerrte Bild zu korrigieren, das ein Vertreter der Sozialistischen Deutschen Arbeiterjugend (SDAJ) von der Bundesrepublik Deutschland zuvor gezeichnet hatte. Er forderte dann unter anderem:

1. Recht auf Berufsausbildung für jeden einzelnen nach seinen Fähigkeiten und Neigungen.

2. Recht auf freie Berufswahl, unabhängig von wirtschaftlichen, politischen oder sonstigen Einschränkungen.

3. Recht auf freie Arbeitsplatzwahl.

Der Sprecher der DAG-Jugend vertrat die Auffassung, Arbeitslosigkeit sei kein spezielles Problem einer bestimmten Gesellschaftsordnung.

Es kam zu einer erregten Diskussion, als der Vorsitzende der Kommission, der sich durch sein faires, demokratisches Verhalten auszeichnete, Zustimmung zu der von ihm vorbereiteten abschließenden Stellungnahme erbat. Vertreter Bulgariens, der UdSSR und der DDR verlangten die Feststellung, es sei nachgewiesen worden, daß die Arbeitslosigkeit in den sozialistischen Ländern restlos beseitigt sei und auch nicht existent sein könne.

Gegen diese Forderung wehrten sich die Vertreter Jugoslawiens, der ČSSR und der BRD in einer knapp zweistündigen Diskussion. Denn eine solche Feststellung war nach ihrer Meinung nicht getroffen worden. Außerdem hatte man dieses Problem nicht ausreichend erörtert. Schließlich wurde die Resolution in der Weise ergänzt, daß sie die Vielfalt der aufgetretenen Meinungen widerspiegelt.

Dokument 16 d: Bund der Deutschen Katholischen Jugend

Treffen und Veranstaltungen mit anderen Delegationen

Die Delegation des Bundes der Deutschen Katholischen Jugend (BDKJ) hat sich ein zweites Mal zu einem Gespräch mit Vertretern der Leninistischen Jugendorganisation der Weißrussischen Republik getroffen. Zentrale Gesprächsthemen waren der Neonazismus in der Bundesrepublik und das Verständnis des Friedens aus der Sicht der beiden Gruppen.

Die Sprecher des BDKJ versicherten, daß auch sie das Anwachsen des Neonazismus in der Bundesrepublik mit Sorge beobachten, und, zusammen mit anderen Jugendorganisationen, entschieden gegen diese Gefahr angehen. Man könne allerdings nicht alle NPD-Wähler als neonazistisch bezeichnen. Es seien auch viele Protestwähler unter ihnen, die eine radikale Opposition unterstützen wollen.

Ausgend von ihrem Begriff des Friedens als allseitige Entwicklung der Menschheit traten die BDKJ-Sprecher für die Zusammenarbeit der westlichen und östlichen Industrienationen bei der Hilfe für entwicklungsfähige Länder ein, ein Vorschlag, den die Russen nicht so recht unterstützen wollten. Sie argumentierten, die Entwicklungshilfe der kapitalistischen Länder sei eigennützig, die der sozialistischen Länder dagegen sei nur auf das Wohl der armen Länder bedacht. Man beschloß, sich gegenseitig mit schriftlichen Unterlagen über die Entwicklungshilfe der beiden Länder zu versorgen. Der Bundesführer des BDKJ lud die jungen Russen zu einem baldigen Besuch in der Bundesrepublik ein.

Ein weiteres Gespräch der BDKJ-Delegation fand mit Delegierten aus Ghana statt. Die jungen Ghanesen informierten sich eingehend über die Jugendarbeit in der Bundesrepublik und über die Arbeit der katholischen Jugend.

Am Sonntag, 4. August, besuchten die meisten Delegationsmitglieder des BDKJ einen Gottesdienst der orthodoxen, mit Rom unierten Kirche. Dr. Hampel, Mitglied der BDKJ-Delegation und Priester des orthodoxen unierten Ritus, war, zusammen mit dem Gemeindepriester, Zelebrant des Gottesdienstes.

Beiträge in Colloquien und Arbeitsgemeinschaften

Bei dem Colloquium über die Zusammenarbeit und die internationale Solidarität der Jugend trat Reinhardt Kremer von der BDKJ-Delegation entschieden für eine unblutige Lösung der Konflikte in der Welt ein. Er sagte wörtlich:

»Ich bin gegen Krieg. Ich bin dagegen, daß einer den anderen erschießt oder körperlich oder seelisch verletzt. Schießen ist keine Form, in der man Meinungsverschiedenheiten und Interessengegensätze löst. Und mir ist es gleich, wer schießt, schießen ist in jedem Falle nicht recht. Ich bin dafür, daß kein Geld für Militär verschwendet wird, und statt dessen alle Arbeits- und Wirtschaftskraft für Aufbau in der Entwicklung für alle Menschen in allen Gegenden der Welt eingesetzt wird. Frieden und Fortschritt sind zwei Begriffe für denselben Gegenstand. Wenn die Regierungen, Parlamente und Parteien das nicht begreifen wollen, dann lassen sie uns, die Jugend, beginnen, nach dieser Einsicht zu handeln.«

Kremer wandte sich dagegen, daß es in Sofia zum Gegenstand von Jubel und Euphorie gemacht wird, wenn ein vietnamesisches Mädchen mit 21 Schuß 19 Amerikaner getötet hat. So würden die Probleme auf die Dauer nicht gelöst. Es sei sehr schlimm, daß dem vietnamesischen Volk offenbar kein anderer Weg als der bewaffnete Kampf gegen die Amerikaner zur Verfügung steht, doch für eine durchgreifende friedliche Entwicklung der Welt sei insbesondere die Erziehung zum Frieden in allen Ländern notwendig. Die katholische Jugend versuche, in ihrer Erziehungsarbeit den Mitgliedern dieses Ziel zu zeigen.

Kremer fand für seinen Beitrag vielfach Widerspruch. Man hielt ihm vor, er habe sich außerhalb der Reihe der für Frieden und Gerechtigkeit kämpfenden Jugend gestellt. Es dürfe nicht dazu aufgefordert werden, daß die Völker die Hände in den Schoß legen.

Zu einer interessanten Kontroverse kam es in einer Arbeitsgemeinschaft des Forum für internationale Politik über dem Demokratiebegriff eines russischen Teilnehmers. Demokratie, so sagte er, sei die gerechte Verteilung des National-Reichtums und die möglichst große Beteiligung aller an den politischen, ökonomischen und sozialen Entscheidungen. Ein DDR-Sprecher präzisierte, das bedeute nicht, daß jeder über alles sprechen könne. Reinhardt Kremer von der BDKJ-Delegation fragte zurück, wer bestimme, über was man reden kann. Der DDR-Sprecher vertrat die Auffassung, Demokratie heiße nicht, daß viele Parteien sich in unnützen Diskussionen ergehen können. Kremer fragte seinerseits, wer bestimme, was unnütze Gespräche sind und wer darüber zu befinden habe, welche Parteien unnütze Diskussionen führen.

Entwicklung der Landwirtschaft und Rolle der Landjugend

In der Arbeitsgemeinschaft »Entwicklung der Landwirtschaft und Rolle der Landjugend« referierten Berichterstatter aus dem sozialistischen Lager über einzelne Revolutionen, in denen der Übergang vom Großgrundbesitz in Volkseigene Betriebe bzw. LPGs erfolgt sind. Von seiten der FDJ wurde gegen die Bundesrepublik mit dem Hinweis polemisiert, daß Tausende von Bauern in der Bundesrepublik ihre Betriebe aufgeben müßten.

Der Vertreter der katholischen Landjugendbewegung, August Rössner, betonte demgegenüber, daß sich gegenwärtig in der Landwirtschaft ein starker Umstrukturierungsprozeß vollzieht, der die Landwirtschaft hart trifft. Es müsse allerdings festgestellt werden, daß dieser Schrumpfungsprozeß normal sei und daß die Landjugend sich dafür einsetze, Mittel zu finden, um diesen Prozeß möglichst reibungslos durchzuführen.

Rössner berichtete von Vorschlägen der katholischen Landjugend, wie dieser Prozeß ohne größere Härten erfolgen kann.

1. Umfassende Informationen durch die Landjugend und durch die Betriebsleiter über die Entwicklung der Landwirtschaft in der EWG.
2. Frühzeitige Pensionierung, damit Söhne von Bauern einen anderen Beruf ergreifen können.
3. Überbetriebliche Zusammenarbeit.
4. Kontingentierung der Produktion.

Der Berichterstatter informierte über die Hilfe, die die Landjugend für die Entwicklungshilfe leistet. Sie bestehe in der personellen und finanziellen Entwicklungshilfe. Jährlich würden 40 Agrartechniker in die Entwicklungshilfe gesandt, die dort beim Aufbau einer Landwirtschaft mitarbeiten. Sie leisteten 3 Jahre diesen freiwilligen Einsatz.

In diesem Zusammenhang wies er auf die ungerechte Verteilung des Bodens hin und betonte, daß alle entwickelten Länder, gleich welcher Ideologie, zusammenarbeiten müssen, um die Lebensverhältnisse in den unterentwickelten Ländern zu verbessern.

In einem anderen Arbeitskreis berichtete August Rössner über die Arbeit der katholischen Landjugend in der Bundesrepublik und der internationalen katholischen Landjugendbewegung, in der 64 Landjugendorganisationen zusammengeschlossen sind. Seit 10 Jahren, so führte er aus, werden in diesen Ländern Landjugendorganisationen aufgebaut. Diese Organisationen arbeiten darauf hin, daß die Agrarstruktur in Entwicklungsländern verbessert wird. Darüber hinaus versucht die Landjugend durch Schulung und Information die jungen Menschen dieser Länder aufzuklären über ihre tatsächliche Lebenssituation und sie fähig zu machen, die Entwicklung der Landwirtschaft in ihren Ländern selbst in die Hand zu nehmen. Die Landjugend führt in diesen Ländern einen Kampf gegen die Passivität, gegen die Unterdrückung, gegen die Großgrundbesitzer und zum Teil auch gegen bestehende Regime, die die Entwicklung ihrer Landwirtschaft verhindern.

Rössners Ausführungen erhielten auch von der FDJ Beifall.

Demokratie und moderne Massengesellschaft

In einer Arbeitsgemeinschaft des Forum für internationale Politik wies Heinrich Sudmann auf die Kriterien des westlichen Demokratieverständnisses hin. Er nannte als solche das Recht zu freier, gleicher und geheimer Wahl, die Möglichkeit, Machtträger in regelmäßigen Abständen zu ersetzen und die Freiheit zur Konkurrenz von verschiedenen politischen Gruppierungen. Sudmann erläuterte, daß die Machtzusammenballung in Wirtschaft, Politik und Presse in den Händen weniger eine Gefahr für alle Industrienationen darstelle. Dieser Gefahr könne nur durch öffentliche Kontrolle begegnet werden. Die politische Bildungsarbeit der Jugendverbände in der Bundesrepublik ziele darauf hin, die jungen Staatsbürger zur Kritikfähigkeit zu erziehen.

Neonazismus in der Bundesrepublik

Einen Diskussionsbeitrag in der Arbeitsgemeinschaft »Neonazismus« gab Reinhard Hermle von der katholischen studierenden Jugend im BDKJ. Er versuchte, ein etwas differenzierteres Bild vom Neonazismus in der Bundesrepublik zu geben, als dies von östlichen Sprechern geschah. Hermle unterstrich die Bemühungen der westdeutschen Jugend und vor allem ihrer progressiveren Gruppen gegen eine nazistische Wiederbelebung. Man dürfe darüber hinaus nicht vergessen, daß der Mensch zu Wandlungen fähig sei. Wenn man das nicht sehe, leugne man den menschlichen Fortschritt. Der Redner forderte als wirksames Mittel gegen den Neonazismus die Demokratisierung der Erziehungseinrichtungen und die Beseitigung aller nationalistischen, aggressiv gegen andere Völker gerichteten Elemente in der Erziehungsarbeit.

Kommunismus und Kapitalismus

Im Freundschaftstreffen des Arbeitskreises Festival mit der ungarischen Delegation wurde u. a. die Frage behandelt, ob der Konflikt zwischen Kapitalismus und Kommunismus oder der Konflikt zwischen Industrienationen und Entwicklungsländern in der Zukunft eine größere Bedeutung erlangen wird.
Jürgen Hölper von der BDKJ-Delegation vertrat die Auffassung, daß zwischen kapitalistischen und kommunistischen Staaten in der Zukunft eine Angleichung stattfinden wird und sich somit der Gegensatz entschärft. Das Hauptproblem und die Hauptaufgabe der Zukunft werde immer mehr die Unterstützung der Entwicklungsländer. Dabei komme es darauf an, daß der Geber den Empfänger nicht abhängig mache. Diese Gefahr des Neokolonialismus bestehe in den westlichen und östlichen Staaten.

Jugend und Politik

Ein Kurzreferat hielt Dr. Hampel von der BDKJ-Delegation zum Thema »Jugend und Politik«. Als Gefahren für das Engagement der Jugend nannte er Selbstzufriedenheit der Systeme und Dummheit der Bürger. Auch die Macht der Bürokratie, die Ohnmacht der Parlamente und die Anonymität der Technostruktur wirke sich hemmend auf die Bereitschaft zum aktiven Mitmachen aus. Freiheitssichernde Faktoren seien dagegen das Recht auf Information und freie Meinungsäußerung in einer Gesellschaft. Ja auch Bewegungs- und Begegnungsfreiheiten seien Grundelemente der Freiheit. Im Namen der Freiheit müßten Diskriminierungen und Monopole abgeschafft werden.

Dokument 16 e: Arbeitsgemeinschaft der Evangelischen Jugend Deutschlands

Die AgEJD beteiligte sich mit mehreren Diskussionsbeiträgen am Treffen junger Gläubiger. Sie beteiligte sich an Freundschaftstreffen mit Biafra und Nigeria, mit orthodoxen Studenten, dem Bischof der Methodistenkirche und dem Patriarchen von Bulgarien. Die AgEJD war an Teach-ins über die NATO (zweimal), Griechenland und den revolutionären Kampf Südamerikas (zweimal) beteiligt. Bei vielen Einzeldiskussionen der Teilnehmer der Reisegruppe wurden rund 50 Adressen für Auslandskontakte gesammelt. Fast alle Mitglieder der Evangelischen Jugend hatten Gespräche mit FDJlern. Dort bestand jedoch die Tendenz, nur wenige oder gar keine privaten Gespräche zu führen. Bei den Delegierten der Ostblockstaaten war ein großes Informationsbedürfnis festzustellen.

Beim Treffen junger Gläubiger berichtete ein junger Holländer von einem Besuch in Ost-Berlin, daß dort zum Haß erzogen würde. Das wurde von einem FDJ-Vertreter unter Hinweis auf die DDR-Verfassung strikt zurückgewiesen. Ein Vertreter des Bundes der Deutschen Katholischen Jugend (BDKJ) trug vier Vorschläge vor, wie ein Beitrag der jungen Christen für einen Kampf für eine bessere Gesellschaft in der heutigen Welt aussehen könnte. Diese Vorschläge sind gemeinsam mit Vertretern der AgEJD erarbeitet worden:

1. Wir müssen für eine vollständige, objektive und vorurteilslose Information durch die Massenmedien etc. in Ost und West sorgen.
2. Wir müssen gegen jede Diskriminierung aus rassischen, sozialen und religiösen Gründen sowie für das Recht der Minderheiten und Schwachen eintreten.
3. Kirchen sollten 5 Prozent ihres regulären Haushalts für die Entwicklungshilfe einsetzen.
4. Sozial- und Entwicklungsdienste sollten gemeinsam, ohne rassische, religiöse und soziale Barrieren betrieben werden.

Obwohl die DBJR-Reisegruppe relativ viele Eintrittskarten (neun) erhalten hatte, waren 30 weitere Interessenten unserer Reisegruppe vorhanden, die nicht eingelassen wurden. Das, obwohl noch viele freie Plätze vorhanden waren. Der bulgarische Ordnungsdienst erklärte auf unsere Argumente, daß er sich nach gegebenen Anordnungen richten müsse und keine selbständigen Entscheidungen treffen könne. Auch ein Anruf beim Internationalen Vorbereitungskomitee war erfolglos. Pastor D. Niemöller erklärte, unter diesen Bedingungen sehe er sich nicht in der Lage, die Veranstaltung weiter zu leiten. Er legte das Präsidium nieder und verließ den Saal. Die BDKJ-Vertreter und Elisabeth Weißer (AgEJD) erklärten aus Solidarität mit draußen Stehenden ebenfalls ihren Auszug.

Inzwischen wählte die Versammlung eine neue Leitung und die Gruppe vor der Tür begann ein »Sit-in«. Sie wählte eine Diskussionsleitung. Schließlich teilte die Versammlungsleitung mit, daß *alle* teilnehmen dürfen, wenn sie den ordnungsgemäßen Ablauf nicht stören und aufstehen ohne den Saal verlassen zu müssen, wenn der Platz für weitere Delegierte aus anderen Ländern gebraucht wird.

Dieser Erfolg, Einlaß auch ohne Karten (bei vorhandenen freien Plätzen) zu erreichen, dürfte wohl der erste gewesen sein. Er wiederholte sich bei anderen Treffen mit dem Ergebnis, daß der Kartenzwang mehr und mehr gelockert wurde und nur bei wenigen Veranstaltungen (aus räumlichen Gründen) beibehalten wurde.

Neuer Frontverlauf im Nigeria-Konflikt empfohlen

Die evangelische und die katholische Delegation der Reisegruppe des Deutschen Bundesjugendringes auf den Weltjugendfestspielen in Sofia diskutierte am 4. August nachmittags mit Vertretern aus Nigeria und Biafra über »die Folgen des Kolonialismus in Nigeria«. Der evangelische Studentenpfarrer Weßler aus Düsseldorf fragte die Nigerianer, was sie meinten, wenn sie von »Einheit« redeten und ob sich dahinter ein innerafrikanischer Neokolonialismus verberge. An die Adresse der Biafrer gewandt, stellte er die Frage, was sie unter »Souveränität« verstünden. »Ist das auch die Souveränität der Monopolisten, die ihr anstrebt? Gibt es für euren Staat ein sozialistisches Entwicklungsprogramm, oder spielt ihr noch mit der Möglichkeit, ein kapitalistisches Biafra aufzubauen?« Mit diesen Fragen wurden neue Kriterien eingeführt und ein neuer Frontverlauf empfohlen.

Die Hoffnung, daß die Christen damit aufhören mögen, sich mit irgendeinem wirtschaftlichen und politischen Regime solidarisch zu erklären, sprach der katholische deutsche Sprecher, Pater Zils, aus. »In dem Maße auch, in dem die Christen nicht mehr um die Gunst der Mächtigen und der Regierungen buhlen werden, sondern schief angesehen, falsch beurteilt oder verfolgt werden, wird es mehr und mehr Marxisten geben, die ihre Anschauung oder ihr Vorurteil gegenüber der Religion im allgemeinen und der christlichen im besonderen zu überprüfen beginnen werden«, fügte er hinzu.

Alle Anwesenden waren sich mit den Vertretern der beiden Parteien des Konflikts darin einig, daß der Krieg auf dem schnellsten Weg beendet werden muß und alle Länder ihre Waffenlieferungen an alle Beteiligten einstellen sollten.

Bibliographie

Arbeitsgemeinschaft für gesellschaftspolitische Studien, VII. Weltfestspiele der Jugend und Studenten für Frieden und Freundschaft, Bonn 1960

Horst Brasch, Oskar Fischer, Werner Lamberz, Klaus Jeutner, Vereint mit 87 Millionen. 15 Jahre Weltbund der Demokratischen Jugend, Berlin (Ost) 1960

Büro für politische Studien (Hrsg.), Frieden und Freundschaft? Weltjugendfestspiele, Funktion und Wirkung, Bonn 1964 (2. Aufl.)

R. Chitarow, Der Kampf um die Massen. Vom II. zum V. Weltkongreß der KJI. Geschichte der Kommunistischen Jugend Internationale Bd. 3, Berlin 1929/31, Neuerscheinung im Trikont-Verlag München 1970

Fritz Globig, Aber verbunden sind wir mächtig. Aus der Geschichte der Arbeiterjugendbewegung, Berlin (Ost) 1959

Babette Gross, Willi Münzenberg. Eine politische Biographie (Schriftenreihe der Vierteljahreshefte für Zeitgeschichte Nr. 14/15), Stuttgart 1967

Independent Research Service (Hrsg.), World Festival Helsinki 1962, New York o. J.

Jugendhochschule ›Wilhelm Pieck‹ beim Zentralrat der FDJ in Zusammenarbeit mit dem Institut für Marxismus-Leninismus beim ZK der SED (Hrsg.), Zur Geschichte der Arbeiterjugendbewegung in Deutschland. Eine Auswahl von Materialien und Dokumenten aus den Jahren 1904–1946, Berlin (Ost) 1956

Alfred Kurella, Gründung und Aufbau der KJI. Geschichte der Kommunistischen Jugend Internationale Bd. 2, Berlin 1929/31, Neuerscheinung im Trikont-Verlag München 1970

Walter Z. Laqueur, Die deutsche Jugendbewegung, Köln 1962

Heinz Lippmann, Honecker, Porträt eines Nachfolgers, Gütersloh 1971

Alfred Misak (Hrsg.) Weltfestspiele – selbst dabeigewesen, selbst erlebt (VI. WF.), Wien o. J.

Österreichischer Bundesjugendring, Wir nahmen nicht teil (Bericht über das VII. WF.), Wien 1962

Richard Schüller, Von den Anfängen der proletarischen Jugendbewegung bis zur Gründung der KJI. Geschichte der Kommunistischen Jugend-Internationale Bd. 1, Berlin 1929/31, Neuerscheinung im Trikont-Verlag München 1970 (hier eine umfangreiche Bibliographie zur Geschichte der KJI, der KI, der Kommunistischen Jugendbewegung in Deutschland und der KPD.)

Heinz Stern, Fünf rubinrote Sterne (zu den VI. WF), Berlin (Ost) o. J.

Harry Thürk, In allen Sprachen. Eine Reportage von den III. Weltfestspielen der Jugend und Studenten Berlin 1951, Berlin (Ost) 1953

Leo Weismantel, Tagebuch einer skandalösen Reise nach Moskau zu den VI. Weltfestspielen der Jugend und Studenten für Frieden und Freundschaft Juli/August 1957, Jugenheim an der Bergstraße 1959

Zentralrat der FDJ (Hrsg.), Wir waren in Budapest, Berlin (Ost) 1949

Zentralrat der FDJ (Hrsg.), Deutschlands junge Garde. 50 Jahre Arbeiterjugendbewegung, Berlin (Ost) 1955

Inhalt

Fischer Taschenbuch Verlag

›Informationen zur Zeit‹ — in 5 Jahren: 1,5 Millionen Gesamtauflage

Probleme der Gesellschaft

Sozialisation